52 Weeks of Socks

52 WEEKS OF SOCKS
by Laine Publishing

CONCEPT
Jonna Hietala & Sini Kramer

PHOTOGRAPHY
Jonna Hietala & Sini Kramer

EDITORS
Jonna Hietala, Sini Kramer
& Tiia Pyykkö

LAYOUT
Päivi Häikiö

PUBLISHER
Laine Publishing Oy

Published by arrangement with Ferly Agency through Tuttle-Mori Agency, Inc.
This Japanese edition was produced and published in Japan in 2021
by Graphic-sha Publishing Co., Ltd.
1-14-17 Kudankita, Chiyodaku,
Tokyo 102-0073, Japan

Japanese edition creative staff
Translation : Tomoko Nishimura
Text layout and cover design, Editing : Kazaito-seisakushitsu
Publishing coordinator : Takako Motoki (Graphic-sha Publishing Co., Ltd.)
978-4-7661-3513-8 C2077
Printed in Japan

52 Weeks of Socks

靴下を編む52週

Laine Publishing

西村知子 訳

CONTENTS

もくじ

FOREWARD

はじめに

子供の頃のクリスマスの思い出は、数えるほどしかありません。プレゼントとして記憶に残っているのは、赤いウィンターブーツ、銀色のラメの付いたピンクのウィッグ、そしてスキー板。
それに毎年のように贈られたズボン下、ミトン、ウールの靴下などの衣類は退屈に思えました。当時はちっともありがたみを感じなかったものの、手作りの贈り物、祖母のラウニにもらった編み込みのミトン、そしてもうひとりの祖母のライヤからもらった靴下は、いまとなっては一番の宝物です。編み目ひとつひとつに込められた愛情が感じとれるのです。

小学生の頃、初めて自分で編んだのも靴下でした。ピンクと白の2色をストライプにした靴下。つま先の減目が気に入らず、ほどいて母の手を借りて編み直したことを覚えています。妹が誕生したときには秋らしい配色で彼女のために靴下を編み、父にも地味なグレーで編みました。ボーイフレンド（いまの夫）には、彼の好きなサッカーチームのチームカラーである赤と黒のストライプ柄で編みました。

ここ数年はセーターとカーディガンを中心に編んでいますが、身の回りの手作りアイテムの中で一番出番が多いのは、ウールソックスです。ふたりの祖母はすでに旅立ちましたが、母はいまだに気が向いたら靴下を編んでくれます。友達が編んでくれることもあります。
本書の作業を進める中で、私のウールソックスに対する愛はふくらみ続け、自分で再び編む欲望に駆られました。世界中から集結したデザイナーのみなさんは、駆け出しの方からベテランの方まで、素晴らしい仕事をされています。
方向を変えながら模様編みをする、面白い編み方で履き心地のよいかかとを編むといった技を巧みに操るみなさんのスキルに敬服します。

本書には、極めてシンプルな靴下から高度なデザインの靴下までを収録しています。だからといって不安がらないでください。YouTubeが力になってくれます。
初めての略語や技法は、Googleで検索してみましょう。自分の知識をシェアしてくれる親切なニッターが世界には大勢います。また私たちのウェブサイト「lainemagazine.com」にも便利な動画へのリンクを用意し、ソックニッティングに役立つ情報を集めています。
1週間に1足ずつ、1年間で52足。挑戦してみませんか？
ゆっくり進めたければ、何年も退屈せずに手を動かしていられます。
私は後者、のんびり編んでいくつもりです。すでに1足めが針にかかっています。

Jonna Hietala

ABBREVIATIONS

用語

＜略語＞
本書に登場するおもな略語の意味と操作方法です。操作方法は基本的な方法を解説しています。特殊な方法の場合は、各作品の「特別な技法」で解説しています。

CC［Contrast(ing) color］：編み込みの配色糸。

DS［Double stitch］：ダブルステッチ。ジャーマンショートロウ［German Short Row］の方法で引き返し編みをする際、引き返し位置に作る目。引き返す位置まで編んで編み地を返し、次のどちらかの方法ですべらせた最初の目を引き上げて2目のようにする。2目のようになった目がDS。
①最初の目が表目の場合…糸を手前に移してから表目を右針へすべらせ、糸を右針の上から編み地の後ろへ引っぱる。
②最初の目が裏目の場合…裏目を右針へすべらせ、糸を手前から後ろへ引っぱる。

MB［Make bobble］：ボッブルを編む。左針の次の目に「表目、表目のねじり目」を2回編み入れ、右針にかかった目の左端から2目め、3目め、4目めを1目め（左端の目）にかぶせる。これでボッブルができる。続けて糸を手前にしてボッブルを左針に移し、糸をボッブルの手前から後ろへ移してボッブルを右針に戻す。これによりボッブルが編み地の表側に浮き出る。

MC［Main color］：編み込みの地色糸。

PM［Place marker］：マーカーを付ける。

RM［Remove marker］：マーカーを外す。

SM［Slip marker］：マーカーを移す。段の始まりに入れたマーカーについては省略される場合もある。

W&T［Wrap & turn］：ラップアンドターン。引き返し編みの方法のひとつ。引き返す段の最終目に右針を裏目を編むように入れて移し、針の間から糸を手前に移し、右針に移した目を左針に戻して編み地を返す。段消し編みをする際は、次のいずれかの方法で編む。
①表編みの段…次の目の足に巻かれているラップの糸に右針を下から上に向けて入れる。持ち上げたラップの糸と本来の目を2目一度のように表目に編む。
②裏編みの段…編み地の後ろ側から次の目の足に巻かれているラップの糸に右針を下から上へと入れ、持ち上げたラップの糸と本来の目を裏目の2目一度のように編む。

＜技法＞
本書に登場する基本的な技法の編み方です。英文パターン中で用いられる略語とあわせてご紹介します。（五十音順）

裏目の左上2目一度［P2TOG］：左針の2目に右針先を入れ、一緒に裏目を編む。（1目減）

裏目の左増し目［LLINC(P)］：右針の目の2段下の裏目の山を左針先で持ち上げて裏目を編む。（1目増）

裏目の右増し目［RLINC(P)］：左針の目の1段下の裏目の山を右針先で持ち上げて左針に移し、裏目を編む。（1目増）

3目の編み出し増し目（ねじり目）［KTBL YOKTBL］：1目に表目のねじり目を編み、目は左針にのせたまま、糸を手前に移し、かけ目、同じ目に再度表目のねじり目を編む。（2目増）

中上3目一度［SSKP］：次の2目を一度に表目を編むように右針を入れて移し、次の目を表編み、右針の2目を編んだ目にかぶせる。（2目めが中心に立つ2目の減目）

2回巻きのノット［CLUSTER 2］：糸を手前にして2目を右針に移し、針の間から糸を後ろに移して、2目を左針に戻す。糸を手前にして同じ2目を右針に移し、糸を後ろに移す。

2目の編み出し増し目［KFB］：次の目に右針を入れて表目を編むが左針は抜かず、続けて右針を同じ目にねじり目を編むように入れてもう1目編む。左針から目を外す。（1目増）

2目の編み出し増し目（裏目）［PFB］：次の目に右針を入れて裏目を編むが左針は抜かず、続けて右針を同じ目にねじり目を編むように入れてもう1目編む。左針から目を外す。（1目増）

ねじり目の左上1目交差［1/1 RT］：左針の2目めに編み地の手前から表目のねじり目1、1目めに表目のねじり目1、どちらも左針から外す。もしくは、1目をなわ編み針に移して後ろにおき、左針から表目のねじり目1、なわ編み針から表目のねじり目1。

ねじり目の左上1目交差（下側が裏目）［1/1 RPT］：左針の2目めに編み地の手前から表目のねじり目1、1目めに裏目を編み、どちらも左針から外す。もしくは、1目をなわ編み針に移して後ろにおき、左針から表目のねじり目1、なわ編み針から裏目1。

ねじり目の左上2目一度［RT DEC］：1目めを右針に移し、2目めに裏目のねじり目を編むように左後方から右針先を入れて右針に取り、そのまま左針に戻す（2目めがねじれた状態になる）。右針に移しておいた1目めも右針に戻して2目を一度に編む。（上の目がねじり目、1目減）

ねじり目の右上1目交差［1/1 LT］：左針の2目めに編み地の後ろから表目のねじり目1、1目めに表目のねじり目1を編み、どちらも左針から外す。もしくは、1目をなわ編み針に移して手前におき、左針から表目のねじり目1、なわ編み針から表目のねじり目1。

ねじり目の右上1目交差（下側が裏目）［1/1 LPT］：左針の2目めに編み地の後ろから裏目1、1目めに表目のねじり目1を編み、どちらも左針から外す。もしくは、1目をなわ編み針に移して手前におき、左針から裏目1、なわ編み針から表目のねじり目1。

ねじり目の右上3目一度［SK2PO］：左針の1目めに裏目を編むように右針を入れて移し、次の2目を一度に表目に編み、右針に移した目を編んだ目にかぶせる。（2目減）

ねじり目の右上2目一度［TWISTED SKP］：1目めをすべらせ（糸は向こう側、針は右から入れる）、次の目を表編み、すべらせた目を編んだ目にかぶせる。（上の目がねじり目、1目減）

引き上げ編み［K1 BELOW］：左針の次の目の1段下の目の真ん中に右針先を入れて表目を編み、左針から目を外す。

左上1目交差［RC］：次の目をなわ編み針に移して編み地の後ろにおき、左針から表目1、なわ編み針から表目1。

左上1目交差（下側が裏目）［RPC］：次の目をなわ編み針に移して編み地の後ろにおき、左針から表目1、なわ編み針から裏目1。

左上3目一度［K3TOG］：左針の3目を一度に表編み。

左上3目一度（真ん中の目が下）［SSKP］：右上2目一度を編み、できた目を右針から左針に戻す。左針にかかっている2目めを端の目（先に右上2目一度した目）にかぶせて、右針に戻す。（2目減）

左上3目交差［3/3 RC］：3目をなわ編み針に移して編み地の後ろにおき、左針から表目3、なわ編み針から表目3。

左上2目一度［K2TOG］：左針の2目を一度に表編み。

左上2目交差［2/2 RC］：2目をなわ編み針に移して編み地の後ろにおき、次の2目を表編み、なわ編み針の2目を表編み。

左ねじり増し目［M1L］：最後に編んだ目と次の目との間の渡り糸に左針を手前から向こう側に向けてくぐらせて、左針にかかったループの後ろ側に右針を入れて、渡り糸をねじって表目を編む。（1目増）

左増し目［LLINC］：右針の目の2段下の表目の左足を左針先で持ち上げて表目を編む。（1目増）

左目に通すノット（3目）［SL1-K-YO-K］：右針を左針の3目めに入れ、1目めと2目めにかぶせて、「表目1、かけ目、表目1」。

巻き増し目（左）［M1L(BL)］：編み糸で左側を手前にしたループを作り、編み糸が後ろに出るようにループを右針にかける。（1目増）

巻き増し目（右）［M1R(BL)］：編み糸で右側を手前にしたループを作り、編み糸が手前に出るようにループを右針にかける。（1目増）

右上1目交差［LC］：次の目をなわ編み針に移して編み地の手前におき、左針から表目1、なわ編み針から表目1。

右上1目交差（下側が裏目）［1/1 LPC］：次の目をなわ編み針に移して編み地の手前におき、左針から裏目1、なわ編み針から表目1。

右上3目一度［SK2P］：左針の1目めに表目を編むように右針を入れて移し、次の2目を一度に表編み、右針に移しておいた目を編んだ目にかぶせる。（2目減）

右上3目交差［3/3 LC］：3目をなわ編み針に移して編み地の手前におき、左針から表目3、なわ編み針から表目3。

右上2目一度［SSK］：左針の1目めに表目を編むように右針を入れて移し、2目めを表目。移した1目めを2目めにかぶせる。（1目減）

右上2目交差［2/2 LC］：2目をなわ編み針に移して編み地の手前におき、次の2目を表編み、なわ編み針の2目を表編み。

右ねじり増し目［M1R］：最後に編んだ目と次の目との間の渡り糸に左針を向こう側から手前に向けてくぐらせて、左針にかかったループの手前に右針を入れて、渡り糸をねじって表目を編む。（1目増）

右増し目［RLINC］：左針の目の1段下の表目の右足を右針先で持ち上げて左針に移し、表目を編む。（1目増）

<本書の使い方>

◎チャートはとくに指示がない限り、下から上、右から左へ読み進めます。

◎パターン中で作り目や止めの方法が記載されていても、好みの方法を代用してかまいません。

◎パターンは5（4）本針または輪針で編むことを前提として書かれています。とくに輪針が指定されている場合、多くはマジックループ方式で編むことを前提として書かれています。指示によらず、好みのソックニッティングの方法で編んでかまいません。マジックループ式で編む場合は、長めの輪針（好みで60～100cm）を使ってください。

◎靴下の各部名称が意味する箇所は、それぞれ次の通りです。

トウ：つま先

フット：足

ヒール：かかと

レッグ：脚（足首より上）

◎各作品で使用している技法は、同じ名称でもデザイナーごとに異なる編み方を採用している場合があります。あらかじめ各作品の「特別な用語」で編み方を確認してください。

◎パターンの指定糸が見つからないときや別の糸を使用したい場合は、好みの糸を代用してかまいません。

◎私たちのウェブサイト「lainemagazine.com」では、便利な動画や技法へのリンクを掲載していますのでご参照ください。

1

13

Marceline Smith — Natalia Vasilieva — Ainur Berkimbayeva — Amanda Jones —
Niina Tanskanen — Andrea Mowry — Pauliina Karru — Lindsey Fowler — Nele Druyts —
Rachel Coopey — Valentina Consalvi — Minna Sorvala — Joséphine & the seeds

01 INTERSECTIONS

交差

SIZES ／サイズ

1 {2}

FINISHED MEASUREMENTS ／仕上がり寸法

フット周囲：24–25.5 {26.5–28} cm
足底長さ：調整可
レッグ長さ：11.5cm

MATERIALS ／材料

糸：PatonsのKroy Socks 4-ply（スーパーウォッシュメリノ75％・ナイロン25％、152 m / 50g） 2 {3}玉〈Flax〉
針：2.5 mm（US 1.5／JP 1号）輪針［編み手順に沿って各自の好みの手法（5本針、輪針2本、両足同時編みなど）にアレンジしてください］
その他の道具：なわ編み針、とじ針、取り外し可能なマーカー

GAUGE ／ゲージ

30目×43段（メリヤス編み・10cm角、ブロッキング後）

SPECIAL ABBREVIATIONS ／特別な用語

左上2目交差：2目をなわ編み針に移して編み地の後ろにおき、次の2目を表編み、なわ編み針の2目を表編み。
右上2目交差：2目をなわ編み針に移して編み地の手前におき、次の2目を表編み、なわ編み針の2目を表編み。
2目の編み出し増し目：次の目に右針を入れて表目を編むが左針は抜かず、続けて右針を同じ目にねじり目を編むように入れてもう1目編む。左針から目を外す。1目増。

CAST-ON／作り目

ターキッシュキャストオン[Turkish Cast-On]、フィギュアエイトキャストオン[Figure-Eight Cast-On]、ジュディーズマジックキャストオン[Judy's Magic Cast-On]などの方法で、2本の針に12 {14} 目ずつ、合計24 {28} 目作る。1本めの針の目を〈N1〉、2本めの針の目を〈N2〉として輪に編む。〈N1〉は甲側、〈N2〉は足底側。
1段め（準備段）：表編み。

TOE／つま先

1段め：〈N1〉表目1、2目の編み出し増し目、最後に2目残るまで表編み、2目の編み出し増し目、表目1。〈N2〉表目1、2目の編み出し増し目、最後に2目残るまで表編み、2目の編み出し増し目、表目1。4目増。
2段め：〈N1〉・〈N2〉ともに表編み。
1・2段めをくり返し、64 {72} 目になるまで編む。
つま先の長さが5 cm、もしくは編み地を伸ばさず小指の付け根に届く長さになるまでメリヤス編みで編む。

FOOT／フット

〈N1〉該当するサイズのチャートのケーブル模様を編む。〈N2〉表編み。つま先からの長さが「希望の足底寸法－5.5{6.5}cm」になるまで続けて編む。
※サイズ2のケーブル模様は、毎段「くり返し範囲」をくり返して編み、最後に1回だけチャートの9～12目めを編む。

GUSSET／マチ

以下、ケーブル模様はフットから続けて編む。
1段めと奇数段すべて：〈N1〉ケーブル模様を編む。〈N2〉表編み。
2段めと偶数段すべて：〈N1〉ケーブル模様を編む。〈N2〉表目1、2目の編み出し増し目、最後に3目残るまで表編み、2目の編み出し増し目、表目2。
1・2段めをくり返し、〈N2〉の目が56 {64} 目になるまで編む。

HEEL TURN／ヒールターン

最初に〈N1〉でケーブル模様の続きを編み、最後にチャートの何段めを編んだかを書き留めておく。これ以後は〈N2〉の目だけでヒールターンを往復に編む。
1段め（表面）：表目31 {35}、右上2目一度、表目1、編み地を返す。ここで段差ができる。
2段め（裏面）：浮き目1、裏目7、裏目の左上2目一度、裏目1、編み地を返す。
3段めと以降の奇数段すべて：すべり目1、段差との間に1目残るまで表編み、右上2目一度、表目1、編み地を返す。
4段めと以降の偶数段すべて：浮き目1、段差との間に1目残るまで裏編み、裏目の左上2目一度、裏目1、編み地を返す。
3・4段めをくり返し、かかとの目数が32 {36} 目になるまで編む。合計64 {72} 目になる。
次段：表編み。

LEG／レッグ

再び輪に編む。ここからは〈N1〉・〈N2〉の全体を通して、該当するサイズのチャートのケーブル模様を編む。レッグの1段めから6.5cm、もしくは「仕上がりレッグ長さ－5cm」になるまで模様編みを続ける。
※サイズ2のケーブル模様は、毎段最初にチャートの1～2目めを1回編み、「くり返し範囲」をくり返して編んだら、最後に11～12目めを1回編む。

CUFF／カフ

カフは2目ゴム編みを編む。カフのゆるみを少なくしたい場合は細めの針に持ち替えて編むとよい。
準備段：表編み。

2目ゴム編み
カフの2目ゴム編みはケーブル模様とつながるよう、最初の段を次のように編む。
①最後に編んだ交差が左上2目交差の場合
*表目2、裏目2*をくり返して編む（表目2目から編み始める）。
②最後に編んだ交差が右上2目交差の場合
*裏目2、表目2*をくり返して編む（裏目2目から編み始める）。
カフが5cmもしくは好みの長さになるまで2目ゴム編みを編む。

BIND OFF／止め

好みの伸縮性のある止め方で極力ゆるめに止める。2目ゴム編みの止め方は以下の方法がおすすめ；
表目1、*表目1、右針の2目を左針に戻してねじり目の2目一度に編む*。*～*までを最後に1目残るまでくり返す。

FINISHING／仕上げ

糸始末をしたあと、水通しをして寸法に合わせてブロッキングする。ケーブル模様をつぶさないよう、また必要以上に伸ばさないように気を付ける。

フットとレッグ（サイズ1）

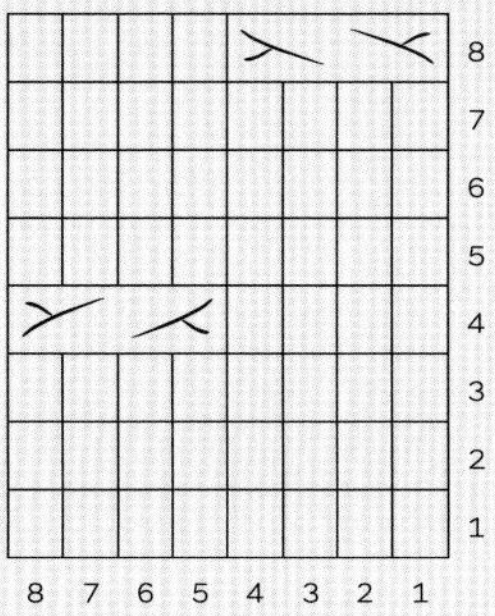

フット（サイズ2）

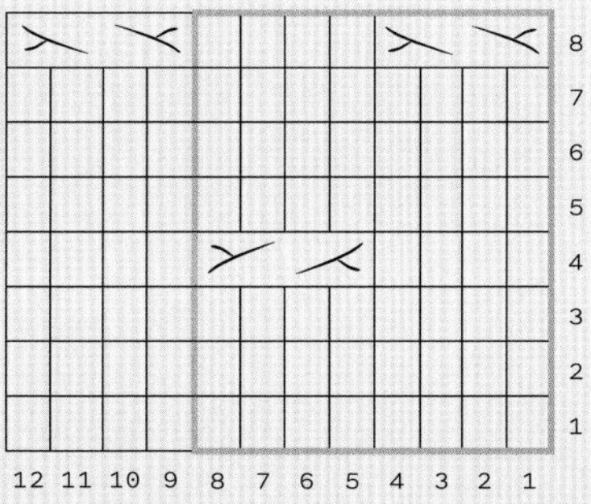

レッグ（サイズ2）

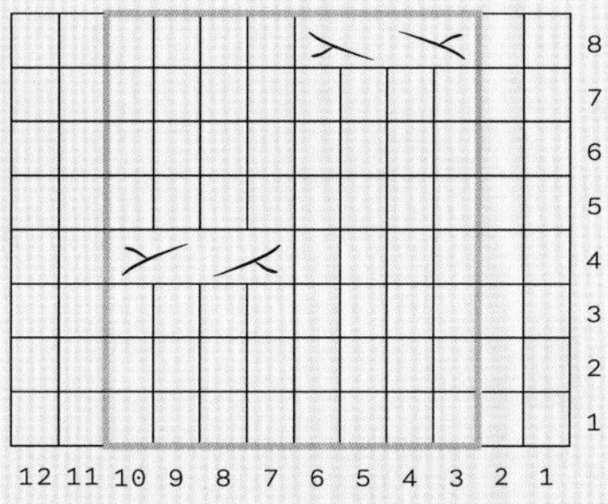

表目

くり返し範囲

左上2目交差：なわ編み針に2目移し、編み地の後ろにおき、左針から表目2、なわ編み針から表目2

右上2目交差：なわ編み針に2目移し、編み地の手前におき、左針から表目2、なわ編み針から表目2

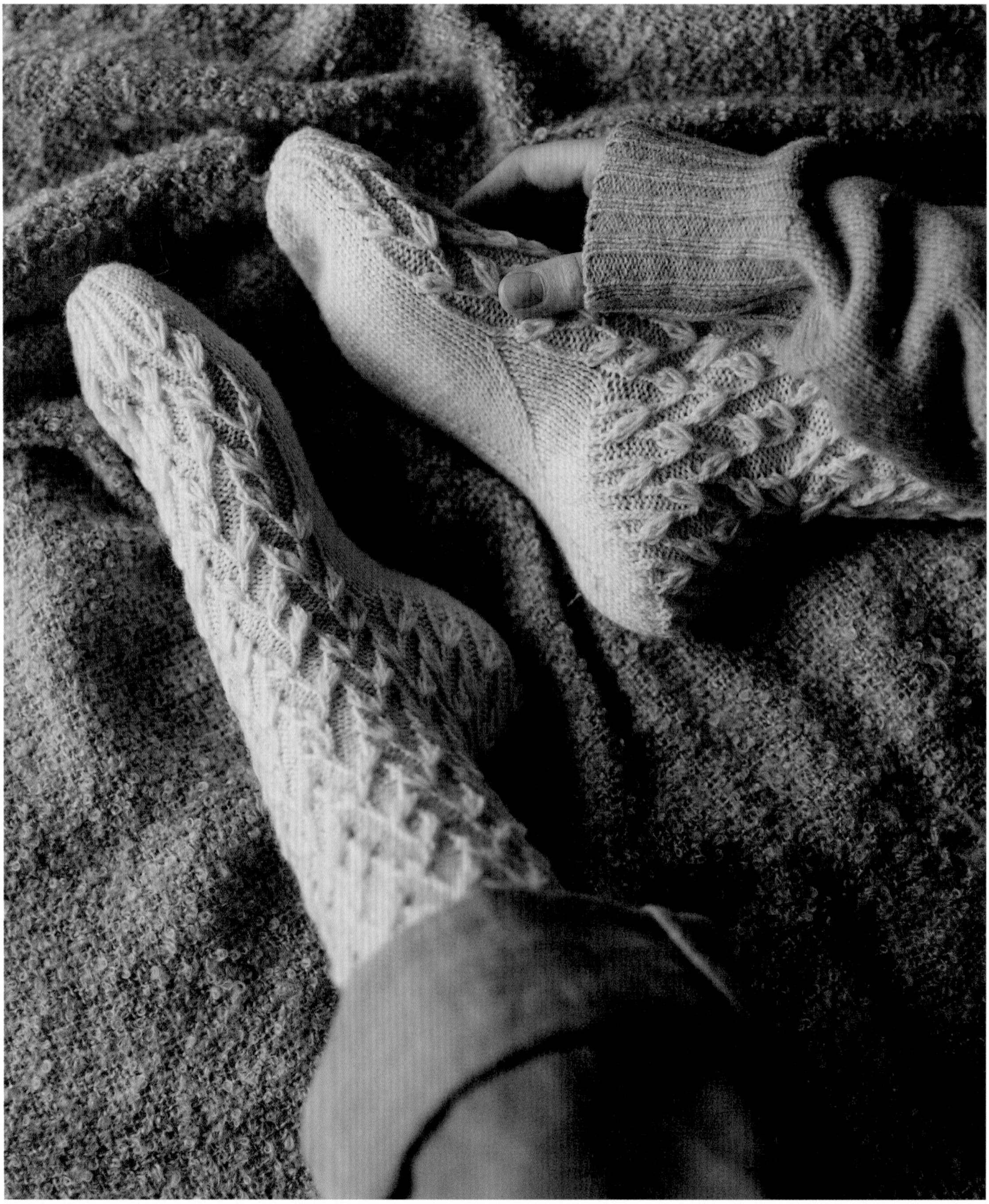

02 AVENA

からす麦

SIZES／サイズ

1 {2}

FINISHED MEASUREMENTS／仕上がり寸法

レッグ周囲：16.5 {20} cm
フット周囲：17.5 {21.5} cm
足底長さ：24 {25.5} cm　※サイズ調整可
レッグ長さ：15 {12.5} cm　※作り目からマチの編み始めまで(長さ調整可)

MATERIALS／材料

糸：Zwerger GarnのOpal Uni Solid 4-ply (ウール75%・ナイロン25%、425 m / 100g) 1玉〈3018 Ecru〉
※この作品の模様は糸を多く使用するためサイズ2を編む場合やサイズ1でもレッグの長さを20.5 cm以上にする場合は多めの糸が必要となります。
針：2.5 mm (US 1.5／JP 1号) の輪針または5 (4) 本針
その他の道具：2色のステッチマーカー(取り外し可能なものがおすすめ)、2.5mm (US 1.5／JP 4/0号) かぎ針

GAUGE／ゲージ

32目×48段(メリヤス編み・10cm角、ブロッキング後)
36目×52段(模様編み・10cm角、ブロッキング後)

SPECIAL ABBREVIATIONS／特別な用語

DSB＝Dip Stitch Back：右針をひとつ手前(右側)のねじり目の列の4段下の表目に入れ、糸を長めに引き出して長いループを作り、次の目を表編み、先ほどと同じ4段下の目から再びループを引き出す(2目増)。
TIP：かぎ針を使用してループを引き出してもよい。
DSF＝Dip Stitch Forward：右針を次(左側)のねじり目の列の3段下の表目に入れ、糸を長めに引き出して長いループを作り、次の目を表編み、先ほどと同じ3段下の目から再びループを引き出す(2目増)。
※段の最後のDSFを編む際は次(左側)のねじり目の列(＝段の最初のねじり目の列)の4段下の表目に右針を入れる。
左増し目：右針の目の2段下の表目の左足を左針先で持ち上げて表目を編む。(1目増)
裏目の左増し目：右針の目の2段下の裏目の山を左針先で持ち上げて裏目を編む。(1目増)
右増し目：左針の目の1段下の表目の右足を右針先で持ち上げて左針に移し、表目を編む。(1目増)
裏目の右増し目：左針の目の1段下の裏目の山を右針先で持ち上げて左針に移し、裏目を編む。(1目増)
中上3目一度：次の2目を一度に表目を編むように右針を入れて移し、次の目を表編み、右針の2目を編んだ目にかぶせる。(2目めが中心に立つ2目の減目)
ねじり目の右上2目一度：1目めをすべらせ(糸は後ろにおき、針は右から入れる)、次の目を表編み、すべらせた目を編んだ目にかぶせる。(上の目がねじり目、1目減)

NOTES／メモ

左右対称に仕上げるには、模様中のDSBとDSFを片足だけすべて入れ替えて編みます。

CUFF／カフ

作り目60 {72} 目(作り目はチャイニーズウエイトレスコー[Chinese Waitress CO]など、鎖目が2列できるダブルチェーンメソッド[double-chain methods]がおすすめ)。作品には次のかぎ針で作る伸縮性のある作り目を使用している；
①スリップノットを作りかぎ針の先に通す。
②①の左側に棒針1本を並べ、右手に持つ。編み糸は2本の針の間から棒針の手前に出し、左手に持つ。スリップノットの結び目は動かないよう右手の親指と中指で固定しておく。
③編み糸をかぎ針の手前から後ろ、2本の針の後ろ、2本の針の手前、かぎ針の後ろと動かして巻き付ける。最後にかぎ針にかけた糸をかぎ針にかかったループ2本から引き抜く。
④③をあと59 {71} 回くり返す。かぎ針に残った最後のループを編み針に移す。
合計61 {73} 目になる。編み目がねじれないように注意して輪に整えたら、最後の目(編み糸がつながっている目)を最初の目にかぶせる。60 {72} 目になる。
カフを次のようにねじりゴム編みで編む；
*ねじり目1、裏目2 *、*~* を15段、または好みの長さになるまで編む。

LEG／レッグ

本体の模様を次のように編む；
準備段：*表目1、裏目2、ねじり目1、裏目2*、最後まで *～*をくり返す。
※この段の表目は4段めのDSBを編む土台の目となる。

1〜3段め：*ねじり目1、裏目2*、最後まで*〜*をくり返す。

4段め（DSBの段）：*ねじり目1、裏目2、DSB、裏目2*、最後まで*〜*をくり返す。1模様ごとに2目増。

5段め：*ねじり目1、裏目2、表目3、裏目2*、最後まで*〜*をくり返す。

6段め：*表目1、裏目2、中上3目一度、裏目2*、最後まで*〜*をくり返す。1模様ごとに2目減。

※この段の表目は10段めのDSFを編む土台の目となる。

7〜9段め：*ねじり目1、裏目2*、最後まで*〜*をくり返す。

10段め（DSFの段）：*ねじり目1、裏目2、DSF、裏目2*、最後まで*〜*をくり返す。1模様ごとに2目増。

11段め：*ねじり目1、裏目2、表目3、裏目2*、最後まで*〜*をくり返す。

12段め：*表目1、裏目2、中上3目一度、裏目2*、最後まで*〜*をくり返す。1模様ごとに2目減。

※これ以降、表目は後続段のDSBやDSFの土台の目となる。

1〜6段めと7〜12段めを適宜組み合わせて60{48}段［DSB／DSFを合計10{8}回］、最後は6段めまたは12段めで終わる（ヒールまでを長めに編む場合は記載の糸量より多く必要となる可能性があります）。写真作品のDSB／DSFの編み順は次の通り；

DSB・DSF（1〜12段め）、DSB（1〜6段め）、DSB・DSF×2（1〜12段めを2回）、DSF（7〜12段め）。

GUSSET／マチ

2段ごとに後部で2目ずつ増やし、適宜DSB／DSFの回数を増やしながら編む。新たにDSB／DSFを編むには目数が足りない場合はねじりゴム編みを編む。マチ部分は増し目を含む6段のくり返しで、6段で6目増えるが、6段を2巡しないと両側に模様が現れない。このためDSB／DSFの編み順によっては、マチの端の（増し目の1段めで増やした）ねじり目1を模様の5または10段めに合わせてDSBまたはDSFに置き替えて編む。

TIP：マチ部分全体をねじりゴム編みにしてひかえめな印象に仕上げることもできる。

取り外し可能なマーカーで段の1目め（マチの中心＝後ろ中心）に印を付け、次のようにマチの増し目を編み始める；

1段め（1回めの増し目段。模様編みの1または7段めに当たる）：（印の付いた目に）「ねじり目1、かけ目、ねじり目1」、前段までの模様編みを続けて印の付いた目に増し目をしてできた3目まで編む。レッグの後部で2目増。

2段め（模様編みの2または8段めに当たる）：ねじり目3目、前段までの模様編みを続けて印の付いた目の1目手前まで編む。

3段め（2回めの増し目段。模様編みの3または9段めに当たる）：ねじり目1、裏目の右ねじり増し目、ねじり目1（＝印の付いた目）、裏目の右ねじり増し目、ねじり目1、前段までの模様編みを続けて印の付いた目の2目手前まで編む。レッグの後部で2目増。

4段め（模様編みの4または10段に当たる）：ねじり目1、裏目1、ねじり目1（＝印の付いた目）、裏目1、ねじり目1（注1を参照）、増し目を模様に取り込みながら前段までの模様編みを続けて印の付いた目の2目手前まで編む。

※注1：DSB／DSFの編み順によってこの段が模様編みの「10段め（DSF）」に当たるときは、マチの左端のねじり目1を使って最初のDSFを編む。

5段め（3回めの増し目段。模様編みの5または11段めに当たる）：ねじり目1（注2を参照）、裏目1、裏目の左増し目、ねじり目1（＝印の付いた目）、裏目の右増し目、裏目1、ねじり目1、模様編みに増し目を取り込みながら印の付いた目まで編む。レッグの後部で2目増。

※注2：DSB／DSFの編み順によってこの段が模様編みの「5段め（DSB）」に当たるときは、マチの右端のねじり目1を使って最後のDSBを編む。

6段め（模様編みの6または12段めに当たる）：増し目を模様に取り込みながら、前段までの模様編みを続けて印の付いた目まで編む。

※この段はマチ部分の6段のくり返し回数が奇数回の場合はねじり目1で始まり、偶数回の場合は表目1で始まる。増し目をした分適宜DSB／DSFの回数を増やしながら、この6段をあと3{4}回くり返す。レッグの後部は24{30}目増え、合計84{102}目となる。

マーカーを付ける：印の付いた目を含めて12{15}目めのあとにA色のマーカー「A①」、ここから15{18}目めのあとにB色の「B①」、B①から31{37}目めのあとに「B②」、B②から15{18}目めのあとに「A②」を付ける。A①とA②の間には23{29}目あり、印の付いた目がその真ん中になる。

マーカーを移しながらマチ部分の最初の5段を編み、「3回めの増し目段」まで編み終える。

※ヒールターンへの切り替えをゆるやかに行うにはDSB／DSFの編み順に従って増し目をせずに模様編みをあと6段編む。ただしこの分糸量に影響することを忘れずに。

マチの最後から2段め（模様編みの6または12段めに当たる）：増し目分も含めてこれまでの模様編みを編み、さらに「印の付いた目〜B①」そして「B②〜印の付いた目」までの間は表目1をねじり目1に置き替えながら編む。レッグの後部で30{36}目増え、合計目数は90{108}目。

マチの最終段：途中のマーカーは移しながら、印の付いた目からB①まで表編み、B②の1目手前まで*ねじり目1、裏目2*をくり返し、ねじり目1（甲側の1または7段めとなる）、最後は印の付いた目まで表編み。

HEEL TURN／ヒールターン

ヒールターンは往復編みしながら2段ごとに目をすべらせて編む。二部構成になっており、前半は「編み進む引き返し編み」で台形に、後半は足底の中央に沿って左右で減目をしながら引き返し編みをしてホースシュー（蹄鉄）型に編み進める。

※ここではジャーマンショートロウ［German Short Row］の手順を記載していますが、引き返し点がDS（ダブルステッチ）と一致すればほかの手法でもかまいません。DSの作り方はP.8参照。

引き返し編み1段め（準備段1・表面）：段の始めのマーカーを外し、*表目1、すべり目*を2{3}回、表目1、編み地を返す。

引き返し編み2段め（準備段2・裏面）：DS、*裏目1、浮き目*、*〜*を3{5}回、裏目2、編み地を返す。左側のDSとA①の間の目数は10{11}目、準備段2で編んだ目がDS1目＋8{12}目、右側のA②との間には10{11}目ある。

引き返し編み3段め（表面）：DS、DSも1目として扱いながらすべり目模様（前段の浮き目を表編み、裏目をすべり目）、表目1、編み地を返す。

引き返し編み4段め（裏面）：DS、DSも1目として扱いながらすべり目模様（前段のすべり目を裏編み、表目を浮き目）、裏目1、編み地を返す。

引き返し編みの3〜4段めをくり返し、1目ずつ編み進めながらA①とA②のマーカーに達するまで編む。裏面の段を編んで終わる。A①とA②の間の目数はDS1目＋28{34}目。A①とA②のマーカーを外す。

減目と引き返し編み1段め（表面）：DS、すべり目模様で9{12}目編み、左上2目一度、マーカーA①を付ける、すべり目模様で5目編み、マーカーA②を付ける、右上2目一度、すべり目模様で9 {12} 目と前段のDSを編み、表目1、編み地を返す。

減目と引き返し編み2段め（裏面）：DS、マーカーを移しながらすべり目模様で前段のDSまで編み、裏目1、編み地を返す。

※2段め以降の裏面を編む段では1回おきに、マーカーA①の手前の2目とマーカーA②の次の2目をすべり目にすることで、すべり目模様がくずれないようにする。

前段の引き返し編みの段での減目により、裏面の段を編む1回おきにマーカーA①とA②それぞれの前後の2目を連続してすべり目にすることになる。

減目と引き返し編み3段め（表面）：DS、すべり目模様で9 {12} 目編み、左上2目一度、A①を移す、すべり目模様で5目編み、A②を移す、右上2目一度、すべり目模様で9 {12} 目とDSを編み、表目1、編み地を返す。

2個のマーカーの前後で減目をしながら「減目と引き返し編み」の2〜3段めをB①とB②に達するまで続け、裏面の「減目と引き返し編み2段め」を編んで終わる。マーカーB①とB②の間の目数はDS1目 + 28 {34} 目、甲側の目数は31 {37} 目のまま。これ以降は、B②の位置が段の始まりに変わる。

FOOT ／フット

このセクションでは、「土踏まずの減目」の有無にかかわらず足底をメリヤス編み、甲側はこれまで通りにDSB／DSFをくり返して編む。甲の端で1模様分の目数に達していない端数の目、つまり4または10段めのDSB／DSF（1または7段めの表目1）は必要に応じてねじり目1に置き替えて、次のように再び輪に編む：

足底側：DS、表目27 {33}、DS。

甲側：31 {37} 目をこれまでのように模様編み（2または8段めの続き）、マーカーを移しながら編む。

「土踏まずのシェーピング」を編む場合のみ／このまま「土踏まずのシェーピング」のセクションへ進む。

「土踏まずのシェーピング」を編まない場合のみ／次段を次のように編む。

足底側：DSを編む、途中のマーカーを移しながら足底の28 {34} 目を表編み。

甲側：31 {37} 目をこれまでのように模様編み。「フット（続き）」へ進む。

OPTIONAL ARCH-SHAPING ／「土踏まずのシェーピング」（任意）

このセクションでは足底の中央で増し目をしながら、ヒールターンからの減目のラインに沿って減目も続ける。

準備段

足底側：DSを編む、表目9 {12}、左上2目一度、A①を移す、表目1、右増し目1、表目1、A③を付ける、表目2、左増し目1、表目1、A②を移す、右上2目一度、足底の最後（B①）まで表編み。

甲側：途中のマーカーを移しながら31 {37} 目をこれまでのように模様編み。

次段

足底側：途中のマーカーを移しながら足底の28 {34} 目を表編み。

甲側：模様編みを続ける。

減目段

足底側：A①の2目手前まで表編み、左上2目一度、マーカーを移しながらA③の1目手前まで表編み、右増し目1、表目1、マーカーを移し、表目2、左増し目1、A②まで表編み、A②を移し、右上2目一度、足底（B①）の最後まで表編み。

甲側：模様編みを続ける。

上記の2段をくり返し、A①の手前とA②のあとで減目、A③の前後で増し目をしながら編む。段の始めのマーカーとA①の間が1目になるまで（つまり減目のラインが甲に到達するまで）続ける。

FOOT (CONTINUED) ／フット（続き）

次段

足底側：Aのマーカーを外しながら表編み。

甲側：模様編みを続ける。

足底の仕上がり寸法からつま先分の長さを差し引いた長さ（以下のTIPを参照）になるまでDSB／DSFの規則性を保ちながら編み、模様の5または11段めを編んで終わる。作品ではDSB／DSFを合計3回くり返している。カフからのDSB／DSFの数は24回。

TIP：つま先の段数は16段なので、足底を利用して16段分の寸法を測っておくのがおすすめ。

最終段の1段前（模様編みの6または12段めに当たる）

足底側：表編み。

甲側：模様編みの表目1をねじり目1に置き替えながら編む。

つま先への移行段

足底側：表編み。

甲側：*ねじり目1、裏目2 *を段の始めの1目手前までくり返し編み、ねじり目1。

必要に応じて「つま先への移行段」をくり返して必要な長さになるまで編む。

TOE ／つま先

このセクションではこれまでのように足底をメリヤス編み、甲側をねじりゴム編みに編みながら減目段で均等に10 {12} 目ずつ減らす。減目段のあとはこれまで通りに編む。減目なく編む段数は、減目と減目の間の目数と同じ数になる。

1段め（準備段）：マーカーをすべて外しながら、表目29 {35}、*ねじり目1、裏目2 *、*〜*を合計10 {12} 回くり返し、段の始めのマーカーを入れる（1目分右に移動した状態になる）。

2段め（1回めの減目段）：ねじり目1、表目2、*右上2目一度、表目4 *、*〜*を合計4 {5} 回編み、右上2目一度、表目1、ねじり目1、裏目2、*ねじり目の右上2目一度、裏目1、ねじり目1、裏目2 *、*〜*を合計4 {5} 回、ねじり目の右上2目一度、裏目1。10 {12} 目減。

次の4段：これまで通りに模様編み。

7段め（2回めの減目段）：ねじり目の右上2目一度、表目3、*右上2目一度、表目3 *、*〜*を合計4 {5} 回編み、*ねじり目の右上2目一度、裏目1、ねじり目1、裏目1 *、*〜*を合計5 {6} 回編む。10 {12} 目減。

次の3段：これまで通りに模様編み。

11段め（3回めの減目段）：ねじり目1、表目1、*右上2目一度、表目2 *、*〜*を合計4 {5} 回編み、右上2目一度、ねじり目1、裏目1、*ねじり目の右上2目一度、ねじり目1、裏目1 *、*〜*を合計4 {5} 回編み、ねじり目の右上2目一度。10 {12} 目減。

次の2段：これまで通りに模様編み。

14段め（4回めの減目段）：ねじり目の右上2目一度、表目1、*右上2目一度、表目1 *、*〜*を合計4 {5} 回、*ねじり目の右上2目一度、ねじり目1 *、*〜*を合計5 {6} 回くり返す。10 {12} 目減。

15段め：これまで通りに模様編み。

16段め（最後の減目段）：段の始めのマーカーを外し、ねじり目1、裏目1、マーカーを入れる（ここが段の始めになる）、右上2目一度を5 {6} 回、ねじり目の左上2目一度を5 {6} 回。残り10 {12} 目。

FINISHING ／仕上げ

糸端を10 cm残して糸を切り、糸端を残りの目に通してしっかり絞る。糸始末をしたあと、水通しをして寸法に合わせてブロッキングする。

03 JILI

ジリ

SIZES ／サイズ

1 {2}

FINISHED MEASUREMENTS ／仕上がり寸法

フット周囲：19 {21.5} cm
足底長さ：21 {24} cm

MATERIALS ／材料

糸：Tukuwool のTukuwool Sock（フィンランド産ウール80%・ナイロン20%、160 m/50 g）2カセ〈Runo〉
針：3.25 mm（US 3／JP4号）輪針または5本針
その他の用具：取り外し可能なタイプのステッチマーカー、予備の編み針または別糸、とじ針

GAUGE ／ゲージ

32目×40段（ねじりゴム編み・10cm角、ブロッキング後）

SPECIAL ABBREVIATIONS ／特別な用語

巻き増し目（左）：編み糸で左側を手前にしたループを作り、編み糸が後ろに出るようにループを右針にかける。（1目増）
巻き増し目（右）：編み糸で右側を手前にしたループを作り、編み糸が手前に出るようにループを右針にかける。（1目増）
ねじり目の左上2目一度：1目めを右針に移し、2目めに裏目のねじり目を編むように左後方から右針先を入れて右針に取り、そのまま左針に戻す（2目めがねじれた状態になる）。右針に移しておいた1目めも右針に戻して2目を一度に編む。（1目減）
ねじり目の右上2目一度：左針の2目を一緒にねじり目に編む。

NOTES ／メモ

サイズ1でも幅を広くしたい場合は、作り目をサイズ2の目数で、長さをサイズ1の手順で編んでください。

LEG ／レッグ

ロングテールチューブラーメソッド［Long-Tail Tubular method］で60 {68} 目作る。
編み目を4本の針に均等に分ける（もしくは輪針でマジックループ式に編む）。
編み目がねじれないように輪にしてPM。
1段め：*表目のねじり目、裏目1*。*～*を最後までくり返す、RM。
2段め：*［表目のねじり目、裏目1］を7 {8} 回、PM、表目のねじり目、PM、［裏目1、表目のねじり目］を7 {8} 回、PM、裏目1、PM*。
*～*をもう一度編む。最後に入れるマーカーが編み始め位置になる（以降このマーカーのSMは省略）。
3段め：表目のねじり目、巻き増し目（右）、［裏目1、表目のねじり目］を5 {6} 回、裏目1、ねじり目の右上2目一度、SM、表目のねじり目、SM、ねじり目の左上2目一度、裏目1、［表目のねじり目、裏目1］を5 {6} 回、巻き増し目（左）、表目のねじり目、SM、裏目1、SM、表目のねじり目、ねじり目の左上2目一度、［裏目1、表目のねじり目］を5 {6} 回、裏目1、巻き増し目（左）、SM、表目のねじり目、SM、巻き増し目（右）、［裏目1、表目のねじり目］を5 {6} 回、裏目1、ねじり目の右上2目一度、表目のねじり目、SM、裏目1。
4段め：表目のねじり目を2回、［裏目1、表目のねじり目］を6 {7} 回、SM、表目のねじり目、SM、［表目のねじり目、裏目1］を6 {7} 回、表目のねじり目を2回、SM、裏目1、SM、表目のねじり目を2回、［裏目1、表目のねじり目］を6 {7} 回、SM、表目のねじり目、SM、表目のねじり目、［裏目1、表目のねじり目］を6 {7} 回、表目のねじり目、SM、裏目1。
5段め：表目のねじり目、巻き増し目（右）、表目のねじり目、［裏目1、表目のねじり目］を5 {6} 回、裏目の左上2目一度、SM、表目のねじり目、SM、裏目の左上2目一度、［表目のねじり目、裏目1］を5 {6} 回、表目のねじり目、巻き増し目（左）、表目のねじり目、SM、裏目1、SM、表目のねじり目、裏目の左上2目一度、表目のねじり目、［裏目1、表目のねじり目］を5 {6} 回、巻き増し目（左）、SM、表目のねじり目、SM、巻き増し目（右）、表目のねじり目、［裏目1、表目のねじり目］を5 {6} 回、裏目の左上2目一度、表目のねじり目、SM、裏目1。
6段め：*［表目のねじり目、裏目1］を7 {8} 回、SM、表目のねじり目、SM、［裏目1、表目のねじり目］を7 {8} 回、SM、裏目1、SM*。
*～*をもう一度編む。
3～6段めをくり返し、レッグが11.5 {12.5} cmになるまで編む。

FOOT ／フット

準備段：表目のねじり目、巻き増し目（右）、［裏目1、表目のねじり目］を5 {6} 回、裏目1、ねじり目の右上2目一度、SM、表目のねじり目、SM、ねじり目の左上2目一度、裏目1、［表目のねじり目、裏目1］を5 {6} 回、巻き増し目（左）、表目のねじり目、SM、裏目1、RM、別糸で次の29 {33} 目を表編み、別糸を切り、別糸で編んだ目を左針に戻して編み糸で表編み。

RM、裏目1。続けて輪に編む。

1段め：表目のねじり目を2回、[裏目1、表目のねじり目]を6 {7}回、SM、表目のねじり目、SM、[表目のねじり目、裏目1]を6 {7}回、表目のねじり目を2回、SM、裏目1、最後に1目残るまで表編み、裏目1。

2段め：表目のねじり目、巻き増し目(右)、表目のねじり目、[裏目1、表目のねじり目]を5 {6}回、裏目の左上2目一度、SM、表目のねじり目、SM、裏目の左上2目一度、[表目のねじり目、裏目1]を5 {6}回、表目のねじり目、巻き増し目(左)、表目のねじり目、SM、裏目1、最後に1目残るまで表編み、裏目1。

3段め：[表目のねじり目、裏目1]を7 {8}回、SM、表目のねじり目、SM、[裏目1、表目のねじり目]を7 {8}回、SM、裏目1、最後の1目手前まで表編み、裏目1。

4段め：表目のねじり目、巻き増し目(右)、[裏目1、表目のねじり目]を5 {6}回、裏目1、ねじり目の右上2目一度、SM、表目のねじり目、SM、ねじり目の左上2目一度、裏目1、[表目のねじり目、裏目1]を5 {6}回、巻き増し目(左)、表目のねじり目、SM、裏目1、最後の1目手前まで表編み、裏目1。

1〜4段めをくり返し、足底が別糸を編み込んだ段から12 {14} cmになるまで編む。

1・2段めをもう一度編む。

TOE SHAPING／つま先のシェーピング

準備段：[表目のねじり目、裏目1]を7 {8}回、SM、表目のねじり目、SM、[裏目1、表目のねじり目]を7 {8}回、RM、右上2目一度、最後の2目手前まで表編み、右上2目一度。58 {66}目になる。

1段め：[表目のねじり目、裏目1]を6 {7}回、ねじり目の右上2目一度、SM、表目のねじり目、SM、ねじり目の左上2目一度、[裏目1、表目のねじり目]を6 {7}回、PM、左上2目一度、最後に2目残るまで表編み、右上2目一度。54 {62}目になる。

2段め：*表目のねじり目、裏目1*、*〜*をマーカーの1目手前までくり返し、表目のねじり目、SM、表目のねじり目、SM、表目のねじり目、*裏目1、表目のねじり目*、*〜*をマーカーまでくり返し、SM、最後まで表編み。

3段め：*ねじり目、裏目1*、*〜*をマーカーとの間に3目残るまでくり返し、ねじり目、裏目の左上2目一度、SM、表目のねじり目、SM、裏目の左上2目一度、表目のねじり目、*裏目1、表目のねじり目*、*〜*をマーカーまでくり返し、SM、左上2目一度、最後に2目残るまで表編み、右上2目一度。4目減。

4段め：*表目のねじり目、裏目1*、*〜*をマーカーまでくり返し、SM、表目のねじり目、SM、*裏目1、表目のねじり目*、*〜*をマーカーまでくり返し、SM、最後まで表編み。

5段め：*表目のねじり目、裏目1*、*〜*をマーカーとの間に2目残るまでくり返し、ねじり目の右上2目一度、SM、ねじり目、SM、ねじり目の左上2目一度、*裏目1、表目のねじり目*、*〜*をマーカーまでくり返し、SM、左上2目一度、最後に2目残るまで表編み、右上2目一度。4目減。

2〜5段めを2回くり返す。30 {38}目になる。

次段：*表目のねじり目、裏目1*、*〜*をマーカーとの間に3目残るまでくり返し、表目のねじり目、裏目の左上2目一度、SM、表目のねじり目、SM、裏目の左上2目一度、表目のねじり目、*裏目1、表目のねじり目*、*〜*をマーカーまでくり返し、SM、左上2目一度、最後に2目残るまで表編み、右上2目一度。4目減。

次段：*表目のねじり目、裏目1*、*〜*をマーカーとの間に2目残るまでくり返し、ねじり目の右上2目一度、SM、表目のねじり目、SM、ねじり目の左上2目一度、*裏目1、表目のねじり目*、*〜*をマーカーまでくり返し、SM、左上2目一度、最後に2目残るまで表編み、右上2目一度。4目減。

★サイズ2のみ：最後の2段をもう一度くり返す。8目減。

サイズ1・2ともに22目になる。2本の針に持ち替える。

次段：表目のねじり目、裏目1、表目のねじり目、裏目の左上2目一度、SM、表目のねじり目、SM、裏目の左上2目一度、表目のねじり目、裏目1、表目のねじり目、SM、左上2目一度、残り2目まで表編み、右上2目一度。18目になる。

次段：表目のねじり目、裏目1、右上2目一度、RM、表目のねじり目、RM、左上2目一度、裏目1、表目のねじり目、RM、左上2目一度、残り2目まで表編み、右上2目一度。4目減。14目になる。

2本の針の目をメリヤスはぎではぎ合わせる。

HEEL／かかと

準備段：別糸をほどき、編み目を2本の針に移す。足底の目の右端から編み始める。表目29 {33}、PM（編み始め位置のマーカー）。

1段め：[表目のねじり目、裏目1]を6 {7}回、ねじり目の右上2目一度、PM、表目のねじり目、PM、ねじり目の左上2目一度、[裏目1、表目のねじり目]を6 {7}回、PM、裏目1、左上2目一度、残り3目まで表編み、右上2目一度、裏目1。54 {62}目になる。

2段め：*表目のねじり目、裏目1*、*〜*をマーカーとの間に1目残るまでくり返し、表目のねじり目、SM、表目のねじり目、SM、表目のねじり目、*裏目1、表目のねじり目*、*〜*をマーカーまでくり返し、SM、裏目1、残り1目まで表編み、裏目1。

3段め：*表目のねじり目、裏目1*、*〜*をマーカーとの間に3目残るまでくり返し、表目のねじり目、裏目の左上2目一度、SM、表目のねじり目、SM、裏目の左上2目一度、表目のねじり目、*裏目1、表目のねじり目*、*〜*をマーカーまでくり返し、SM、裏目1、左上2目一度、残り3目まで表編み、右上2目一度、裏目1。4目減。

4段め：*表目のねじり目、裏目1*、*〜*をマーカーまでくり返し、SM、表目のねじり目、SM、*裏目1、表目のねじり目*、*〜*をマーカーまでくり返し、SM、裏目1、残り1目まで表編み、裏目1。

5段め：*表目のねじり目、裏目1*、*〜*をマーカーとの間に2目残るまでくり返し、ねじり目の右上2目一度、SM、表目のねじり目、SM、ねじり目の左上2目一度、*裏目1、表目のねじり目*、*〜*をマーカーまでくり返し、SM、裏目1、左上2目一度、残り3目まで表編み、右上2目一度、裏目1。4目減。

2〜5段めを2回くり返す。30 {38}目になる。

次段：*表目のねじり目、裏目1*、*〜*をマーカーとの間に3目残るまでくり返し、表目のねじり目、裏目の左上2目一度、SM、表目のねじり目、SM、裏目の左上2目一度、表目のねじり目、*裏目1、表目のねじり目*、*〜*をマーカーまでくり返し、SM、裏目1、左上2目一度、残り3目まで表編み、右上2目一度、裏目1。4目減。

次段：*表目のねじり目、裏目1*、*〜*をマーカーとの間に2目残るまでくり返し、ねじり目の右上2目一度、SM、表目のねじり目、SM、ねじり目の左上2目一度、*裏目1、表目のねじり目*、*〜*をマーカーまでくり返し、SM、裏目1、左上2目一度、残り3目まで表編み、右上2目一度、裏目1。4目減。

上記の2段をあと1 {2}回くり返す。必要に応じて2本の針に持ち替える。14目になる。

FINISHING／仕上げ

かかとをメリヤスはぎではぎ合わせる。

糸始末をして、水通しをして、寸法に合わせてブロッキングする。

04 BRANCHES

枝

SIZES ／サイズ

1 {2}

FINISHED MEASUREMENTS ／仕上がり寸法

足首周囲：20.5 {23} cm
レッグ長さ：21.5 cmまたは好みの長さ

MATERIALS ／材料

糸：House of a la ModeのHouse Fingering/4ply（スーパーウォッシュメリノウール80%・ナイロン20%、366 m/100 g）1カセ〈Sage〉
針：2.5 mm（US 1.5／JP 1号）輪針または5本針
その他の用具：ステッチマーカー、なわ編み針、とじ針

GAUGE ／ゲージ

31目×44段（透かし編み・10cm角、ブロッキング後）

SPECIAL ABBREVIATIONS ／特別な用語

左上1目交差：次の目をなわ編み針に移して編み地の後ろにおき、左針から表目1、なわ編み針から表目1。
右上1目交差：次の目をなわ編み針に移して編み地の手前におき、左針から表目1、なわ編み針から表目1。
中上3目一度：次の2目を一度に表目を編むように右針に移し、左針から表目1、右針に移した2目を編んだ目にかぶせる。（2目減）
ねじり目の右上1目交差（下側が裏目）：次の目をなわ編み針に移して編み地の手前におき、左針から裏目1、なわ編み針から表目のねじり目1。
ねじり目の左上1目交差（下側が裏目）：次の目をなわ編み針に移して編み地の後ろにおき、左針から表目のねじり目1、なわ編み針から裏目1。
左目に通すノット（3目）：右針を左針の3目めに入れ、1目めと2目めにかぶせて、「表目1、かけ目、表目1」。

NOTES ／メモ

全体を通してコインステッチとランタン模様の間には裏目を編みます。

CUFF ／カフ

2.5 mm針でノルウェージアンキャストオン［Norwegian cast on］または伸縮性のある作り目の方法で64 {72} 目作る。
編み目がねじれないよう輪にする。
5本針で編む場合は、編み目を4本の針に均等に分ける。段の始めに取り外し可能なタイプのマーカーを付けておくとよい。
1段表編み。
以下の通りに模様編みをする；
1段め：*コインステッチの1段めを編む、裏目1 {2}、ランタン模様の1段めを編む、裏目1、ランタン模様の1段めを編む、裏目1 {2}、コインステッチの1段めを編む、裏目1 {2}、ランタン模様の1段めを編む、裏目1、ランタン模様の1段めを編む、裏目1 {2} *、*～*を段の最後まで編む。
1段めで模様の配置が定まる。
続けて輪に編む。コインステッチは2段めから続けて、4段1模様をくり返す。ランタン模様は2段めから、16段の模様を2模様＋7段編む。合計39段となる。
コインステッチは3段めで編み終える。

LEG ／レッグ

次段：*コインステッチのチャート4段め、裏目1 {2}、ブランチ模様のチャートは1段め、裏目1 {2}、コインステッチのチャート4段め、裏目1 {2}、ブランチ模様のチャート1段め、裏目1 {2} *、*～*を段の最後まで編む。
上記の段で模様の配置が定まる。
両先針を使っている場合は、編みやすいように編み目を4本の針に分ける。
コインステッチとブランチ模様のチャートに沿って、作り目から21.5 cmまたは好みの長さになるまで編み、最後は偶数段で編み終える。
最後に編んだ段をひかえておく。
サンプルはサイズ1、ブランチ模様のチャートを2模様＋12段編んでいる。

HEEL FLAP ／ヒールフラップ

次のように編み目を分け直す：模様編み35 {39} 目、この35 {39} 目は甲側になる（甲の始めと終わりの各3目がコインステッチになる）。［裏目1、表目のねじり目］を14 {16} 回、裏目1、この29 {33} 目がかかとになる。編み地を返す。

サイズ1のみ
次段（裏面）：［表目1、裏目のねじり目］を14回、表目1、編み地を返す。
続けて29目を次のように往復に編む：
1段め（表面）：すべり目1、［表目のねじり目1、すべり目1］を13回、すべり目1、裏目1。
2段め（裏面）：すべり目1、［裏目のねじり目、表目1］を14回。
1・2段めをあと15回編む。ヒールフラップは合計33段編む。

サイズ2のみ
次段（裏面）：表目2、［裏目のねじり目、表目］を14回、裏目のねじり目、表目2、編み地を返す。
続けて33目を次のように往復に編む：
1段め（表面）：すべり目1、裏目1、［表目のねじり目1、すべり目1］を14回、表目のねじり目1、裏目2。
2段め（裏面）：すべり目1、表目1、［裏目のねじり目1、表目1］を14回、裏目のねじり目1、表目2。
1・2段めをあと16回編む。ヒールフラップは合計35段編む。

HEEL TURN ／ヒールターン

1段め（表面）：すべり目1、表目18 {21}、右上2目一度、編み地を返す。
2段め（裏面）：すべり目1、裏目9 {11}、裏目の左上2目一度、編み地を返す。
3段め：すべり目1、表目9 {11}、（段差の両側の目を）右上2目一度、編み地を返す。
4段め：すべり目1、裏目9 {11}、（段差の両側の目を）裏目の左上2目一度、編み地を返す。
すべての目が編めるまで3・4段めをくり返す。裏面の段で編み終える。11 {13} 目残る。
次からは再び輪に編む。

GUSSET ／マチ

かかとの11 {13} 目を表編み、ヒールフラップの端のすべり目に沿って16 {17} 目拾う。
ヒールフラップと甲の間から1目拾う。甲の35 {39} 目は前段までの通りに続けて編む。甲とヒールフラップの間から1目拾い、ヒールフラップのもう片側の端のすべり目に沿って16 {17} 目拾い、かかとの目を5 {6} 目表編みする。合計80 {88} 目になる。

※ここからはかかとの中心が段の始まりになる。マジックループ式または輪針を2本使って編んでいる場合は、この位置にPM。
これ以降、甲側の35 {39} 目は模様編みを続けて編み、マチの目は毎段「裏目1、残り1目まで表編み、裏目1」と編む。
準備段：表目6 {7}（かかとの目）、表目のねじり目16 {17}、裏目1、甲側の35 {39} 目を模様編み、裏目1、表目のねじり目16 {17}、表目5 {6}。
減目段：甲側との間に3目残るまで表編み、左上2目一度、裏目1、甲側の35 {39} 目を模様編み、裏目1、右上2目一度、最後まで表編み。2目減。
次段：甲側との間に1目残るまで表編み、裏目1、甲側を模様編み、裏目1、最後まで表編み。
上記の2段をあと6 {7} 回くり返す。66 {72} 目になる。

FOOT ／フット

足底の長さが「希望仕上がり寸法－4cm」になるまで、甲側の模様編みと足底側の表編みを続ける。

TOE ／つま先

準備段：足底側の33 {36} 目と甲側の33 {36} 目を表編み。
続けて次のように編む；
1段め（減目段）：甲側との間に3目残るまで表編み、左上2目一度、表目2（足底側の1目と甲側の1目）、右上2目一度、甲側の目が3目残るまで編み、左上2目一度、表目2（甲側の1目と足底側の1目）、右上2目一度、最後まで表編み。4目減。
2段め：表編み。
1・2段めをあと5 {6} 回くり返す。42 {44} 目になる。
22 {24} 目になるまで毎段減目段を編む。
両先針を使っている場合は、甲側と足底側の編み目を2本の針に11 {12} 目ずつ分ける。糸針を30.5 cm残して、糸を切る。

FINISHING ／仕上げ

つま先をメリヤスはぎではぎ合わせる。
糸始末をして、水通しをして、寸法に合わせてブロッキングする。

ブランチ模様

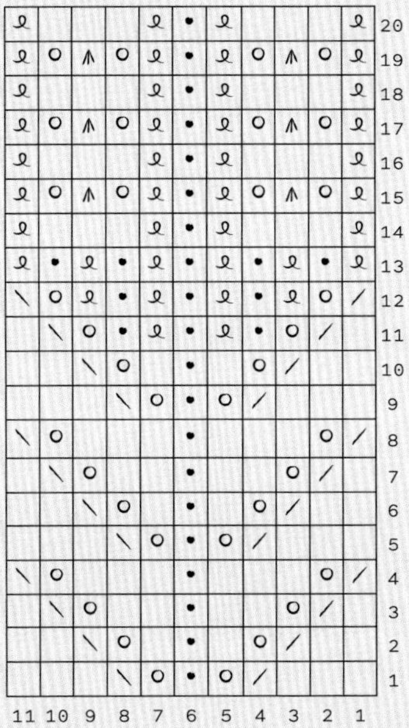

ランタン模様

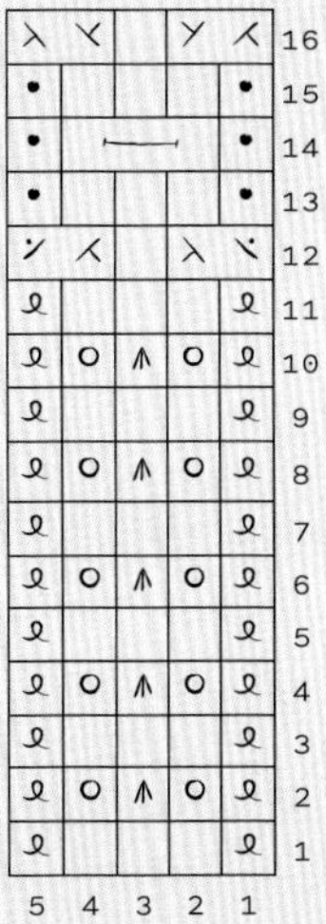

コインステッチ

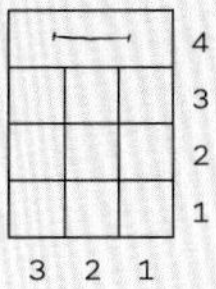

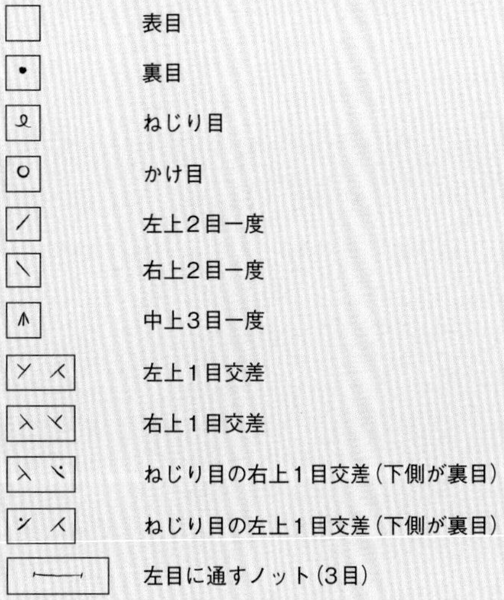

05 UNITY

結合

SIZES／サイズ

1 {2}

FINISHED MEASUREMENTS／仕上がり寸法

レッグ長さ：14 cm
レッグ周囲：18 {21.5} cm
足底長さ：20.5 {25.5} cm
フット周囲：18.5 {22} cm
※レッグ／フット周囲の寸法を基準とし、フット長さは9段多くまたは少なく編むことで調整できます。

MATERIALS／材料

糸：Tukuwool のTukuwool Sock（フィンランド産ウール80%・ナイロン20%、160 m/50 g）2カセ〈H22 Valo〉
針：2.75 mm（US 2／JP 2号）輪針
その他の用具：ステッチマーカー、とじ針

GAUGE／ゲージ

26目×34段（メリヤス編み・10cm角、ブロッキング後）
28目×34段（模様編み・10cm角、ブロッキング後）

SPECIAL ABBREVIATIONS／特別な用語

右上1目交差：次の目をなわ編み針に移して編み地の手前におき、左針から表目1、なわ編み針から表目1。
右上1目交差（下側が裏目）：次の目をなわ編み針に移して編み地の手前におき、左針から裏目1、なわ編み針から表目1。
左上1目交差：次の目をなわ編み針に移して編み地の後ろにおき、左針から表目1、なわ編み針から表目1。
左上1目交差（下側が裏目）：次の目をなわ編み針に移して編み地の後ろにおき、左針から表目1、なわ編み針から裏目1。

CUFF／カフ

指でかける作り目の方法で50 {60} 目作る。
編み目がねじれないように輪にする。PM。
1段め：*表目1、裏目1、表目1、裏目1、表目2、裏目1、表目1、裏目1、表目1*、*〜*をくり返す。
上記の手順で合計7段編む。

LEG／レッグ

チャートの通りに輪に編む。
チャートの18段を2回編み、1〜5段めをもう一度編む、または好みの長さになるまで編む。

HEEL FLAP／ヒールフラップ

ヒールフラップは往復に編む。
サイズ1のみ
準備段（表面）：マーカーを外す。最後の目を左針に戻し、表目21。22目になる。
サイズ2のみ
準備段（表面）：マーカーを外す。表目1、編んだ目は休み目になる。表目28。
2段め：表目1、裏目20 {26}、表目1。
3段め：*表目1、すべり目1*、*〜*を2目残るまでくり返し、表目2。
4段め：表目1、裏目20 {26}、表目1。
3・4段めを合計14 {15} 回編む。

HEEL TURN／ヒールターン

1段め（表面）：*表目1、すべり目1*、*〜*を6 {9} 目残るまでくり返し、右上2目一度。
2段め：すべり目1、裏目10、裏目の左上2目一度。
3段め：すべり目0 {1}、*すべり目1、表目1*を5回くり返し、すべり目1 {0}、右上2目一度。
2・3段めをくり返し、12目まで減らす。
最後は2段めを編む。

GUSSET／マチ

ここから再び輪に編む。

1段め（準備段・表面）：すべり目1、表目11。

ヒールフラップの端から14｛15｝目を表目のねじり目になるように拾う。28｛32｝目を（模様の6段めから）模様編み。

TIP：ヒールフラップの拾い目をする際は、端の裏目と最初の表目の間に針を入れると端がきれいに整う。マチの端では、隙間ができないように、マチの最初に1目多く拾い、模様編みの1目めと裏目（または表目）の左上2目一度に編む。反対側のマチでも同様に1目多く拾い、模様編みの最後の目と裏目の左上2目一度（または表目の右上2目一度）に編む。

ヒールフラップの端から表目のねじり目になるように14｛15｝目拾う。

6目を表編み、PM。この位置が新しい段の始まりとなる。

2段め：表目18｛21｝、模様編み32目、表目18｛21｝。

3段め：表目17｛20｝、左上2目一度、模様編み30目、右上2目一度、表目17｛20｝。

4段め：表目17｛20｝、模様編み32目、表目17｛20｝。

5段め：表目16｛19｝、左上2目一度、模様編み30目、右上2目一度、表目16｛19｝。

6段め：表目16｛19｝、模様編み32目、表目16｛19｝。

7段め：表目15｛18｝、左上2目一度、模様編み30目、右上2目一度、表目15｛18｝。

8段め：表目15｛18｝、模様編み32目、表目15｛18｝。

9段め：表目14｛17｝、左上2目一度、模様編み30目、右上2目一度、表目14｛17｝。

10段め：表目14｛17｝、模様編み32目、表目14｛17｝。

11段め：表目13｛16｝、左上2目一度、模様編み30目、右上2目一度、表目13｛16｝。

12段め：表目13｛16｝、模様編み32目、表目13｛16｝。

13段め：表目12｛15｝、左上2目一度、模様編み30目、右上2目一度、表目12｛15｝。

14段め：表目12｛15｝、模様編み32目、表目12｛15｝。

15段め：表目11｛14｝、左上2目一度、模様編み30目、右上2目一度、表目11｛14｝。

サイズ1のみ（減目を続ける）

16段め：表目11、模様編み32目、表目11。

17段め：表目10、左上2目一度、模様編み30目、右上2目一度、表目10。

18段め：表目10、模様編み32目、表目10。

19段め：表目9、左上2目一度、模様編み30目、右上2目一度、表目9。

この時点で残り50目になる。

ケーブル模様は6段めまで編み終えていることを確認する。

サイズ2のみ

15段めまでで残り60目になる。

ケーブル模様の2段めまで編み終えていることを確認する。

FOOT／フット

1段め：表目9｛14｝、模様編み32目、表目9｛14｝。

1段めと同様に合計26｛39｝段編む。

最後はケーブル模様の14｛5｝段めで終わる。

TOE／つま先

1段め（サイズ1）：表目11、左上2目一度、表目3、左上2目一度、表目3、左上2目一度、表目4、右上2目一度、表目3、右上2目一度、表目3、右上2目一度、表目11。

1段め（サイズ2）：表目12、左上2目一度、表目2、右上2目一度、表目24、左上2目一度、表目2、右上2目一度、表目12。

2段め（以下は共通）：表編み。

3段め：表目8｛11｝、左上2目一度、表目2、右上2目一度、表目16｛22｝、左上2目一度、表目2、右上2目一度、表目8｛11｝。

4段め：表編み。

5段め：表目7｛10｝、左上2目一度、表目2、右上2目一度、表目14｛20｝、左上2目一度、表目2、右上2目一度、表目7｛10｝。

6段め：表編み。

7段め：表目6｛9｝、左上2目一度、表目2、右上2目一度、表目12｛18｝、左上2目一度、表目2、右上2目一度、表目6｛9｝。

8段め：表編み。

9段め：表目5｛8｝、左上2目一度、表目2、右上2目一度、表目10｛16｝、左上2目一度、表目2、右上2目一度、表目5｛8｝。

10段め（サイズ1）：表編み。

10段め（サイズ2）：表目7、左上2目一度、表目2、右上2目一度、表目14、左上2目一度、表目2、右上2目一度、表目7。

11段め：表目4｛6｝、左上2目一度、表目2、右上2目一度、表目8｛12｝、左上2目一度、表目2、右上2目一度、表目4｛6｝。

12段め：表目3｛5｝、左上2目一度、表目2、右上2目一度、表目6｛10｝、左上2目一度、表目2、右上2目一度、表目3｛5｝。

13段め：表目2｛4｝、左上2目一度、表目2、右上2目一度、表目4｛8｝、左上2目一度、表目2、右上2目一度、表目2｛4｝。

14段め：表目1｛3｝、左上2目一度、表目2、右上2目一度、表目2｛6｝、左上2目一度、表目2、右上2目一度、表目1｛3｝。

15段め：表目0｛2｝、左上2目一度、表目2、右上2目一度、表目0｛4｝、左上2目一度、表目2、右上2目一度、表目0｛2｝。

サイズ1のみ

残り8目を好みの方法で止める。

サイズ2のみ

16段め：表目1、左上2目一度、表目2、右上2目一度、表目2、左上2目一度、表目2、右上2目一度、表目1。

17段め：左上2目一度、表目2、右上2目一度、左上2目一度、表目2、右上2目一度。

残り8目を好みの方法で止める。

FINISHING／仕上げ

糸始末をしたあと、水通しをして寸法に合わせてブロッキングする。

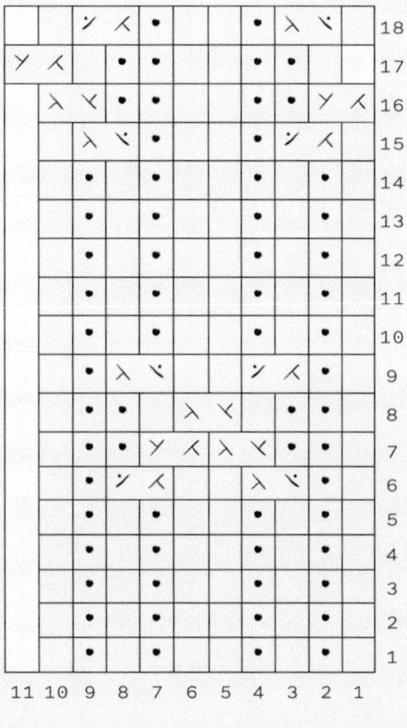

- 表目
- 裏目
- 右上1目交差
- 右上1目交差（下側が裏目）
- 左上1目交差
- 左上1目交差（下側が裏目）
- 実際にはない目

06 CRASPEDIA

クラスペディア

SIZES／サイズ

1 {2}

FINISHED MEASUREMENTS／仕上がり寸法

周囲：17.5 {21.5} cm
レッグ長さ(ヒールターンからの長さ)：16～19.5 cm

MATERIALS／材料

糸：Rosa PomarのMondim（ポルトガル産ウール100%、385 m/100 g）1カセ〈115 Golden Yellow〉
針：2.0 mm（US 0／JP 0号）と2.5 mm（US 1.5／JP 1号）輪針
※このパターンは輪針でマジックループ式に編むことを前提として書かれています。両先針で編む場合は、〈N1 = Needle 1〉と〈N2 = Needle 2〉用にそれぞれ針を2本ずつ使用してください。
その他の用具：取り外し可能なタイプのマーカー、なわ編み針、かぎ針、とじ針

GAUGE／ゲージ

29目×48段(メリヤス編み・10cm角、ブロッキング後)
31.5目×48段(模様編み・10cm角、ブロッキング後)

SPECIAL ABBREVIATIONS & TECHNIQUES／特別な用語とテクニック

ねじり目の右上1目交差(下側が裏目)：次の目をなわ編み針に移して編み地の手前におき、左針から裏目1、なわ編み針から表目のねじり目1。
ねじり目の左上1目交差(下側が裏目)：次の目をなわ編み針に移して編み地の後ろにおき、左針から表目のねじり目1、なわ編み針から裏目1。
右上1目交差：次の目をなわ編み針に移して編み地の手前におき、左針から表目1、なわ編み針から表目1。
左上1目交差：次の目をなわ編み針に移して編み地の後ろにおき、左針から表目1、なわ編み針から表目1。
ボッブル：編み方には以下の2通りの方法があります。編みやすい方法を使用してください。
①中長編みのボッブル：かぎ針を目に入れ、糸を針先にかけて引き出し、*針先に糸をかけ、再び目に入れて糸をかけて引き出す*、*～*をもう一度くり返す。針先にはループが5本かかった状態になる。糸をかけて5本のループから引き抜き、くさりを1目編んで止める。かぎ針を手前に移してもとの目に入れ、糸をかけて、もとの目とかぎ針にかかっていたループを引き抜く。完成したボッブルを右針に移す。
②棒針で編むボッブル：1目に「表目、表目のねじり目、表目」を編み、編み地を返す。この3目を裏編みし、編み地を返す。3目を表編みし、右針の左端の目に2目めと3目めをかぶせて元の1目に戻す。

TOE／つま先

2.5mm針にターキッシュキャストオン[Turkish Cast On]で28 {32} 目作る。編み目を14 {16} 目ずつに分け、前半を〈N1〉、後半を〈N2〉とする。段の始めに取り外し可能なマーカーを付け、輪に編む。
1段め：表編み。
2段め（増し目段）：〈N1〉 *表目1、右ねじり増し目、残り1目まで表編み、左ねじり増し目、表目1*。〈N2〉 *～*をくり返す。4目増。
1・2段めをあと6 {7} 回くり返す。
次段：表編み。
次段（増し目段）：〈N1〉残り1目まで表編み、左ねじり増し目、表目1。〈N2〉表目1、右ねじり増し目、1目残るまで表編み、左ねじり増し目、表目1。3目増。
31 {35} 目増。合計59 {67} 目、甲側の〈N1〉が29 {33} 目、足底側の〈N2〉が30 {34} 目になる。

FOOT／フット

1・2段め：表編み。
3段め：〈N1（甲側）〉チャートを編む（サイズ1はオレンジの枠で囲まれたチャートの3～31目め、サイズ2はチャートの1～33目めまでを編む）。〈N2（足底側）〉表編み。
4段め以降：〈N1〉チャート通りに編む。〈N2〉メリヤス編みで、つま先からの長さが「足底の希望仕上がり寸法－7{8.5}cm」になるまで編む。

HEEL GUSSET／かかとのマチ

ヒールのシェーピングは足底側の〈N2〉で行う。
1段め：〈N1〉チャートに沿って模様編みを続ける。〈N2〉表目1、右ねじり増し目、最後の1目まで表編み、左ねじり増し目、表目1。2目増。
2段め：表編み。
1・2段めをあと13 {15} 回くり返す。28 {32} 目増。〈N2〉は58 {66} 目、〈N1〉の目数は変わらず。

HEEL TURN／ヒールターン

ヒールは〈N2〉の編み目だけを往復編みする。〈N2〉の表面から編む。
1段め（表面）：表目31 {35}、左上2目一度、表1。編み地を返す。1目減。
2段め（裏面）：浮き目1、裏目5、裏目の左上2目一度、裏1。編み地を返す。1目減。
3段め：すべり目1、段差の1目手前まで表編み、段差の両側の目を左上2目一度、表1。編み地を返す。1目減。
4段め：浮き目、段差の1目手前まで裏編み、段差の両側の目を裏目の左上2目一度、裏1。編み地を返す。1目減。
3・4段めをあと10 {12} 回くり返し、3段めをもう一度編む。25 {29} 目減、33 {37} 目になる。
編み地を返さずに表面のまま再び輪に編む。

HEEL FINISHING／かかとの仕上げ

次の2段によってマチの上部の隙間をなくすことができる。
1段め：〈N1〉模様編み、〈N2〉表目1、右上2目一度、最後に2目残るまで表編み、左上2目一度。2目減。
2段め：〈N1〉模様編み、〈N2〉右上2目一度、最後まで表編み。1目減。合計59 {67} 目。

LEG／レッグ

1段め：〈N1〉チャートの通りに編む。〈N2〉表編み。
続けて、甲側の〈N1〉はチャートの通りに、足底側の〈N2〉はメリヤス編みで、マチの上端からレッグ長さが約7.5～10 cmになるまで編み、チャートの9段めまたは19段めで編み終える。
2.0mm針に持ち替える。

CUFF／カフ

模様編み以外の部分のリブ編みを編んでいく。
最初の8 {10} 目はこれまでのハニカムケーブル模様を編み、裏目1、*表目のねじり目1、裏目1*を6回、{8} 10目はハニカムケーブル模様、裏目2、*表目2、裏目2*、*～*を段の最後までくり返す。
上記のリブ編みと模様編みを3 cm編む。
ジェニーズサプライジングリーストレッチーバインドオフ[Jeny's Surprisingly Stretchy Bind-Off]の方法で止める。

FINISHING／仕上げ

糸始末をし、水通しをして寸法に合わせてブロッキングする。

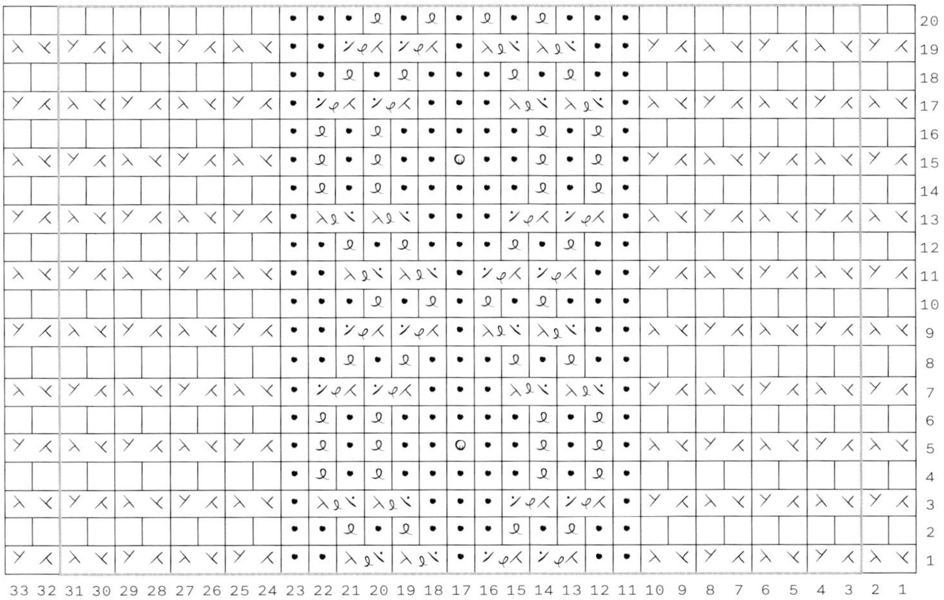

										•	•	•	ℓ	•	ℓ	•	ℓ	•	ℓ	•	•	•											20
λ	≺	Y	く	λ	≺	Y	く	λ	≺	•	•	ン	ℓく	ン	ℓく	•	λℓ	丶	λℓ	丶	•	•	Y	く	λ	≺	Y	く	λ	≺	Y	く	19
										•	•	ℓ	•	ℓ	•	•	•	ℓ	•	ℓ	•	•											18
Y	く	λ	≺	Y	く	λ	≺	Y	く	•	ン	ℓく	ン	ℓく	•	•	•	λℓ	丶	λℓ	丶	•	λ	≺	Y	く	λ	≺	Y	く	λ	≺	17
										•	ℓ	•	ℓ	•	•	•	•	•	ℓ	•	ℓ	•											16
λ	≺	Y	く	λ	≺	Y	く	λ	≺	•	ℓ	•	ℓ	•	•	○	•	•	ℓ	•	ℓ	•	Y	く	λ	≺	Y	く	λ	≺	Y	く	15
										•	ℓ	•	ℓ	•	•	•	•	•	ℓ	•	ℓ	•											14
Y	く	λ	≺	Y	く	λ	≺	Y	く	•	λℓ	丶	λℓ	丶	•	•	•	ン	ℓく	ン	ℓく	•	λ	≺	Y	く	λ	≺	Y	く	λ	≺	13
										•	•	ℓ	•	ℓ	•	•	•	ℓ	•	ℓ	•	•											12
λ	≺	Y	く	λ	≺	Y	く	λ	≺	•	•	λℓ	丶	λℓ	丶	•	ン	ℓく	ン	ℓく	•	•	Y	く	λ	≺	Y	く	λ	≺	Y	く	11
										•	•	•	ℓ	•	ℓ	•	ℓ	•	ℓ	•	•	•											10
Y	く	λ	≺	Y	く	λ	≺	Y	く	•	•	ン	ℓく	ン	ℓく	•	λℓ	丶	λℓ	丶	•	•	λ	≺	Y	く	λ	≺	Y	く	λ	≺	9
										•	•	ℓ	•	ℓ	•	•	•	ℓ	•	ℓ	•	•											8
λ	≺	Y	く	λ	≺	Y	く	λ	≺	•	ン	ℓく	ン	ℓく	•	•	•	λℓ	丶	λℓ	丶	•	Y	く	λ	≺	Y	く	λ	≺	Y	く	7
										•	ℓ	•	ℓ	•	•	•	•	•	ℓ	•	ℓ	•											6
Y	く	λ	≺	Y	く	λ	≺	Y	く	•	ℓ	•	ℓ	•	•	○	•	•	ℓ	•	ℓ	•	λ	≺	Y	く	λ	≺	Y	く	λ	≺	5
										•	ℓ	•	ℓ	•	•	•	•	•	ℓ	•	ℓ	•											4
λ	≺	Y	く	λ	≺	Y	く	λ	≺	•	λℓ	丶	λℓ	丶	•	•	•	ン	ℓく	ン	ℓく	•	Y	く	λ	≺	Y	く	λ	≺	Y	く	3
										•	•	ℓ	•	ℓ	•	•	•	ℓ	•	ℓ	•	•											2
Y	く	λ	≺	Y	く	λ	≺	Y	く	•	•	λℓ	丶	λℓ	丶	•	ン	ℓく	ン	ℓく	•	•	λ	≺	Y	く	λ	≺	Y	く	λ	≺	1
33	32	31	30	29	28	27	26	25	24	23	22	21	20	19	18	17	16	15	14	13	12	11	10	9	8	7	6	5	4	3	2	1	

- □ 表目
- ℓ ねじり目
- λℓ 丶 ねじり目の右上1目交差（下側が裏目）
- ン ℓく ねじり目の左上1目交差（下側が裏目）
- λ ≺ 右上1目交差
- Y く 左上1目交差
- • 裏目
- ○ ボッブル
- □ サイズ1の範囲

07 ROCKING CHAIR

ロッキングチェア

SIZES／サイズ

1 {2}

FINISHED MEASUREMENTS／仕上がり寸法

フット周囲：18.5 {21.5} cm
長さ：調整可

MATERIALS／材料

糸：Triskelion YarnのScylfing Sock（ブルーフェイスレスター種50%・ゴットランド種25%・ウェンスリーデール種25％、350 m/100 g）1カセ〈Seagull〉
針：2 mm（US 0／JP 0号）輪針または5本針
その他の用具：ステッチマーカー3個

GAUGE／ゲージ

30目×68段（透かし編みと地模様・10cm角、ブロッキング後）
30目×48段（メリヤス編み・10cm角、ブロッキング後）

GARTER STITCH CUFF／ガーター編みのカフ

指でかける作り目の方法で56 {64} 目作る。
作り目はきつくなりすぎないように、ある程度の伸縮性を保つようにする。必要に応じて太めの針で作り目をするか、伸縮性のある別の方法で作ってもよい。
編み目がねじれないように輪にする。段の始めにPM。

1段め：表編み。
2段め：裏編み。
1・2段めを合計5回編む。

LEG／レッグ

チャートの透かし模様と地模様を編む。チャートの3〜19段めを合計4回編んだあと、ヒールフラップを編む。

HEEL FLAP／ヒールフラップ

次の28 {32} 目でヒールフラップを往復に編む。甲側の目はそのまま針にのせて休ませる。段の始めのマーカーを外す。
注：ヒールフラップとヒールターンのすべり目または浮き目は、どちらも糸が編み地の裏面に渡るように編む。
1段め（表面）：すべり目1、表目27 {31}。
2段め（裏面）：浮き目1、裏目27 {31}。
1・2段めを合計14 {16} 回編む。

HEEL TURN／ヒールターン

1段め(表面)：すべり目1、表目17 {19}、右上2目一度、表目1、編み地を返す。

2段め(裏面)：浮き目1、裏目9 {9}、裏目の左上2目一度、裏目1、編み地を返す。

3段め：すべり目1、前段の引き返し位置との間に1目残るまで表編み、右上2目一度、表目1、編み地を返す。

4段め：すべり目1、前段の引き返し位置との間に1目残るまで裏編み、裏目の左上2目一度、裏目1、編み地を返す。

両端に1目ずつ残るまで3・4段めをくり返す。

次段：すべり目1、前段の引き返し位置との間に1目残るまで表編み、右上2目一度、編み地を返す。

次段：すべり目1、前段の引き返し位置との間に1目残るまで裏編み、裏目の左上2目一度、編み地を返す。

ヒールの目をすべて編み終えると18 {20}になる。

GUSSET／マチ

再び輪に編む。

準備段(模様編みの1段め)：表目18 {20}(かかと)、ヒールフラップの端から14 {16} 目拾う、PM、表目28 {32} (休ませていた甲側の目)、PM、ヒールフラップのもう片方の端から14 {16} 目拾う、表目9 {10} (かかとの目の半分)、PM (ここを新たな段の始めとする)。74 {84} 目。

甲側の目は透かし模様と地模様を(チャートの4段めから)編み始め、足底側はメリヤス編み(毎段表編み)。

これと並行して、2段ごとにマチの減目を次のように行う；

減目段：マーカーの2目手前まで表編み、左上2目一度、SM、マーカーまで模様編みの次の段を編む、SM、右上2目一度、段の最後まで表編み。

減目段を合計9 {10} 回編む。56 {64} 目になる。

FOOT／フット

足底の目はメリヤス編み、甲の目は模様編みを続けながら、「足底の希望仕上がり寸法－4 {4.5} cm」になるまで編み、模様編みの12段めまたは18段めで編み終える。

TOE／つま先

1段め(準備段)：表目14 {16}、SM、裏目28 {32}、SM、段の最後まで表編み。

2段め(減目段)：*マーカーとの間に3目残るまで表編み、左上2目一度、表目1、SM、表目1、右上2目一度*、*～*をもう一度編み、段の最後まで表編み。4目減。

3段め：表編み。

4～15段め：2・3段めを6回編む。28 {36} 目になる。

次段以降：残り16目になるまで毎段減目段を編む。

表目4 (足底側の最終目まで編む)。

糸端を長めに残して糸を切る。

メリヤスはぎでつま先をはぎ合わせる。

FINISHING／仕上げ

糸始末をして、寸法に合わせてブロッキングする。

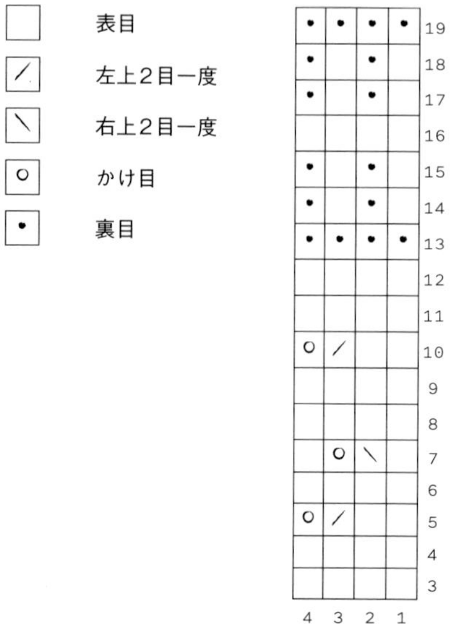

08
PORCH LIGHT

ポーチの明かり

SIZES ／サイズ

1 {2}

FINISHED MEASUREMENTS ／仕上がり寸法

フット周囲：19 {22.5} cm
長さ：調整可

MATERIALS ／材料

糸：
地色（MC）：Little Lionhead Knitsの Tweed Fingering（スーパーウォッシュメリノ 85%・ナイロン 15%、400 m/100 g）1カセ〈Winter Woolens〉
配色（CC）：Little Lionhead Knitsの Superwash Merino ／ Nylon mini skein（スーパーウォッシュメリノ 85%・ナイロン 15%、80 m/20 g）、1カセ〈Elderberry Tea〉
針：2.25 mm（US 1 ／ JP 0号）20 cm輪針と 2.25 mm（US 1 ／ JP 0号）80 cm輪針（マジックループ式に編む場合とつま先に使用）
その他の用具：ステッチマーカー、とじ針、かぎ針 2.25 mm（US B-1 ／ JP 3/0号）（ボッブル用）

GAUGE ／ゲージ

32目× 44段（メリヤス編み・10cm角、ブロッキング後）

SPECIAL ABBREVIATIONS ／特別な用語

ボッブルを編む：この作品ではきれいに編める日本式のかぎ針で編むボッブルを使用している。編み方は次の通り。
①細めのかぎ針で、左針の次の目に裏目を編むようかぎ針を入れて外す。糸は左手に持つ。
② かぎ針に糸をかけ、移した目から引き出す。かぎ針に糸をかけ、移した目に針先を入れ、もう一度かぎ針に糸をかけて引き出す。針先にはループが3本かかる。
③もう一度かぎ針に糸をかけ、3本のループから引き抜く。針先にはループが1本残る。
④かぎ針にもう一度糸をかけ、引き抜く。
⑤ボッブルを固定するためにかぎ針の先を、最初に移した目の1段下の目に後ろから入れ、針先に糸をかけて編み地と針にかかったループから引き抜く。
⑥編み糸を軽く引いてゆるみをなくし、かぎ針に残った目を右針に移す。次の目を編む前にボッブルが編み地の手前側になるように整える。
次段では模様の指示通りに編む。

CUFF／カフ

MCで指でかける作り目の方法で60 {72}目作る。輪にして、PM（段の始め）。
1段め：*表目2、裏目2*、*〜*を最後までくり返す。
1段めをくり返し、カフが4 cmまたは好みの長さになるまで編む。

SET-UP／準備

表編みで5段編む。

COLOURWORK SECTION 1／カラーワーク・セクション1

チャート1の2目1模様をくり返し、段の終わりまで編む。
チャートの5段分編む。
MCを切る。
CCで1段表編み。

MOTH EYELET／モス・アイレット

※マジックループ式に編んでいる場合は、手前の針に24 {36}目、後ろの針に36目と分ける（チャート2の模様の区切りに合うように分ける）。

チャート2の12目1模様を1段で5 {6}回編む。
チャート2を編み終えたら、CCで1段表編み。
サイズ1をマジックループ式に編んでいる場合は、ここで目数を均等に分け直す。

COLOURWORK SECTION 2／カラーワーク・セクション2

チャート1の2目1模様をくり返し、最後まで編む。
チャートの5段を編む。
CCを切る。

LEG／レッグ

MCで表編みを編みながら作り目から15 cmまで編む。

HEEL FLAP／ヒールフラップ

ヒールフラップは30 {36}目だけを往復編みして、かかと部分の四角形の編み地を編む。
1段め（表面）：*すべり目1、表目1*、*〜*をくり返し、ヒールフラップの目をすべて編む。編み地を返す。
2段め（裏面）：すべり目1、最後まで裏編み。編み地を返す。
1・2段めをくり返し、端のすべり目が18 {20}目になるまで編む。
このあと、このすべり目から目を拾う。

HEEL TURN／ヒールターン

1段め（表面）：すべり目1、表目17 {20}、右上2目一度、表目1、編み地を返す。
2段め（裏面）：すべり目1、裏目7、裏目の左上2目一度、裏目1。
3段め（表面）：すべり目1、段差との間に1目残るまで表編み、右上2目一度、表目1、編み地を返す。
4段め（裏面）：すべり目1、段差との間に1目残るまで裏編み、裏目の左上2目一度、裏目1、編み地を返す。
すべての目が編めるまで3・4段めをくり返す。18 {22}目残る。
サイズ1の場合、最後は右上2目一度／裏目の左上2目一度で終わる。
すべり目1、段の最後まで表編みをして表面の左端まで移動して、次の拾い目に備える。

GUSSET／マチ

ヒールフラップの端のすべり目から1目ずつ拾い、合計18 {20}目拾う。ヒールフラップと甲との間から1目余分に拾う、PM。表目30 {36}、PM、甲とヒールフラップの間から1目拾う、ヒールフラップの反対側からも18 {20}目拾う。
続けてヒールターンの中心まで表編み。
マーカーとマーカーの間の目数を2分割する（マーカーはヒール中心にある）。段の始めを示すマーカーを入れる。
1段め：最初のマーカーとの間に3目残るまで表編み、左上2目一度、表1、SM、表目30 {36}、SM、表目1、右上2目一度、段の終わりまで表編み、SM。
2段め：マーカーを移しながら表編み。
1・2段めをくり返し、足底側と甲側の目数が同じになるまで編む。各30 {36}目になる。段の終わりの（ヒールの足底側の中心の）マーカーを外し、次のマーカーまで表編み。

FOOT／フット

「足底の希望仕上がり寸法－4 {5} cm」になるまで表編み。
水通しをしてブロッキングをした場合の伸びを考慮しておく。

TOE／つま先

20 cm輪針を使用している場合は、マジックループ式に編めるよう80 cm輪針に持ち替える。
このセクションでは、最初の30 {36}目を甲側、後の30 {36}目を足底側とする。
1段め：
甲側：表面1、右上2目一度、最後に3目残るまで表編み、左上2目一度、表目1。
足底側：表面1、右上2目一度、最後に3目残るまで表編み、左上2目一度、表目1。
2段め：表編み。
1・2段めを合計6 {9}回編む。甲側と足底側の目数は各18目になる。
1段めを5回くり返す。甲側、足底側各8目になる。

FINISHING／仕上げ

糸端を30.5 cm残して糸を切り、つま先をメリヤスはぎではぎ合わせる。
糸始末をし、水通しをして、寸法に合わせてブロッキングする。

チャート1

2	1	
■		5
	■	4
■		3
	■	2
■		1

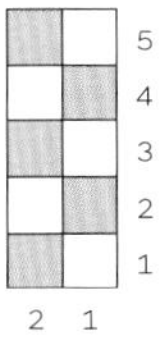

記号	
□	表目
■	MC
□	CC

チャート2

12	11	10	9	8	7	6	5	4	3	2	1	
○					Λ					○		9
					•							8
○				/	•	\				○		7
				•	•	•						6
○			/	•	•	•	\			○		5
			•	•	◎	•	•					4
○		/	•	•	•	•	•	\		○		3
		•	•	•	•	•	•	•				2
○	/	•	•	•	•	•	•	•	\	○		1

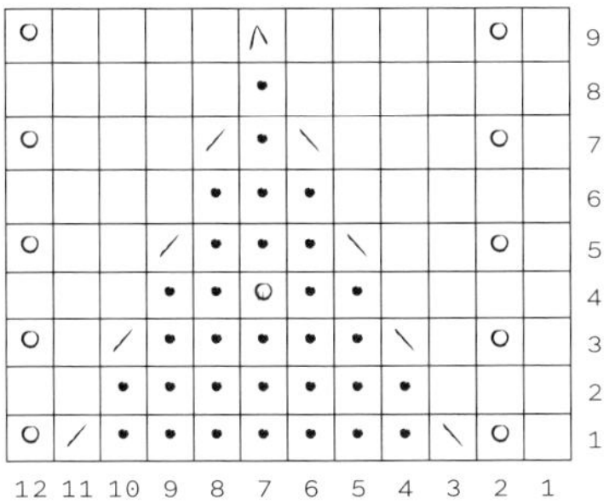

記号	
□	表目
○	かけ目
/	左上2目一度
\	右上2目一度
•	裏目
Λ	右上3目一度
◎	ボッブル

09 IMKER

養蜂家

SIZES ／サイズ

1 {2}

FINISHED MEASUREMENTS ／仕上がり寸法

フット／レッグ周囲：20 {21.5} cm
足底長さ：22.5 {23.5} cm
レッグ長さ：10.5 cm
カフ長さ：10 cm（折り返して着用する場合）

MATERIALS ／材料

糸：Blacker YarnのMohair Blend 4ply（ピュアニューウール50%・モヘヤ50%、175 m/50 g）2カセ〈Metherel〉
針：2 mm（US 0／JP 0号）と2.5 mm（US 1.5／JP 1号）輪針または5本針
その他の用具：ステッチマーカー、なわ編み針、とじ針

GAUGE ／ゲージ

28目×38段（2.5 mm針でメリヤス編み・10cm角、ブロッキング後）
32目×40段（2.5 mm針でケーブル模様・10cm角、ブロッキング後）

SPECIAL ABBREVIATIONS ／特別な用語

右上1目交差（なわ編み針を使わない方法）：1目めの後ろから2目めに右針を入れて表目に編み、続けて1目めも表目に編み、両方の目を左針から外す。
左上1目交差（なわ編み針を使わない方法）：1目めの手前から2目めを表目に編み、続けて1目めも表目に編んで両方の目を左針から外す。
右上2目交差：次の2目をなわ編み針に移して編み地の手前におき、左針から表目2、なわ編み針から表目2。
左上2目交差：次の2目をなわ編み針に移して編み地の後ろにおき、左針から表目2、なわ編み針から表目2。
W&T（ラップアンドターン）：引き返し編みの方法のひとつで、引き返す位置の目に編み糸を巻き付ける。表編みの段では最終目に右針を裏目を編むように入れて移し、針の間から糸を手前に移し、右針に移した目を左針に戻して編み地を返す。裏編みの段では最終目に右針を裏目を編むように入れて移し、針の間から糸を後ろに移し、右針に移した目を左針に戻して編み地を返す。

TOE／つま先

2.5 mm 針で、マジックキャストオン［Magic Cast on］の方法で16目作る。
編み目を8目ずつに分け、前半の8目を〈N1〉、後半の8目を〈N2〉とする。
1段め：〈N1〉表目8。〈N2〉表目のねじり目8。
2段め：〈N1〉表目1、右ねじり増し目、最後に1目残るまで表編み、左ねじり増し目、表目1。2目増。〈N2〉表目1、右ねじり増し目、最後に1目残るまで表編み、左ねじり増し目、表目1。2目増。
3〜4段め：2段めをくり返す。合計28目になる。
5段め：〈N1〉表編み、〈N2〉表編み。
6段め：〈N1〉表目1、右ねじり増し目、最後に1目残るまで表編み、左ねじり増し目、表目1。2目増。〈N2〉表目1、右ねじり増し目、最後に1目残るまで表編み、左ねじり増し目、表目1。2目増。
7〜18｛20｝段め：5・6段めをあと6｛7｝回編む。56｛60｝目になる。
19｛21｝段め：〈N1〉表編み。〈N2〉表編み。

FOOT／フット

準備段：〈N1〉裏目1、表目2、裏目1｛2｝、表目1、左ねじり増し目、表目4、左ねじり増し目、表目10、右ねじり増し目、表目4、右ねじり増し目、表目1、裏目1｛2｝、表目2、裏目1。4目増。32｛34｝目となる。〈N2〉表編み。
次段以降、〈N1〉はケーブル模様（8段1模様）を編み、〈N2〉は指示がないかぎり表編み。ケーブル模様はチャートAを使う。
1〜8段めをくり返し、作り目から約12｛12.5｝cm、または「足底の仕上がり寸法−10.5｛11｝cm」になるまで編む。
レッグの後部にもケーブル模様を編む場合は、2または6段め｛4または8段め｝を編んでからマチを編み始める。

GUSSET／マチ

1段め：〈N1〉フットの模様を続けて編む。〈N2〉表目1、右ねじり増し目、最後に1目残るまで表編み、左ねじり増し目、表目1。
2段め：〈N1〉模様編み。〈N2〉表編み。
3〜28｛3〜30｝段め：1・2段めをあと13｛14｝回くり返す。目数は88｛94｝目になる。〈N1〉に32｛34｝目、〈N2〉に56｛60｝目。

HEEL／かかと

準備段：〈N1〉フットの模様を続けて編み、そのままコードに移して休ませておく。〈N2〉56｛60｝目でかかとを往復編みする。
1段め（表面）：表目40｛43｝、W&T。
2段め（裏面）：裏目24｛26｝、W&T。
3段め：表目22｛24｝、W&T。
4段め：裏目20｛22｝、W&T。
5段め：表目18｛20｝、W&T。
6段め：裏目16｛18｝、W&T。
7段め：表目14｛16｝、W&T。
8段め：裏目12｛14｝、W&T。
9段め：表目11｛12｝、W&T。
10段め：裏目10｛10｝、W&T。
次の2段ではラップの糸を拾い、ラップした目と一緒に編む（段消し）。
11段め：表目18｛19｝、右上2目一度、編み地を返す。1目減。
12段め：すべり目1、裏目26｛28｝、裏目の左上2目一度、編み地を返す。1目減。

HEEL FLAP／ヒールフラップ

〈N2〉の残り54｛58｝目でヒールフラップを編む。
1段め（表面）：すべり目1、*表目1、すべり目1*を13｛14｝回、右上2目一度、編み地を返す。1目減。
2段め（裏面）：すべり目1、裏目26｛28｝、裏目の左上2目一度、編み地を返す。1目減。
3段め：すべり目1、*すべり目1、表目1*を13｛14｝回、右上2目一度、編み地を返す。1目減。
4段め：すべり目1、裏目26｛28｝、裏目の左上2目一度、編み地を返す。1目減。
5〜26｛5〜28｝段め：1〜4段めをくり返す。〈N2〉の編み目は28｛30｝目になる。最後は2｛4｝段めを編む。
27｛29｝段め：表編み。

LEG／レッグ

〈N1〉の編み目をコードから針に移し再び輪にして、〈N1〉側はマチを編み始める前の模様の続き、〈N2〉側はチャートBの模様を編んでいく。
準備段：〈N1〉「フット」の模様の続きを編む。〈N2〉｛裏目1、｝表目1、左ねじり増し目、表目4、右ねじり増し目、表目18、左ねじり増し目、表目4、右ねじり増し目、表目1｛、裏目1｝。4目増。32｛34｝目になる。
次段以降：全体を通して模様編みを編む。〈N1〉はチャートAの続き、〈N2〉はチャートBの模様を編む。模様を5回または好みの長さになるまで編み、最後は1段めまたは5段めで編み終える。

CUFF／カフ

以降は2 mm針で編む。

サイズ1のみ
準備段：〈N1〉裏目1、左上2目一度、表目1、左上2目一度、表目20、右上2目一度、表目1、右上2目一度、裏目1。4目減。28目。〈N2〉左上2目一度、表目1、左上2目一度、表目22、右上2目一度、表目1、右上2目一度。4目減。28目。
1段め：〈N1〉裏目1、［表目2、裏目2］を6回、表目2、裏目1。〈N2〉裏目1、［表目2、裏目2］を6回、表目2、裏目1。

サイズ2のみ
準備段：〈N1〉表目4、左上2目一度、表目22、右上2目一度、表目4。2目減。32目。〈N2〉左上2目一度、表目30、右上2目一度。2目減。32目。
1段め：〈N1〉表目1、［裏目2、表目2］を7回、裏目2、表目1。〈N2〉表目1、［裏目2、表目2］を7回、裏目2、表目1。

すべてのサイズ
カフが約10㎝になるまで1段めをくり返す。
ジェニーズサプライジングリーストレッチーバインドオフ［Jeny's Surprisingly Stretchy Bind-Off］のような伸縮性のある止め方で目なりに止める。

FINISHING／仕上げ

糸始末をし、水通しをして、寸法に合わせてブロッキングする。
カフを半分に折り返す。

チャートA

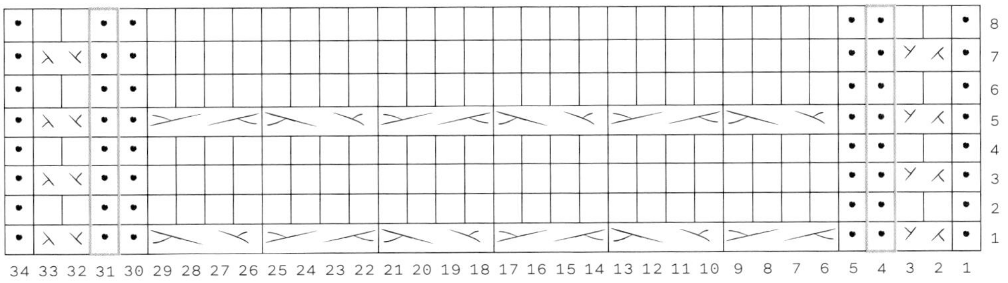
8 7 6 5 4 3 2 1
34 33 32 31 30 29 28 27 26 25 24 23 22 21 20 19 18 17 16 15 14 13 12 11 10 9 8 7 6 5 4 3 2 1

チャートB

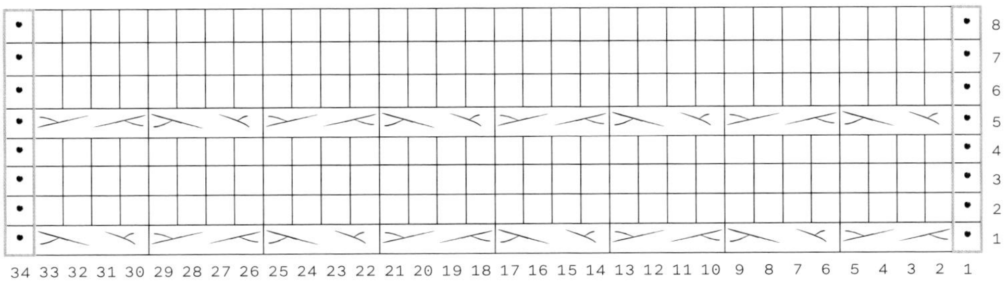
8 7 6 5 4 3 2 1
34 33 32 31 30 29 28 27 26 25 24 23 22 21 20 19 18 17 16 15 14 13 12 11 10 9 8 7 6 5 4 3 2 1

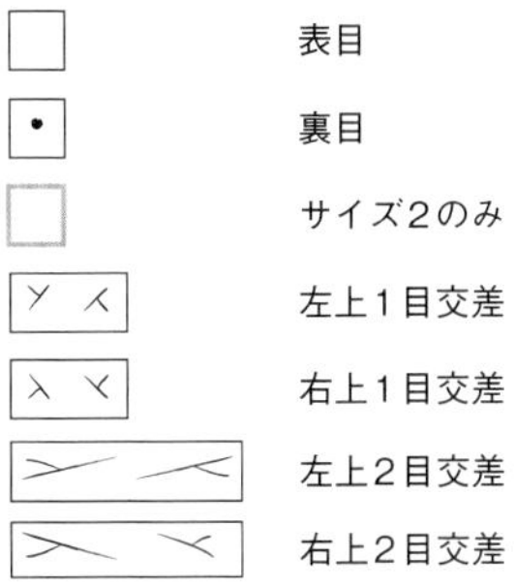
表目
裏目
サイズ2のみ
左上1目交差
右上1目交差
左上2目交差
右上2目交差

10 LEMPI

お気に入り

SIZES／サイズ

1 {2}

FINISHED MEASUREMENTS／仕上がり寸法

フット周囲：20 {22} cm（平置きの場合）
レッグ長さ：15 cm
※フット周囲は足の実測値より0.5 cm小さく仕上げてフィット感を高め、履き心地をよくする。

MATERIALS／材料

糸：Coop KnitsのSocks Yeah!（スーパーウォッシュメリノ75%・ナイロン25%、212 m/ 50 g）、〈C1：103 Axinite〉、〈C2：112 Sugilite〉、〈C3：105 Danburite〉各1カセ
針：2.5 mm（US 1.5／JP 1号）輪針または5本針
その他の用具：ステッチマーカー、とじ針

GAUGE／ゲージ

36目×50段（2.5 mm針でメリヤス編み・10cm角、ブロッキング後）

CUFF／カフ

C1で作り目72 {80}目。編み目がねじれないように輪にして、段の始めにPM。輪に編む。
1～12段め：*裏目2、表目2*、*～*を最後までくり返す。
13～16段め：*表目2、裏目2*、*～*を最後までくり返す。
1～16段めを2回編み、1～12段めをもう一度編む。44段編んだことになる。C1を切る。

LEG／レッグ

1段め：*横糸渡しの編み込みの方法で、チャートAの8目の模様を右から左に読みながら編む*、*～*を最後までくり返す。
以降チャートの次の段を編み、チャートAを2回（28段）編む。
C3を切る。C2で1段表編み。
段の途中まで次のように編んでヒールの準備をする；
左足用：表目3 {1}。
右足用：表目31 {41}。

HEEL FLAP／ヒールフラップ

編み地を裏面に返す。ヒールフラップは裏面の段から次の36 {40}目をC2で往復に編み、残りの36 {40}目は甲の目として休ませておく。

1段め（裏面）：浮き目1、裏目35 {39}。
2段め（表面）：*すべり目1、表目1*、*〜*を最後までくり返す。
1・2段めをあと14回くり返し、1段めをもう一度編む（31段）。

HEEL TURN ／ヒールターン

1段め（表面）：すべり目1、表目20 {22}、右上2目一度、表目1、編み地を返す。12 {14} 目編み残す。
2段め（裏面）：浮き目1、裏目7、裏目の左上2目一度、裏目1、編み地を返す。12 {14} 目編み残す。
3段め：すべり目1、段差の1目手前まで表編み、右上2目一度、表目1、編み地を返す。
4段め：浮き目1、段差の1目手前まで裏編み、裏目の左上2目一度、裏目1、編み地を返す。
3・4段めをあと5 {6} 回編む。
ヒールの目をすべて編み終えると、目数は22 {24} 目になる。

GUSSET ／マチ

表面を見ながら、C2で次のように再び輪に編む；
準備段：すべり目1、表目21 {23}、ヒールフラップの端から16目拾う（端のすべり目から1目ずつ拾う）。甲の目は、チャートBの1段めの4目を9 {10} 回編む。ヒールフラップのもう片方の端から16目拾い、表目38 {40}。PM。この位置（甲の始まり）を新たに段の始めとする。90 {96} 目になる。
1段め：甲側はチャートBの次の段を編み、右上2目一度、残り2目まで表編み、左上2目一度。2目減。
2段め：甲側は模様編みを続け、あとは最後まで表編み。
甲側では模様編みを続けながら、1・2段めをあと8 {7} 回編んでマチの減目を行う。18 {16} 目減。72 {80} 目になる。甲側と足底側にはそれぞれ36 {40} 目となる。

FOOT ／フット

これまでの手順で編みながら（甲側はチャートBの模様、足底側は表編み）、足底の長さが「希望仕上がり寸法－5 {5.5} cm」になるまで編む。C2を切る。

TOE ／つま先

C1で編む。
1段め：表編み。
2段め：表目1、右上2目一度、表目30 {34}、左上2目一度、表目1、PM、表目1、右上2目一度、最後に3目残るまで表編み、左上2目一度、表目1。68 {76} 目になる。
3段め：表編み。
4段め：*表目1、右上2目一度、マーカーの手前に3目残るまで表編み、左上2目一度、表目1、SM*、*〜* をもう一度編む。4目減。
5段め以降：3・4段めをあと10 {12} 回編む。44 {52} 目減。24 {24} 目。

FINISHING ／仕上げ

糸端を30.5 cm残して糸を切る。
残った目をメリヤスはぎではぎ合わせる。
糸始末をして、寸法に合わせてブロッキングする。

チャートA

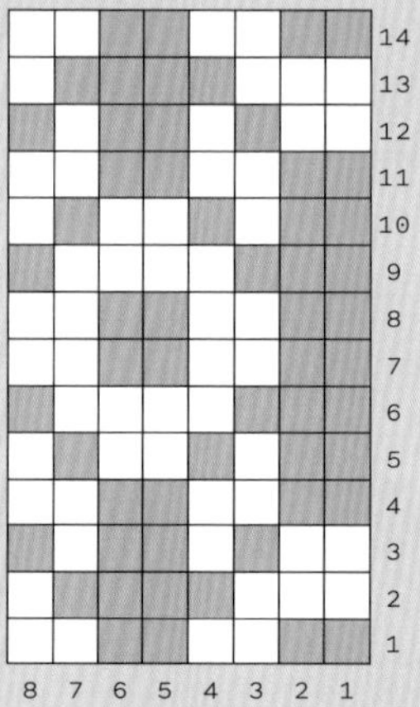

チャートB

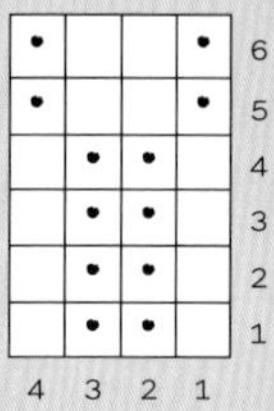

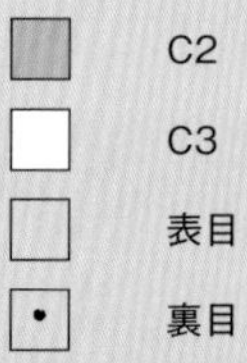

11 MORNING COFFEE

モーニングコーヒー

SIZES／サイズ

1 {2}

FINISHED MEASUREMENTS／仕上がり寸法

フット周囲：19 {21.5} cm
足底長さ：22 {24} cm
レッグ長さ：22 {23.5} cm

MATERIALS／材料

糸：Snail YarnのMerino Sock（スーパーウォッシュメリノ75%・ナイロン25%、425 m/100 g）〈Caffèlatte〉のミニカセセット1組（20g×5カセのセット）
針：2.25 mm（US 1／JP 0号）（輪針でマジックループ式に編む）、2mmかぎ針（JP 2/0号・別鎖の作り目用）
※地模様は伸縮性が高いため、手加減がゆるめの方は2 mm針（US 0）で編むことをおすすめします。
その他の用具：ステッチマーカー、別糸、とじ針

GAUGE／ゲージ

28目×64段（模様編み・10cm角、ブロッキング後）
36目×52段（メリヤス編み・10cm角、ブロッキング後）

SPECIAL ABBREVIATIONS／特別な用語

DS（ダブルステッチ）：ジャーマンショートロウ［German Short Row］の方法で引き返し編みをする際、引き返し位置に作る目。引き返す位置まで編んで編み地を返し、次のどちらかの方法ですべらせた最初の目を引き上げて2目のようにする。2目のようになった目がDS。
①最初の目が表目の場合…糸を手前に移してから表目を右針へすべらせ、糸を右針の上から編み地の後ろへ引っぱる。
②最初の目が裏目の場合…裏目を右針へすべらせ、糸を手前から後ろへ引っぱる。
引き上げ編み：左針の次の目の1段下の目の真ん中に右針先を入れて表目を編み、左針から目を外す。

NOTES／メモ

この靴下の模様は、同色の濃い色から薄い色へ、濃度の違うミニカセ5つのセットを使用して編みます。1段ごとに色の濃度の違う糸2本を交互に編みながら、濃い色から淡い色へ編み進めます。交互に使う2本は、つねに淡いほうの色を前景、濃い色を背景にして深みを出します。色は最も濃い色から淡い色へ、A色からE色として記載します。

TOE／つま先

つま先は以下のように引き返し編みをしながら編む；
別鎖の作り目で30 {34} 目作る。
A色でつま先の前半を編む。
1段め（表面）：裏編み。
2段め（裏面）：段の最後まで表編み、編み地を返す。
3段め：DS、最後まで裏編み、編み地を返す。
4段め：DS、前段のDSまで表編み、編み地を返す。
5段め：DS、前段のDSまで裏編み、編み地を返す。
4・5段めをあと8 {9} 回編み、針の真ん中には11 {13} 目、片側にはDSが9 {10} 目（ループ2本で1目と数える）、もう片側にはDSが10 {11} 目となる。
つま先の後半を編む；
1段め（裏面）：DS、前段のDSまで表編み、DSを（1目として）表編み、編み地を返す。
2段め（表面）：DS（前段で表編みしたDSをまたDSにする）、前段のDSまで裏編み、DSを（1目として）裏編み、編み地を返す。
3段め：DS、前段のDSまで表編み、2回DSにした目を（1目として）表編み、編み地を返す。
4段め（表面）：DS、前段のDSまで裏編み、2回DSにした目を（1目として）裏編み、編み地を返す。
3・4段めを7 {8} 回編み、3段めをもう一度編む。
次段（表面）：前段のDSまで裏編み、2回DSにした目を（1目として）裏編み。
別鎖をほどいて、輪針のもう片方の針または両先針に目を移す。
これでつま先が完成。次段からは輪に編む。必要に応じて段の始めにPM。前半の30 {34} 目を〈N1〉、後半の30 {34} 目を〈N2〉とする。合計60 {68} 目になる。
表面（裏編みの面）から1段裏編み。

FOOT／フット

足底側〈N1〉を裏メリヤス編み、甲側〈N2〉を地模様で編む。2種類の編み地はゲージが異なるため、編み進めるとつねに地模様側が短くなるが、ブロッキングすると修正される。
2色を使って編む；
1段め：B色で裏編み。
2段め：A色で編む。〈N1〉裏編み、〈N2〉*表目1、引き上げ編み1*、*〜*を最後までくり返す。
3段め：B色で裏編み。
4段め：A色で編む。〈N1〉裏編み、〈N2〉*引き上げ編み、表目1*、*〜*を最後までくり返す。
上記の4段をあと10 {11} 回、もしくは模様編みが約7 {7.5} cmになるまで編む。
A色をC色に持ち替え、次のように編む；
1段め：C色で裏編み。
2段め：B色で編む。〈N1〉裏編み、〈N2〉*表目1、引き上げ編み1*、*〜*を最後までくり返す。
3段め：C色で裏編み。
4段め：B色で編む。〈N1〉裏編み、〈N2〉*引き上げ編み1、表目1、*〜* を最後までくり返す。
上記の4段をあと10 {11} 回、またはフットの模様編みが約14 {15} cmになるまで編み、最後は4段めを編む。
この時点で「足底の仕上がり寸法－5 cm」になる。

HEEL／かかと

C色で、〈N1〉の目だけで引き返し編みをしながらかかとを次のように編む；
かかとの前半を編む。
1段め（表面）：裏編み。編み地を返す。
2段め（裏面）：1目めでDS、最後まで表編み、編み地を返す。
3段め：1目めでDS、前段のDSまで裏編み、編み地を返す。
4段め：DS、前段のDSまで表編み、編み地を返す。
3・4段めをあと8 {9} 回編む。
かかとの後半を編む。
1段め（表面）：DS、前段のDSまで裏編み、DSを（1目として）裏編み、編み地を返す。
2段め（裏面）：DS（前段で表編みしたDSをまたDSにする）、前段のDSまで表編み、2回DSにした目を（1目として）表編み、編み地を返す。
3段め：DS、前段のDSまで裏編み、2回DSにした目を（1目として）裏編み、編み地を返す。
4段め：DS、前段のDSまで表編み、2回DSにした目を（1目として）表編み、編み地を返す。
3・4段めを7 {8} 回編み、3段めをもう一度編む。
次段（裏面）：前段のDSまで表編み、2回DSにした目を（1目として）表編み。

LEG／レッグ

編み地を返し、1段ごとに色を替えて2色で模様編みを輪に編む。
※1段めではかかとの両端で1目ずつ余分に拾い、次の目と2目一度に編むことで隙間をふさぐことができる。
1段め：D色で裏編み。
2段め：C色で*表目1、引き上げ編み1*、*〜*を最後までくり返す。
3段め：D色で裏編み。
4段め：C色で*引き上げ編み1、表目1*、*〜*を最後までくり返す。
上記の4段をあと10 {11} 回くり返す、またはかかとから模様編みが約7 {7.5} cmになるまで編む。
C色をE色に持ち替え、次のように編む；
1段め：E色で裏編み。
2段め：D色で*表目1、引き上げ編み1*、*〜*を最後までくり返す。
3段め：E色で裏編み。
4段め：D色で*引き上げ編み1、表目1*、*〜*を最後までくり返す。
上記の4段をあと10 {11} 回、もしくは模様編みがかかとから約14 {15} cmになるまで編む。

CUFF／カフ

D色をE色に持ち替え、次のようにカフを編む；
1段め：*表目のねじり目1、裏目1*、*〜*を段の終わりまでくり返す。
この段を約20回またはカフが約4 cmになるまでくり返す。
次段で、伸縮性のある止め方で目なりにゆるめに止める；
表目のねじり目1、*裏目1、いま編んだ2目のループの後ろ側に左針先を入れて裏目の左上2目一度、表目のねじり目、いま編んだ2目のループの手前に左針先を入れてねじり目の2目一度*、すべての目を止め終わるまで*〜*をくり返す。

FINISHING／仕上げ

糸始末をして、寸法に合わせてブロッキングする。

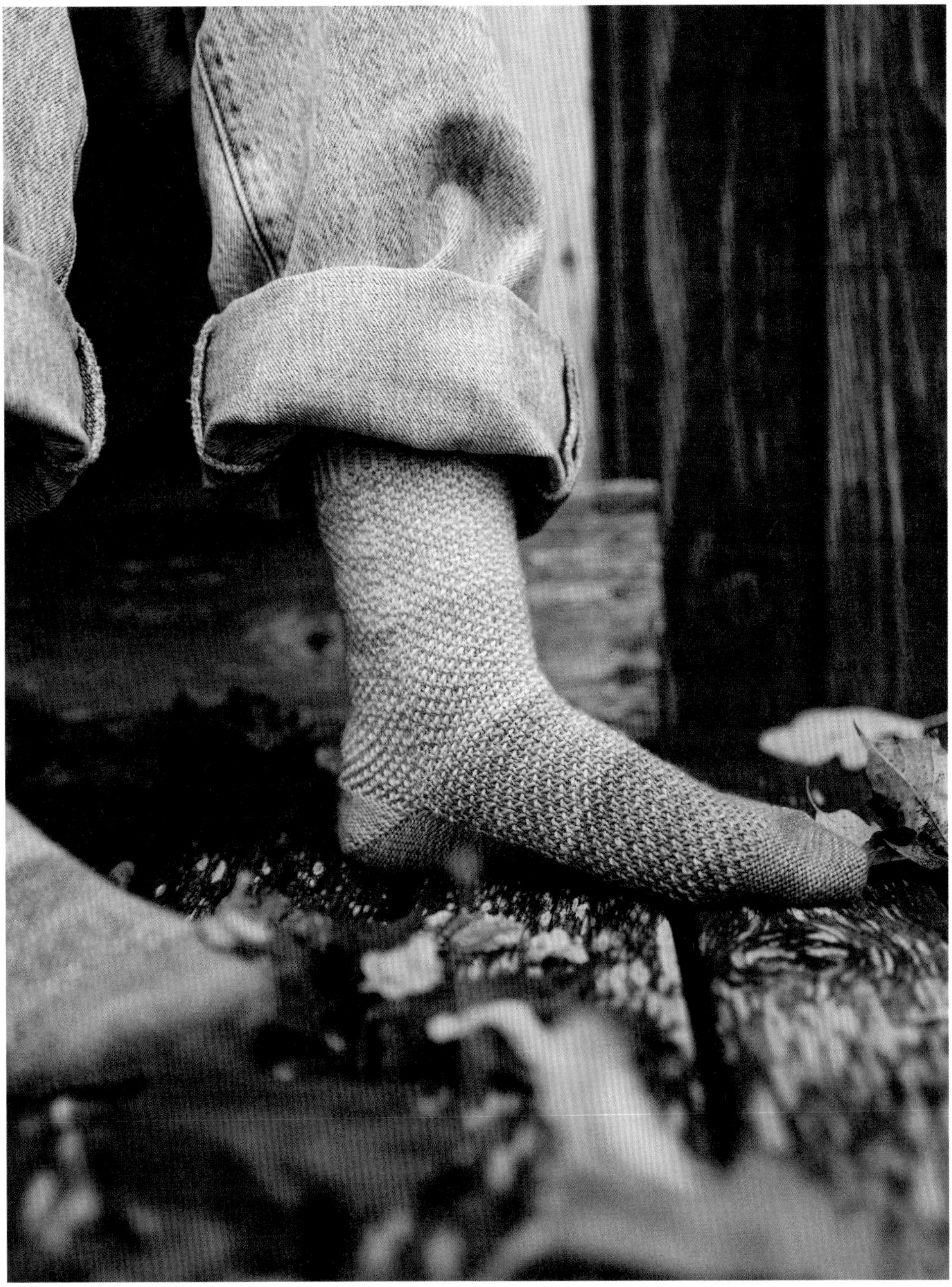

12 LINEA

ライン

SIZES／サイズ

1 {2}

FINISHED MEASUREMENTS／仕上がり寸法

フット周囲：19 {20} cm
足底長さ：調整可
カフ長さ：調整可

MATERIALS／材料

糸：Louhittaren luolaのVäinämöinen（スーパーウォッシュウール75%・ナイロン25%、402 m/100 g）1カセ〈Vilja〉
針：2.5 mm（US 1.5／JP 1号）輪針
その他の用具：とじ針

GAUGE／ゲージ

32目×46段（メリヤス編み・10cm角、ブロッキング後）

SPECIAL ABBREVIATIONS／特別な用語

右上1目交差：次の目をなわ編み針に移して編み地の手前におき、左針から表目1、なわ編み針から表目1。
左上1目交差：次の目をなわ編み針に移して編み地の後ろにおき、左針から表目1、なわ編み針から表目1。
DS（ダブルステッチ）：ジャーマンショートロウ[German Short Row]の方法で引き返し編みをする際、引き返し位置に作る目。引き返す位置まで編んで編み地を返し、次のどちらかの方法ですべらせた最初の目を引き上げて2目のようにする。2目のようになった目がDS。
①最初の目が表目の場合…糸を手前に移してから表目を右針へすべらせ、糸を右針の上から編み地の後ろへ引っぱる。
②最初の目が裏目の場合…裏目を右針へすべらせ、糸を手前から後ろへ引っぱる。

TOE／つま先

ジュディズマジックキャストオン[Judy's Magic Cast-On]、または好みの方法で上下に編み出す作り目を24目(片方の針に12目ずつ)作る。以降、前半の目を〈N1〉、後半の目を〈N2〉とする。

準備段：表編み。

つま先の増し目；

1段め：〈N1〉2目の編み出し増し目、2目残るまで表編み、2目の編み出し増し目、表目1。〈N2〉〈N1〉と同様に編む。4目増。

2段め：表編み。

1・2段めを、60 {64} 目(〈N1〉〈N2〉は各30 {32} 目ずつ)になるまでくり返し、最後は2段めで編み終える。

FOOT／フット

※サイズ1はチャートの「2～31目め」、サイズ2は「1～32目め」までを編む。

1段め：〈N1〉チャートAの1段めを編む。〈N2〉表編み。

次段：〈N1〉チャートの次の段を編む。〈N2〉表編み。

上記のように編みながら、つま先からの長さが「好みの足底寸法－9.5 {10.5} cm」になるまでチャートAの1～32段を編む。次はマチの増し目を始める。

GUSSET INCREASES／マチの増し目

1段め：〈N1〉チャートAの次の段を編む。〈N2〉左ねじり増し目、最後まで表編み、右ねじり増し目。2目増。

2段め：〈N1〉チャートAの次の段を編む。〈N2〉表編み。

1・2段めをあと11 {12} 編む。〈N2〉は54 {58} 目になる。

HEEL／かかと

〈N1〉チャートAの次の段を編む。

以降は〈N2〉の目だけを往復に編んで引き返し編みをする。

1段め(表面)：残り12 {13} 目になるまで表編み、編み地を返す。

2段め(裏面)：DS、残り12 {13} 目になるまで裏編み、編み地を返す。

3段め(表面)：DS、*表目1、すべり目1*、前段のDSとの間に2目残るまで、*～*をくり返し、表目2、編み地を返す。

4段め(裏面)：DS、前段のDSの手前まで裏編み、編み地を返す。

5段め(表面)：DS、*すべり目1、表目1*、前段のDSまで*～*をくり返し、編み地を返す。

6段め(裏面)：DS、前段のDSの手前まで裏編み、編み地を返す。

左右のDSの間の目数が10 {10} 目になるまで3～6段めをくり返す。裏面の段で終わる。

最後に表面を見た状態から、左側の最初のDS(最後に作ったDS)の手前まで3段めの模様編みをする。

HEEL TURN／ヒールターン

1段め(表面)：DSが1目残るまでDSを表編み(DSを編むときは2本の足に針先を入れて編む)。最後のDSは次の目(休み目の1目め)とねじり目の2目一度。編み地を返す。

2段め(裏面)：浮き目、最後のDSの手前まで裏編み(DSを編むときは2本の足に針先を入れて編む)。最後のDSと次の休み目を裏目の2目一度。編み地を返す。

3段め(表面)：すべり目1(ここでは表目を編むように右針を入れる)、*表目1、すべり目1*、*～* を段差との間に1目残るまでくり返し、残った1目と休み目をねじり目の2目一度。編み地を返す。

4段め(裏面)：浮き目、段差との間に1目残るまで裏編み、残った1目と休み目を裏目の左上2目一度。編み地を返す。

ヒールターンの左右に休み目が1目ずつ残るまで3・4段めをくり返す。

次段(表面)：〈N2〉の目は3段めと同様に編むが、編み地は返さず、次のように再び輪に編む。ヒールターンの右側に残っている休み目1目は、〈N2〉の最初で2目一度に編む；

〈N1〉チャートAの次の段を編む。〈N2〉左上2目一度、最後まで表編み。

合計60 {64} 目、各針30 {32} 目ずつになる。

〈N1〉チャートAの次の段を編む。

LEG／レッグ

※ここからはチャートAとBの両方を輪に編む。最初に〈N2〉でチャートBを編む。このときチャートAと交差の方向が同じ段から編み始める。

例：ヒールターンの最後にチャートAの5段めを編んだ場合は、両側の交差の方向が同じになるようにチャートBの4段めを編む。

これ以降、段の最初から最後まで模様編み；

1段め：〈N1〉チャートAの次の段を編む。〈N2〉チャートBの次の段を編む。

このように編みながら、かかとの上端から8.5 cm以上、チャートAの32段めで編み終える。

〈N2〉はこれまで通りに編む。

CUFF／カフ

※チャートAとBの両方を編む。

〈N1〉チャートAの33段めを編む。〈N2〉チャートBの次の段を編む。

次段：〈N1〉〈N2〉ともにそれぞれのチャートの次の段を編む。

以後、〈N1〉はチャートAの34～37段めをくり返し、〈N2〉は模様を続けて編む。

カフが3 cmになったら、チャートBの4段めで編み終える。

ゆるく伏せ止めする。

FINISHING／仕上げ

糸始末をして、寸法に合わせてブロッキングする。

CHART NOTE／チャートについて

チャートAには甲～レッグ前側の模様(1～32段め)とカフの模様(34～37段め)を併記しています。このため甲とレッグ前側は1～32段めまでをくり返し、カフは34～37段めまでをくり返します。チャートBはレッグ後ろ側の模様です。

チャートA

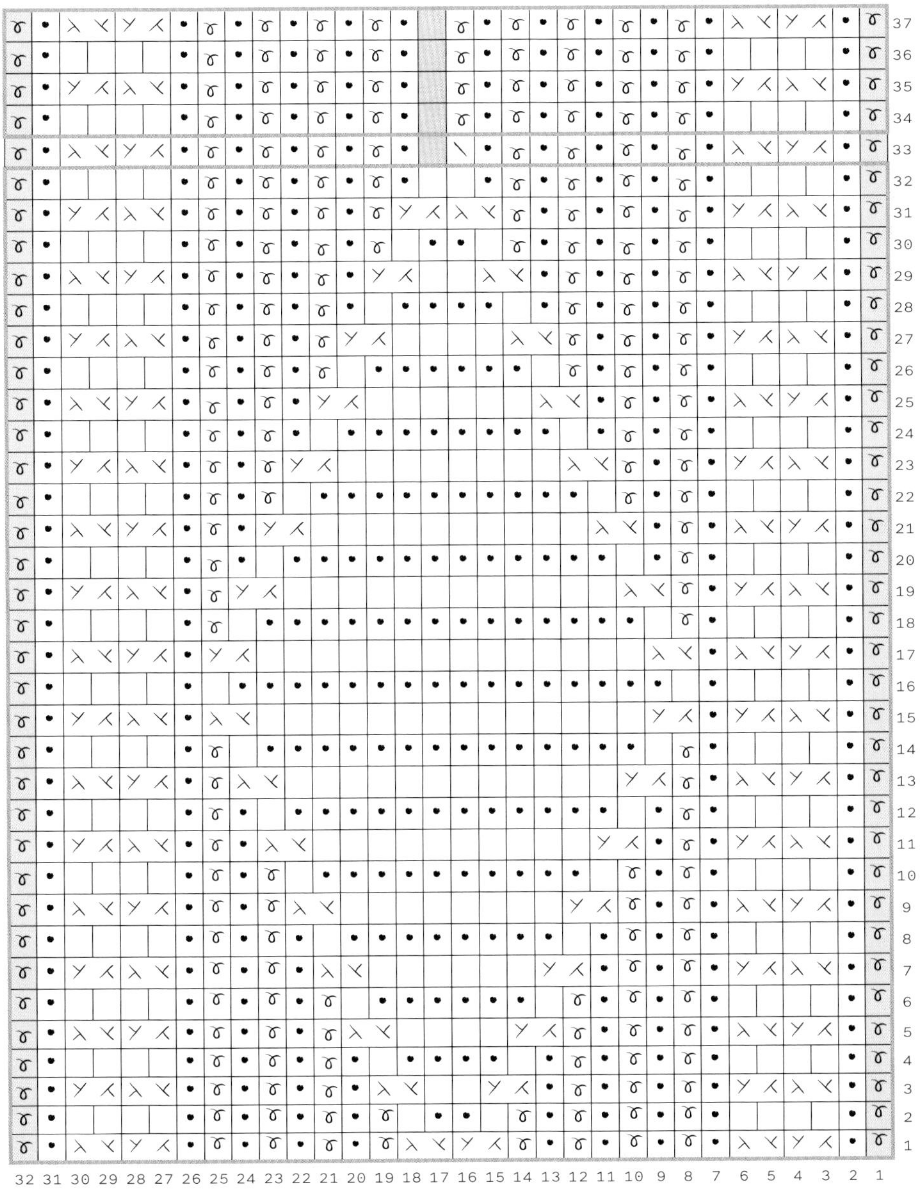

チャートB

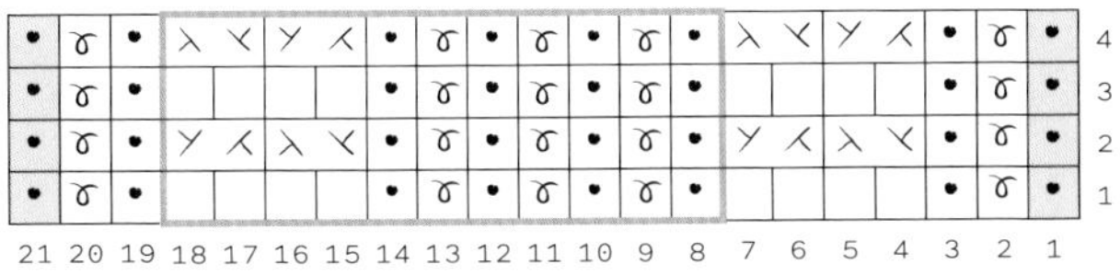

- 表目
- 裏目
- 右上1目交差
- 左上1目交差
- ねじり目
- 右上2目一度
- 実際にはない目
- くり返し範囲
- サイズ2のみ編む

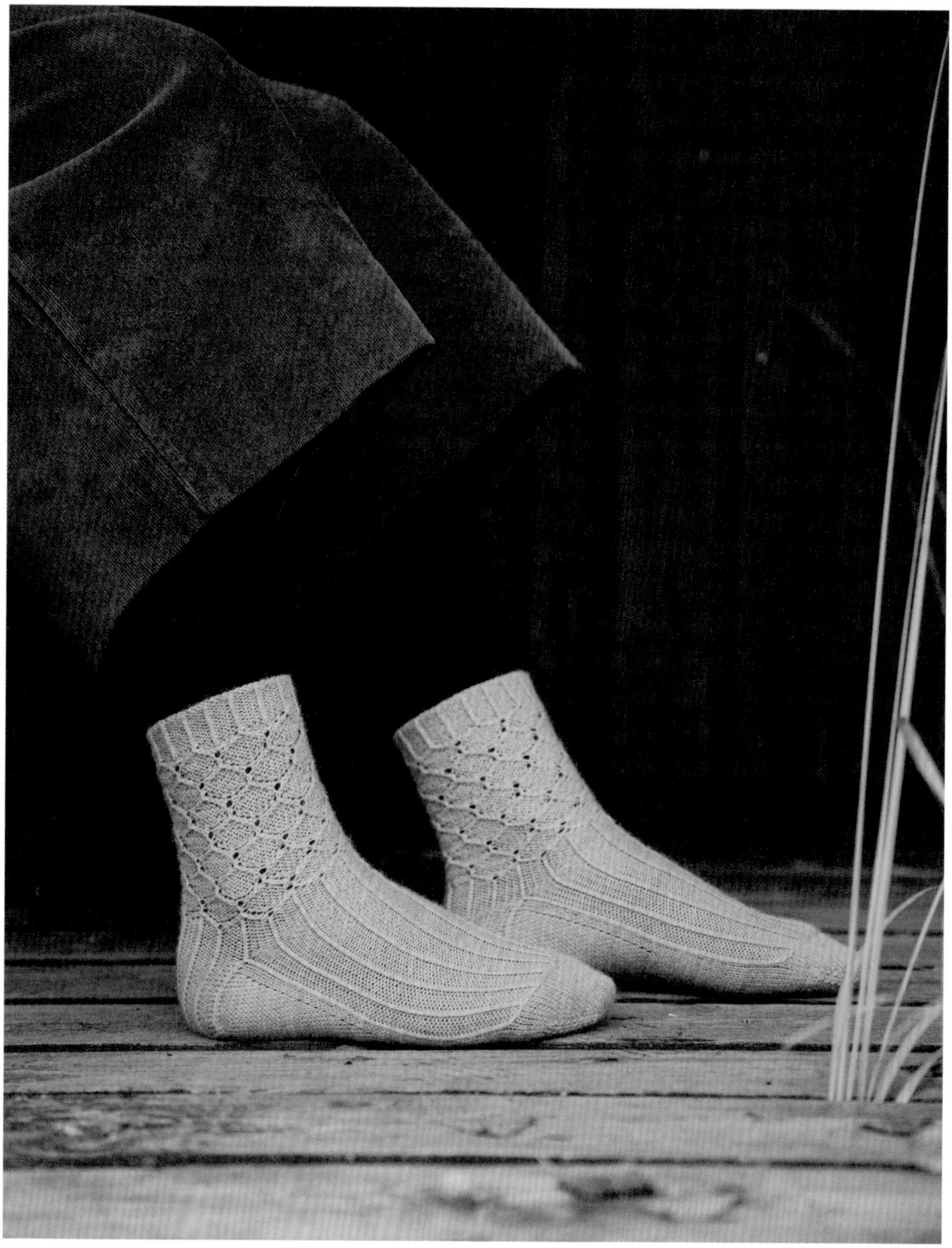

13 HEARTICHOKE

ハーティチョーク

SIZES／サイズ

1 {2}

FINISHED MEASUREMENTS／仕上がり寸法

フット／レッグ周囲：20 {22.5} cm
足底長さ：20.5 {22} cm（調整可）
レッグ長さ（かかと〜カフの上端まで）：21.5 {22} cm

MATERIALS／材料

糸：Cheval Blanc OfficialのBalade（ウール75%・ナイロン25%、420 m/100 g）1カセ〈Flanelle (058)〉またはフィンガリング（中細）程度の糸を311 {370} m
針：2.25mm（US 1／JP 0号）と2.5mm（US 1.5／JP 1号）輪針または5本針
その他の用具：なわ編み針、ステッチマーカー2個、とじ針

GAUGE／ゲージ

32目×48段（2.25 mm針でメリヤス編み・10cm角、ブロッキング後）
32目×44段（2.25 mm針でレース模様・10cm角、ブロッキング後）

SPECIAL ABBREVIATIONS & STITCH PATTERNS／特別な用語とステッチパターン

3目の編み出し増し目（ねじり目）：1目に表目のねじり目を編み、目は左針にのせたまま、糸を手前に移し、かけ目、同じ目に再度表目のねじり目を編む。2目増。
ねじり目の右上1目と2目の交差（下側が裏目）：次の1目をなわ編み針に移して編み地の手前におき、左針から裏目2、なわ編み針から表目のねじり目1。
ねじり目の右上1目と2目の交差（下側が裏目とねじり目）：次の1目をなわ編み針に移して編み地の手前におき、左針から裏目1、表目のねじり目1、なわ編み針から表目のねじり目1。
ねじり目の右上1目交差（下側が裏目）：次の1目をなわ編み針に移して編み地の手前におき、左針から裏目1、なわ編み針から表目のねじり目1。
左上1目と2目の交差（下側が裏目）：次の2目をなわ編み針に移して編み地の後ろにおき、左針から表目1、なわ編み針から裏目2。
左上1目と2目の交差（下側がねじり目と裏目）：次の2目をなわ編み針に移して編み地の後ろにおき、左針から表目1、なわ編み針から表目のねじり目1、裏目1。
ねじり目の左上1目交差（下側が裏目）：1目をなわ編み針に移して編み地の後ろにおき、左針から表目のねじり目1、なわ編み針から裏目1。
右上3目一度：1目めに表目を編むように右針を入れて移し、次の2目を一度に表編み。右針に移しておいた目を編んだ目にかぶせる。2目減。
ツイステッド・リブ：*表目のねじり目1、裏目3*、*〜*を最後までくり返す。
DS（ダブルステッチ）：ジャーマンショートロウ[German Short Row]の方法で引き返し編みをする際、引き返し位置に作る目。引き返す位置まで編んで編み地を返し、次のどちらかの方法ですべらせた最初の目を引き上げて2目のようにする。2目のようになった目がDS。
①最初の目が表目の場合…糸を手前に移してから表目を右針へすべらせ、糸を右針の上から編み地の後ろへ引っぱる。
②最初の目が裏目の場合…裏目を右針へすべらせ、糸を手前から後ろへ引っぱる。

NOTES／メモ

編み方のスタイルに合わせやすくするために、マーカーを2個使用し、1個めを段の始めに、2個めを甲側と足底側の境目に入れておきます。レッグのセクションを編むときには、両足を同時に編み進める方法で編むことはできません。

TOE／つま先

2.25mm針で、ジュディズマジックキャストオン[Judy's Magic Cast-On]で1本の針に9{11}目ずつ、合計18{22}目作る。

1段め：甲側として9{11}目表編み、PM、足底側の9{11}目を表編み、段の終わりにPM。

2段め：*表目1、左ねじり増し目、マーカーとの間に1目残るまで表編み、右ねじり増し目、表目1*、*〜*をもう一度編む。4目増。

3段め：*表目3、左ねじり増し目、マーカーとの間に3目残るまで表編み、右ねじり増し目、表目3*、*〜*をもう一度編む。4目増。

2・3段めをもう一度編む。34{38}目になる。

6段め：*表目1、左ねじり増し目、マーカーとの間に1目残るまで表編み、右ねじり増し目、表目1*、*〜*をもう一度編む。4目増。

7段め：最後まで表編み。

6・7段めをあと6{7}回編む。62{70}目になる。

FOOT／フット

サイズに合わせて、チャートA1{A2}を次のように編む；

※チャートは甲側のみ、足底側はメリヤス編み。チャートの1段めでは2目増える。

1段め：チャートの1段めを編み、SM、最後まで表編み。

以降、チャートA1{A2}の次段を編み、9{10}段めまで編む。甲側は33{37}目、足底は31{35}目、合計64{72}目になる。

TWISTED RIB／ツイステッド・リブ

1段め：*表目のねじり目1、裏目3*、*〜*をマーカーとの間に1目残るまでくり返し、表目のねじり目1、SM、最後まで表編み。

1段めをくり返し、「足底の仕上がり寸法－9.5{10}cm」になるまで、もしくは作り目から11{12}cmになるまで編む。

GUSSET／マチ

1段め：ツイステッド・リブをマーカーまで編み、SM、表目2、かけ目、最後のマーカーとの間に2目残るまで表編み、かけ目、表目2。2目増。

2段め：ツイステッド・リブをマーカーまで編み、SM、表目2、表目のねじり目1、最後のマーカーとの間に3目残るまで編み、表目のねじり目1、表目2。

1・2段めをあと15{17}回編む。足底が63{71}目、合計96{108}目になる。

HEEL TURN／ヒールターン

ヒールターンはジャーマン・ショートロウの方法で引き返し編みをしながら往復に編む。DSをきつめにすると仕上がりがきれいになる。

1段め(表面)：ツイステッド・リブでマーカーまで編み、SM、表目45{51}。左針にはマーカーとの間に18{20}目残る。編み地を返す。

2段め(裏面)：DS、裏目26{30}。左針にはマーカーとの間に18{20}目残る。編み地を返す。

3段め：DS、表目24{28}、編み地を返す。

4段め：DS、裏目22{26}、編み地を返す。

5段め：DS、表目20{24}、編み地を返す。

6段め：DS、裏目18{22}、編み地を返す。

7段め：DS、表目16{20}、編み地を返す。

8段め：DS、裏目14{18}、編み地を返す。

9段め：DS、表目12{16}、編み地を返す。

10段め：DS、裏目10{14}、編み地を返す。

11段め：DS、表目8{12}、編み地を返す。

12段め：DS、裏目6{10}、編み地を返す。

次の2段はサイズ2のみ

13段め：DS、表目－{8}、編み地を返す。

14段め：DS、裏目－{6}、編み地を返す。

次段：DS、最後のマーカーまで表編み。このときDSは1目として編む。

HEEL FLAP／ヒールフラップ

ヒールフラップは往復に編む。表面ではすべり目(糸を編み地の後ろにおき、裏目を編むように右針を入れて移す)、裏面では浮き目(糸を編み地の手前におき、裏目を編むように右針を入れて移す)を編んで模様を作る。どちらの面でも減目をきつめに編むと仕上がりがきれいになる。

準備段1(表面)：マーカーまで前段までのようにツイステッド・リブで編む、SM、DSも編みながら表目47{53}、右上2目一度。左針の端のマーカーの手前には14{16}目残る。編み地を返す。

準備段2(裏面)：浮き目1、表目のねじり目1、表目2、*浮き目1、表目3*、*〜*を5{6}回くり返し、浮き目1、表目2、表目のねじり目1、裏目の左上2目一度。左針の端のマーカーとの間に14{16}目残る。編み地を返す。

3段め(表面)：すべり目1、*裏目3、表目のねじり目1*、*〜*を段差との間に4目残るまでくり返し、裏目3、右上2目一度。編み地を返す。

4段め(裏面)：浮き目1、表目のねじり目1、表目2、*浮き目1、表目3*、段差との間に5目残るまで*〜*をくり返し、浮き目1、表目2、表目のねじり目1、裏目の左上2目一度。編み地を返す。

3・4段めをあと13{15}回編み、マーカーとマーカーの間の目がなくなるまで編む。

最後は裏面の段で編み終わる。

次段(表面)：すべり目1、*裏目3、表目のねじり目1*、*〜*を段差との間に4目残るまでくり返し、裏目3、すべり目1。

LEG／レッグ

準備段：段の終わりでRM、右針の最後の目を左針に戻し、PM。左上2目一度、*裏目3、表目のねじり目1*、*〜*をマーカーとの間に4目残るまでくり返し、裏目3、すべり目1。RM、右針の最後の目を左針に戻し、右上2目一度、*裏目3、表目のねじり目1*、*〜*をマーカーとの間に3目残るまでくり返し、裏目3。2目減。64{72}目になる。

レッグがヒールフラップから2cmになるまでツイステッド・リブを編む。

※次段からはチャートBのレース模様を編む。模様は1段で8{9}回編む。5段めと7段めの編み始め／編み終わりにはとくに注意する(下記の手順を参照)。靴下の履き心地を保ち、レース模様を損なわないように編むには、ふくらはぎのふくらみに合わせて針の号数を上げるとよい。

5・7段めの編み方；

5段め：RM、右針の最後の目を左針に戻してPM。*右上3目一度、右ねじり増し目、裏目5、左ねじり増し目*、*〜*を段の最後までくり返す。

7段め：*3目の編み出し増し目、裏目7*、*〜*を段の最後までくり返す。RM、糸を後ろにおいて、左針の1目めを右針に裏目を編むように移し、PM。

チャートBに従って、次のように編む。5段めと7段めは上記の通りに編む。

1〜16段めまで編む。

5〜16段めをあと2回編む。

5〜7段めをくり返し、17〜20段めを編む。

CUFF／カフ

2.25mm針に持ち替え、ツイステッド・リブでカフが2.5cmになるまで編む。

FINISHING／仕上げ

糸端を90cm残して糸を切り、とじ針でエリザベス・ジマーマン[Elizabeth Zimmermann]のソウンバインドオフ[sewn bind off]の方法で止める。糸始末をして、寸法に合わせてブロッキングする。

チャートA1（サイズ1用）

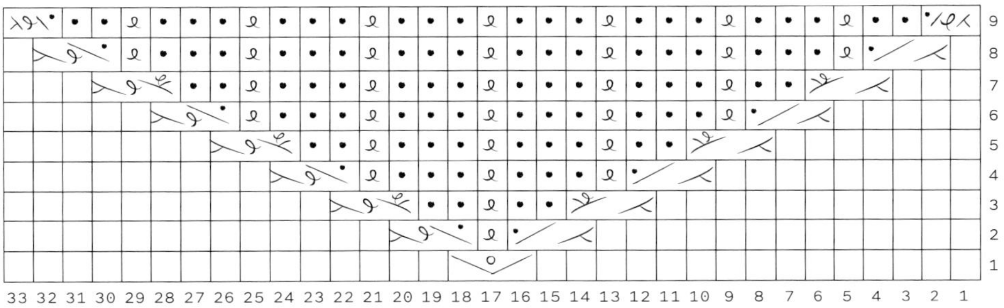

チャートA2（サイズ2用）

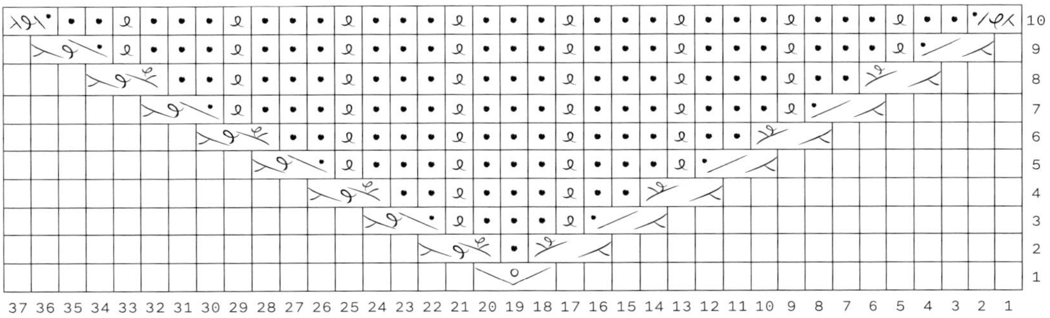

チャートB

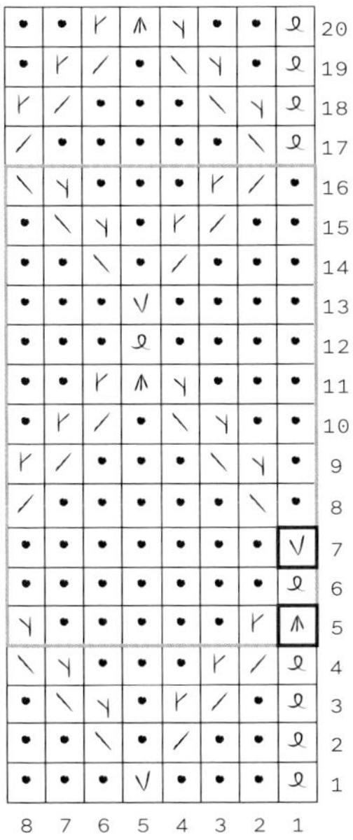

- 表目
- ねじり目
- 裏目
- 右上2目一度
- 左上2目一度
- 右増し目
- 左増し目
- 右上3目一度
- 3目の編み出し増し目
- くり返し範囲
- 編み方説明に従って編む
- 3目の編み出し増し目
- ねじり目の右上1目と2目の交差（下側が裏目）
- ねじり目の右上1目と2目の交差（下側が裏目とねじり目）
- ねじり目の右上1目交差（下側が裏目）
- 左上1目と2目の交差（下側が裏目）
- 左上1目と2目の交差（下側がねじり目と裏目）
- ねじり目の左上1目交差（下側が裏目）

14

26

Heidi Alander — Kristine Vejar — Caitlin Hunter — Fabienne Gassmann —
Gina Baglia — Lucinda Guy — Kajsa Vuorela — Dawn Henderson — Tatiana Kulikova —
Amelia Putri — Emily Joy Rickard — Sachiko Burgin

14 LUMME

まあ！

SIZES／サイズ

1 {2}

FINISHED MEASUREMENTS／仕上がり寸法

レッグ／フット周囲：19 {21.5} cm

MATERIALS／材料

糸：Hedgehog FibresのTwist Sock（BFL80%・ナイロン20%、365m/100g）1カセ〈Charcoal〉
針：2.5 mm（US 1.5／JP 1号）の輪針
その他の用具：とじ針

GAUGE／ゲージ

32目×48段（メリヤス編み・10cm角、ブロッキング後）

SPECIAL ABBREVIATIONS & TECHNIQUES／特別な用語とテクニック

右上3目一度：1目めを右針に移し、次の2目を2目一緒に表目に編み、右針に移しておいた目を編んだ目にかぶせる。2目減。
W&T（ラップアンドターン）：かかとをガーター編みで編むときのラップアンドターン式の引き返しで編む。引き返す段の最終目に右針を裏目を編むように入れて移し、針の間から糸を手前に移し、右針に移した目を左針に戻して編み地を返す。

NOTES ／メモ

この作品のW&Tは通常のガーターステッチヒールを編むときとは少し違います。上記の方法で編んでください。

LEFT SOCK／左足

TOE AND FOOT／つま先とフット

ジュディーズマジックキャストオン［Judy's Magic Cast On］の方法で24目（各針に12目ずつ）作る。前半（足底側）を〈N1〉、後半（甲側）を〈N2〉として輪に編む。

サイズ1のみ

1段めと奇数段すべて：〈N1〉最後まで裏編み。〈N2〉サイズ1の「左足つま先」チャートの通りに編む。

2・4・6・8・10・12・14・16・18段め：〈N1〉表目1、右ねじり増し目、1目残るまで表編み、左ねじり増し目、表目1。〈N2〉「左足つま先」チャートの通りに編む。

20・22・24・26・28・30・32段め：〈N1〉最後まで表編み。〈N2〉「左足つま先」チャートの通りに編む。

サイズ2のみ

1段めと奇数段すべて：

〈N1〉最後まで裏編み。〈N2〉サイズ2の「左足つま先」チャートの通りに編む。

2・4・6・8・10・12・14・16・18・20・22段め：〈N1〉表目1、右ねじり増し目、1目残るまで表編み、左ねじり増し目、表目1。〈N2〉「左足つま先」チャートの通りに編む。

24・26・28・30・32段め：〈N1〉最後まで表編み。〈N2〉「左足つま先」チャートの通りに編む。

合計60｛68｝目になる。

つま先からの長さが「足底の希望仕上がり寸法－7cm」になるまでメリヤス編み。

増し目段1：〈N1〉表目1、右ねじり増し目、左針に1目残るまで表編み、ねじり増し目、表目1。〈N2〉最後まで表編み。

増し目段2：最後まで表編み。

増し目段1・2をあと2回編む。足底側で6目増。

SHORT ROW HEEL／ショートロウヒール

かかとは〈N1〉の目で往復に編む。引き返し編みはラップアンドターンで行うが、ラップした糸は編まない。

1・2段め：針に1目残るまで表編み、W&T。

3・4段め：ラップした目との間に1目残るまで表編み、W&T。

3・4段めをあと12｛13｝回編む。

真ん中に8｛10｝目、両端にラップを付けて編み残した目が14｛15｝目ずつになる。

5・6段め：ラップの付いた最初の目まで表編み（ラップの付いた目も編む）、次の目にW&T（ラップの糸を2本巻いたことになる）。

7・8段め：前段でラップの糸を2本付けた目まで表編み（ラップした糸はそのままにする）、W&T。

両端にラップの糸を2本付けた目が1目ずつ残るまで7・8段めをくり返す。

次段（表面）：かかとの目（最後の目も含む）を表編み、かかとと甲の間の渡り糸を左針にのせて、甲側の1目めと2目一度にして編む。

甲側の目を表編み。

LEG／レッグ

再び輪に編む。かかとにはラップが付いた状態の目が1目編んでいない状態で残っている。

次段：甲とかかとの間の渡り糸を左針にのせてかかとの1目めと2目一度にして編む。右上2目一度、左針に3目残るまで表編み、左上2目一度、表目1。最後まで表編み。

減目段1：最後まで表編み。

減目段2：表目1、右上2目一度、左針に3目残るまで表編み、左上2目一度、表目1。最後まで表編み。

減目段1・2をもう一度編む。60｛68｝目になる。

レッグ長さが5cmになるまで、もしくは「好みの長さ－5cm」になるまで編む。

ここからは「レッグ」チャートの通りに編む。

1段でチャートの模様を4回くり返し、1～25段めまで編む。

※サイズ1は1～15目めまで、サイズ2は1～17目めまで編む。

最後はゆるめに伏せ止めする。

RIGHT SOCK／右足

TOE AND FOOT／つま先とフット

ジュディーズマジックキャストオン［Judy's Magic Cast On］の方法で24目作り（各針に12目ずつ、〈N1〉は甲側、〈N2〉は足底側）、輪に編む。

サイズ1のみ

1段めと奇数段すべて：〈N1〉はサイズ1の「右足つま先」チャートの通りに編み、残りの目は最後まで裏編み。

2・4・6・8・10・12・14・16・18段め：〈N1〉は「右足つま先」チャートの通りに編む。〈N2〉表目1、右ねじり増し目、1目残るまで表編み、左ねじり増し目、表目1。

20・22・24・26・28・30・32段め：〈N1〉「右足つま先」チャートの通りに編む。〈N2〉最後まで表編み。

サイズ2のみ

1段めと奇数段すべて：〈N1〉サイズ2の「右足つま先」チャートの通りに編み、残りの目は最後まで裏編み。

2・4・6・8・10・12・14・16・18・20・22段め：〈N1〉「右足つま先」チャートの通りに編む。〈N2〉表目1、右ねじり増し目、1目残るまで表編み、左ねじり増し目、表目1。

24・26・28・30・32段め：〈N1〉「右足つま先」チャートの通りに編む。〈N2〉最後まで表編み。

60｛68｝目になる。

つま先からの長さが「足底の希望仕上がり寸法－7cm」になるまでメリヤス編み。

増し目段1：〈N1〉表編み。〈N2〉表目1、右ねじり増し目、左針に1目残るまで表編み、左ねじり増し目、表目1。

増し目段2：最後まで表編み。

増し目段1・2をあと2回編む。足底側で6目増。

SHORT ROW HEEL／ショートロウ・ヒール

かかとは〈N2〉の目で往復に編む。引き返し編みはラップアンドターンで行うが、ラップした糸は編まない。
〈N1〉の目を表編みし、〈N2〉の手前へ移動する。
1・2段め：左針に1目残るまで表編み、W&T。
3・4段め：ラップした目との間に1目残るまで表編み、W&T。
3・4段めをあと12｛13｝回編む。
真ん中に8｛10｝目、両端にラップを付けて編み残した目が14｛15｝目ずつになる。
5・6段め：ラップの付いた最初の目まで編み、ラップの付いた目も編む、次の目にW&T（ラップの糸を2本巻いたことになる）。
7・8段め：前段でラップの糸を2本付けた目まで表編み（ラップした糸はそのままにする）、W&T。
両端にラップの糸を2本付けた目が1目ずつ残るまで7・8段めをくり返す。

LEG／レッグ

再び輪に編む。かかとの最後まで表編み（最後のラップを2本巻いた目も編む）。
次段：かかとと甲の間の渡り糸を左針にのせて、甲の1目めと2目一度に編む。甲の最後まで表編み。甲とかかとの間の渡り糸を左針にのせて、かかとの1目めと2目一度に編む。右上2目一度、左針に3目残るまで表編み、左上2目一度、表目1。
減目段1：最後まで表編み。
減目段2：甲の目を表編み。かかとの目は、表目1、右上2目一度、左針に3目残るまで表編み、左上2目一度、表目1。
減目段1・2をもう一度編む。60｛68｝目になる。
レッグ長さが5 cmになるまで、もしくは「好みの長さ－5 cm」になるまで編む。
ここからは「レッグ」チャートの通りに編む。
1段でチャートの模様を4回くり返し、1～25段めまでを編む。
※サイズ1は1～15目めまで、サイズ2は1～17目めまでを編む。
最後はゆるめに伏せ止めする。

FINISHING／仕上げ

糸始末をしたあと、水通しをして寸法に合わせてブロッキングする。

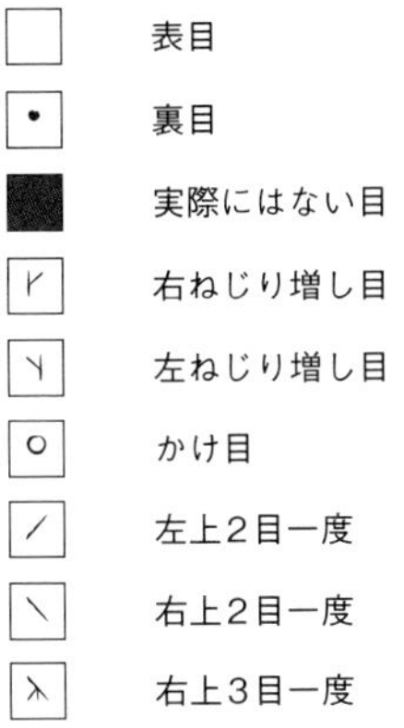

レッグ

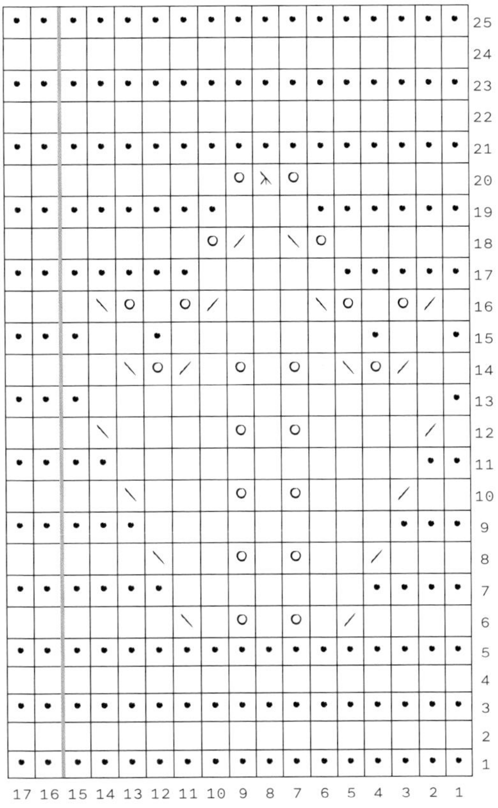

左足つま先（サイズ1）

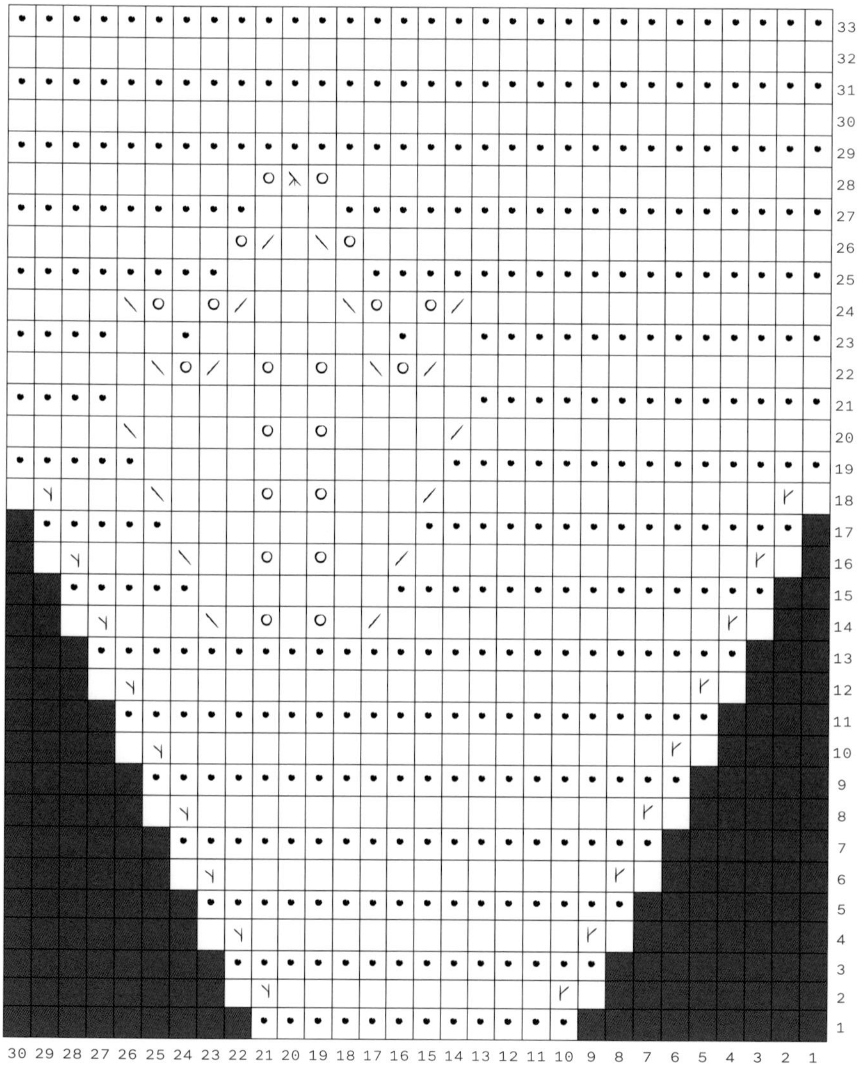
33
32
31
30
29
28
27
26
25
24
23
22
21
20
19
18
17
16
15
14
13
12
11
10
9
8
7
6
5
4
3
2
1
30 29 28 27 26 25 24 23 22 21 20 19 18 17 16 15 14 13 12 11 10 9 8 7 6 5 4 3 2 1

右足つま先（サイズ1）

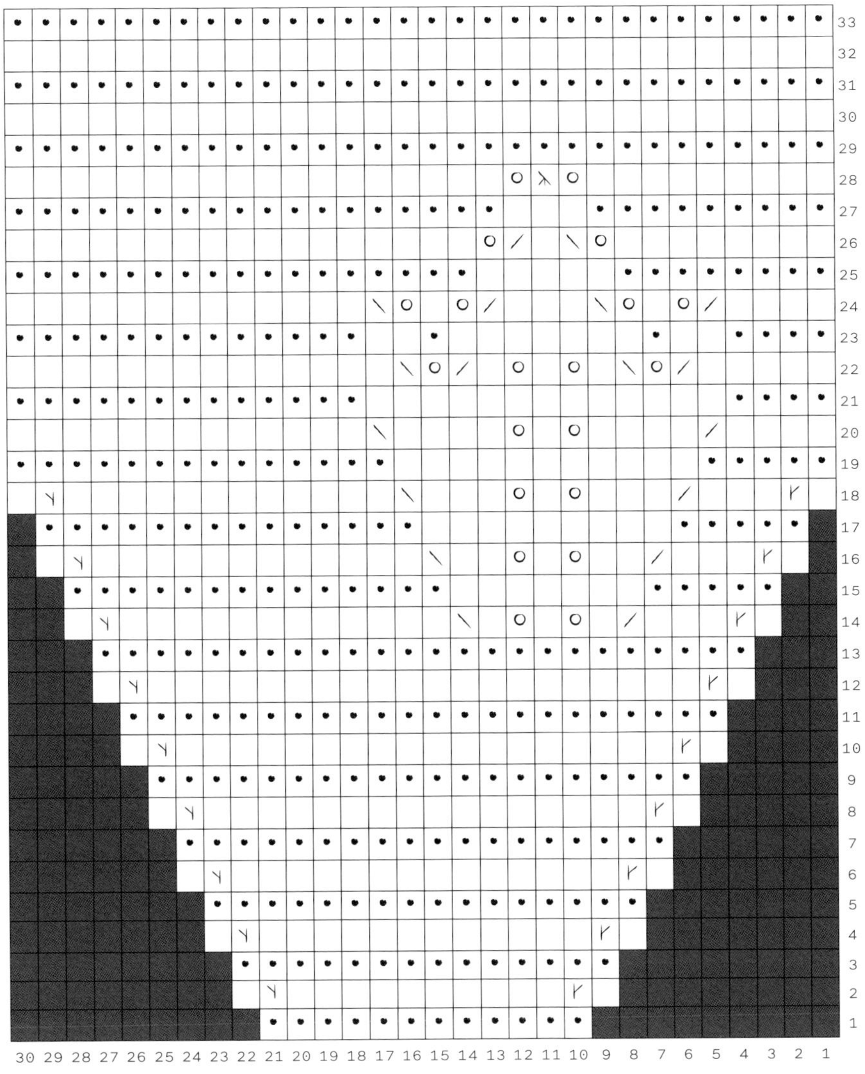

左足つま先(サイズ2)

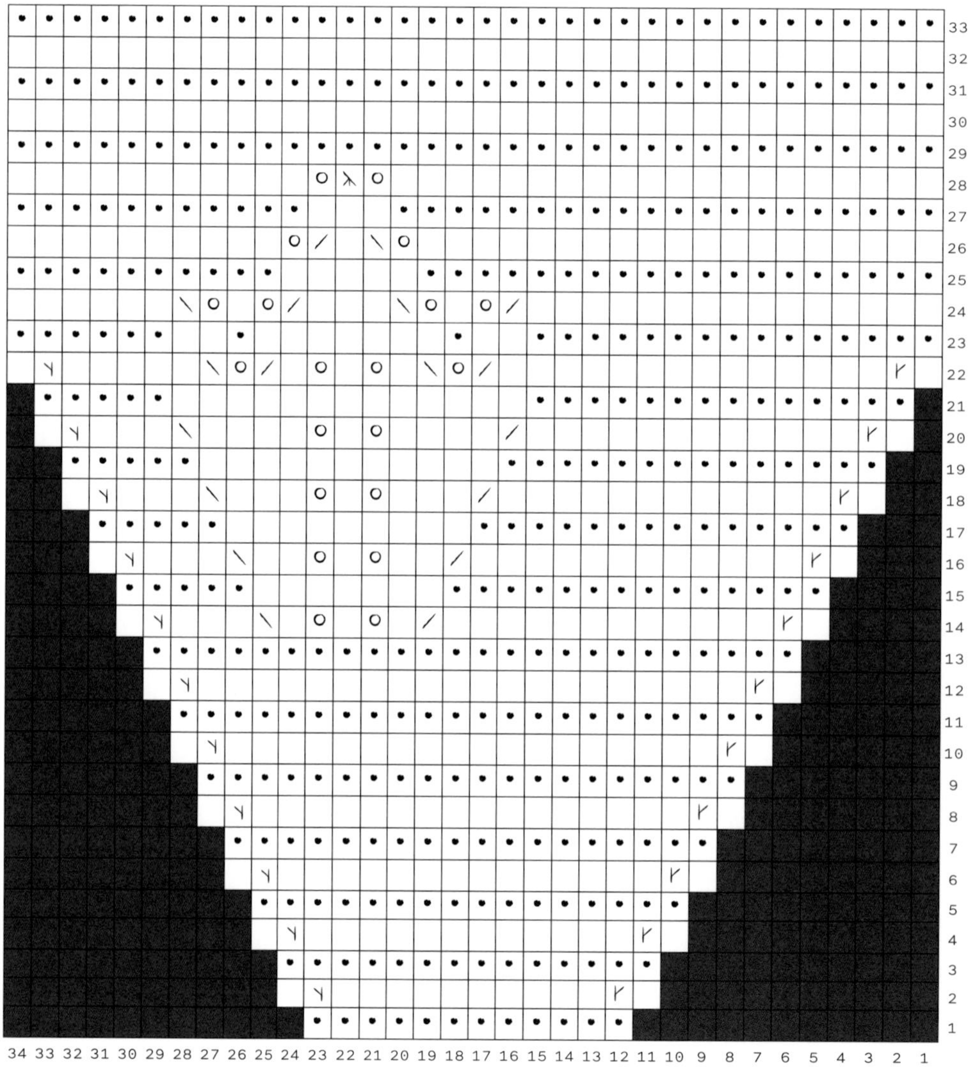
33
32
31
30
29
28
27
26
25
24
23
22
21
20
19
18
17
16
15
14
13
12
11
10
9
8
7
6
5
4
3
2
1
34 33 32 31 30 29 28 27 26 25 24 23 22 21 20 19 18 17 16 15 14 13 12 11 10 9 8 7 6 5 4 3 2 1

右足つま先（サイズ2）

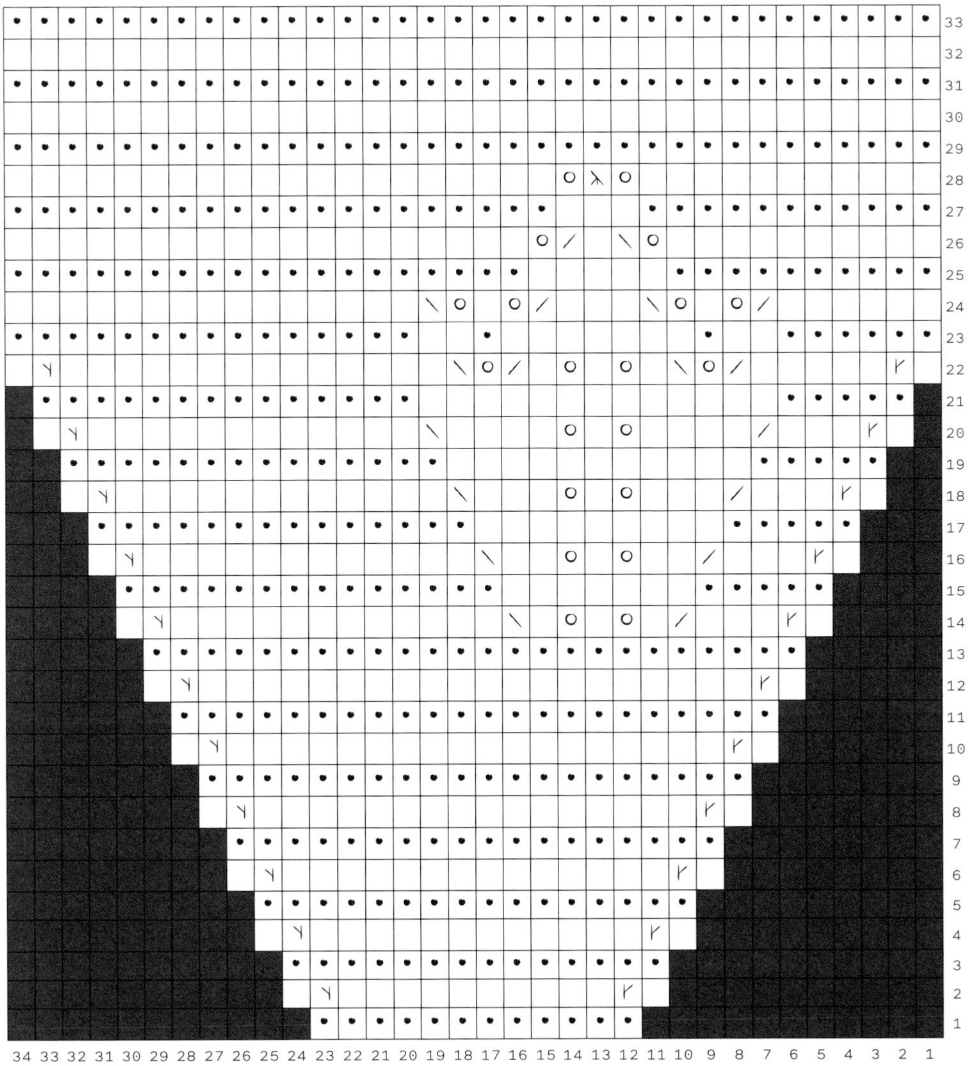

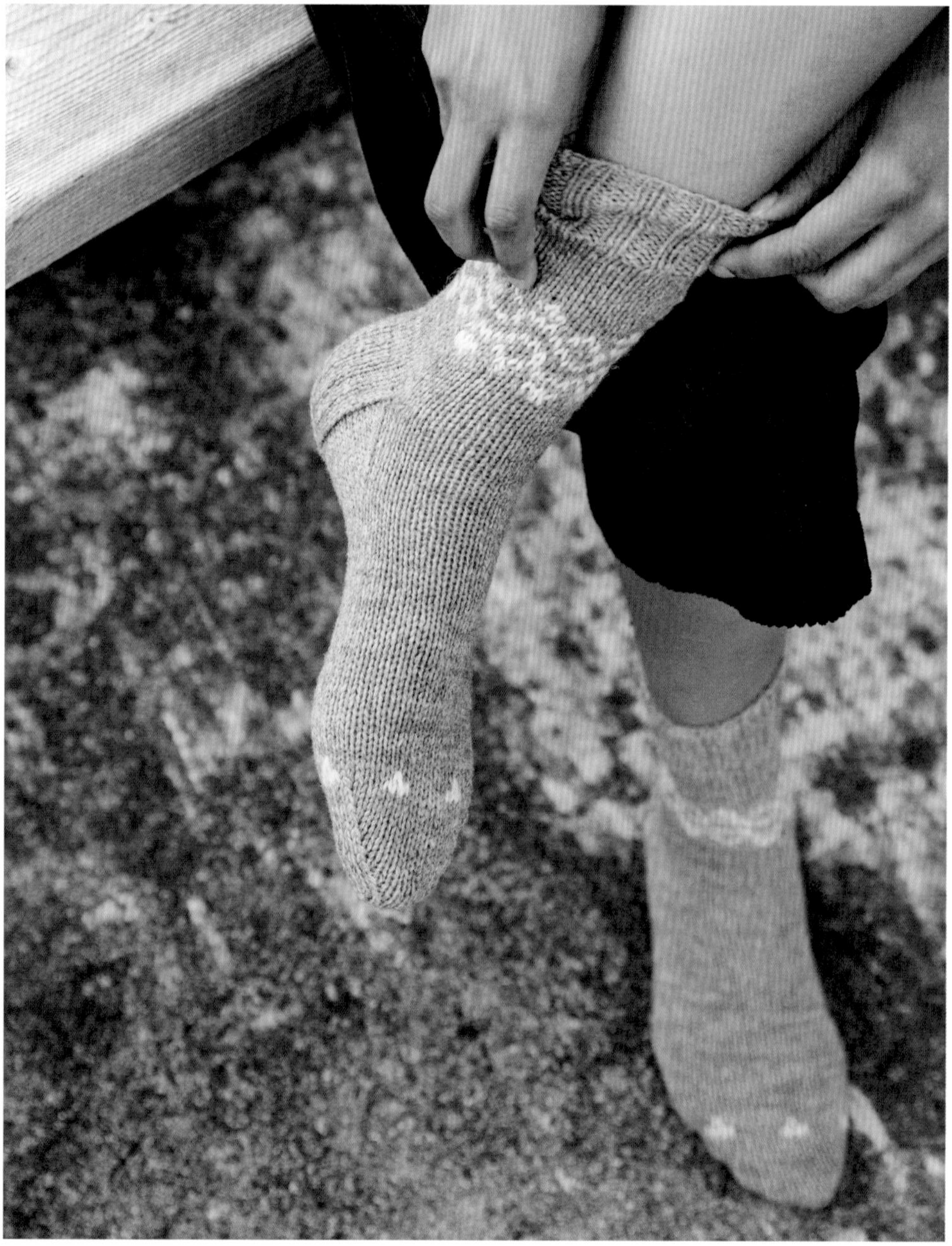

15 MICA

雲母

SIZES／サイズ

1 {2}

FINISHED MEASUREMENTS／仕上がり寸法

周囲：17 {20} cm
かかとからカフまでの長さ：25 {26} cm

MATERIALS／材料

糸：A Verb for Keeping Warm のGather（アメリカ産ランブイエメリノ種75%・アメリカ産アルパカ25%、183m／50g)、〈C1：Smoke〉・〈C2：Lighthouse〉 各1カセ
針：3.25mm（US 3／JP 4号）の輪針
その他の用具：取り外し可能なステッチマーカー1個、とじ針

GAUGE／ゲージ

28目×34段（メリヤス編み・10cm角、ブロッキング後）

CUFF／カフ

C1の糸で、指でかける作り目の方法で48 {56} 目作り、半分ずつに分ける。取り外し可能なマーカーを1目めに付け、段の始めとする。目がねじれないように輪にする。
1段め：*表目2、裏目2*、*～*を最後までくり返す。
上記の段をカフが5 cmになるまでくり返す。

LEG／レッグ

表編みで4 cm編む。
C2の糸を付け、チャートAの編み込み模様を編む。C2を切る。
表編みで4 cm編む。

HEEL FLAP／ヒールフラップ

ここからはかかと側だけを往復に編む。編み地を返す。
1段め（裏面）：すべり目1、裏目23 {27}。
2段め（表面）：*すべり目1、表目1*、*～*を段の最後までくり返す。
この24 {28} 目がヒールフラップになる。残りの24 {28} 目はコード上に休ませておく。
ここから、編むほうの針を〈N1〉、休み目のかかっている針を〈N2〉と呼ぶ。
上記の2段をあと13 {15} 回、合計14 {16} 回／28 {32} 段編む。

HEEL TURN／ヒールターン

1段め（裏面）：すべり目1、裏目15 {18}、裏目の左上2目一度。編み地を返す。
2段め（表面）：すべり目1、表目8 {10}、右上2目一度。編み地を返す。
3段め：すべり目1、段差との間に1目残るまで裏編み、裏目の左上2目一度。編み地を返す。
4段め：すべり目1、段差との間に1目残るまで表編み、右上2目一度。編み地を返す。
10 {12} 目でヒールターンを編む。
3・4段めをくり返してかかとの目をすべて編み切る。
※最後の段（4段め）のあとは編み地を返さない。

GUSSET／マチ

準備段：〈N1〉ヒールフラップの左端に沿って14 {16} 目拾う。〈N2〉表編み24 {28} 目。〈N1〉ヒールフラップの右端に沿って14 {16} 目拾い、かかと（ヒールターン）の5 {6} 目を表編み。次の目に取り外し可能なマーカーを付けて、以降はここを段の始めとして再び輪に編む。
〈N1〉が足底側とかかとの目、〈N2〉が甲側の目となる。
1段め：〈N1〉最後に3目残るまで表編み、左上2目一度、表目1。〈N2〉表編み。〈N1〉表目1、右上2目一度、最後まで表編み。
2段め：表編み。
1・2段めをくり返し、目数を48 {56} 目に戻す。

FOOT／フット

「足底の希望仕上がり寸法－5.5 cm」になるまで表編み。
C2を付け、チャートBの編み込み模様を編む。
C2を切り、C1だけで1段表編み。

TOE／つま先

準備段：段の始めのマーカーを外し、〈N1〉の目を最後まで表編み。以降はここを段の始めとする。
1段め：〈N2〉表目1、右上2目一度、最後に3目残るまで表編み、左上2目一度、表目1。〈N1〉表目1、右上2目一度、最後に3目残るまで表編み、左上2目一度、表目1。
2段め：表編み。
1・2段めをくり返し、目数が16 {24} 目になるまで編む。各針8 {12} 目ずつになる。

FINISHING／仕上げ

糸端を約30.5 cm残して切り、残りの目をメリヤスはぎする。
糸始末をしたあと、水通しをして寸法に合わせてブロッキングする。

チャートA

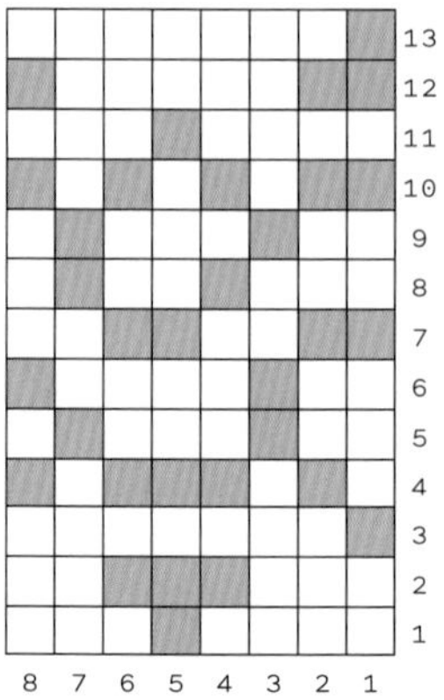

チャートB

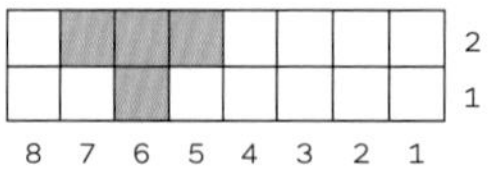

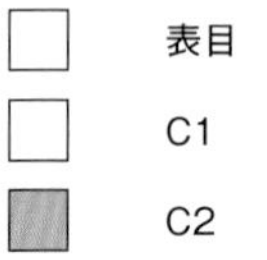

16
TOIVOHARJU

トイヴォハルユ

SIZES／**サイズ**

1 {2}

FINISHED MEASUREMENTS／**仕上がり寸法**

レッグ／フット周囲：20.5 {22} cm

MATERIALS／**材料**

糸：The Uncommon ThreadのTwist Sock（メリノウール80%・ナイロン20%、365m/100g）1カセ〈Botany〉
針：2.5mm（US 1.5／JP 1号）の5（4）本針
その他の用具：なわ編み針、とじ針

GAUGE／**ゲージ**

30目×48段（メリヤス編み・10cm角、ブロッキング後）

SPECIAL ABBREVIATIONS／**特別な用語**

右上1目交差：次の目をなわ編み針に移して編み地の手前におき、左針から表目1、なわ編み針から表目1。
左上1目交差：次の目をなわ編み針に移して編み地の後ろにおき、左針から表目1、なわ編み針から表目1。
中上3目一度：次の2目に一度に表目を編むように右針を入れて移し、次の目を表編み、右針の2目を編んだ目にかぶせる。（2目めが中心に立つ2目の減目）
ねじり目の右上3目一度：左針の1目めに裏目を編むように右針を入れて移し、次の2目を一度に表編み、右針に移した目を編んだ目にかぶせる。2目減。
左上3目一度：左針の3目を一度に表目に編む。

LEFT SOCK／左足

LEG／レッグ

62 {66}目作り輪にする。
前半の31 {33}目を〈N1〉と〈N2〉(レッグの前側)、後半の31 {33}目を〈N3〉と〈N4〉(レッグの後ろ側)とする。

サイズ1のみ
カフの段：*裏目1、表目のねじり目1*、*〜*をくり返す。

サイズ2のみ
カフの段：*表目のねじり目1、裏目1*、*〜*をくり返す。

カフの段を合計12回編む。
次段：表目36 {39}、PM、次の21目でチャートAの1段めを編む、PM、最後まで表編み。
次段：マーカーまで表編み、SM、チャートの次の段を編む、SM、最後まで表編み。
上記のように編みながらチャートAの1〜12段めまで編む。
次の段からレースパネルの移動が始まる。
マーカーの間は、これまでのように1段めからチャートの通りに編む。
※レースパネルの移動が針をまたぐ場合は、適宜編み目を隣の針に移し替えながら編む。
移動段1：マーカーとの間に2目残るまで表編み、左上2目一度、SM、チャートの次の段を編む、SM、表目1、左ねじり増し目、最後まで表編み。
移動段2：マーカーまで表編み、SM、チャートの次の段を編む、SM、最後まで表編み。
移動段1・2をくり返し、段の始めと最初のマーカーとの間が5 {6}目になるまで続ける。レースパネルは前中央に移動したことになる。

HEEL FLAP／ヒールフラップ

かかとは後半の31 {33}目で往復に編むため、前半の31 {33}目(甲側)は休ませておく。
編み地を返す。
1段め(裏面)：すべり目1、裏目30 {32}。
2段め(表面)：すべり目1、表目30 {32}。
1・2段めを合計15 {16}回編む。

HEEL TURN／ヒールターン

1段め(裏面)：すべり目1、裏目17 {19}、裏目の左上2目一度、裏目1。編み地を返す。
2段め(表面)：すべり目1、表目6 {8}、右上2目一度、表目1。編み地を返す。
3段め：すべり目1、段差との間に1目残るまで裏編み、裏目の左上2目一度、裏目1。編み地を返す。
4段め：すべり目1、段差との間に1目残るまで表編み、右上2目一度、表目1。編み地を返す。
すべての目が編めるまで3・4段めをくり返す。
最後の段を編んだあとは、編み地を返さずそのままにしておく。合計19 {21}目が残る。

FOOT AND GUSSET／フットとマチ

ヒールターンの左側9 {10}目を〈N4〉に移し、〈N4〉でヒールフラップの端から15 {16}目、かかとと甲の間から1目拾う。〈N1とN2〉表目5 {6}、SM、チャートの次の段を編む、SM、表目5 {6}。次の針で甲とかかとの間から1目、続けてヒールフラップの端から15 {16}目拾い、表目10 {11}(これが〈N3〉になる)。
新たにここ(〈N3〉と〈N4〉の間。かかと中心)を段の始めとして、再び輪に編む。足底側が51 {55}目、甲側が31 {33}目になる。
1段め：甲との間に3目残るまで表編み、左上2目一度、表目1。表目5 {6}、SM、チャートの次の段を編み、SM、表目5 {6}。表目1、右上2目一度、最後まで表編み。
2段め：マーカーまで表編み、SM、チャートの次の段を編む、SM、最後まで表編み。
1・2段めをくり返し、合計62 {66}目になるまで編む。甲側・足底側が各31 {33}目になる。
マーカーの間はチャートに沿って編み、それ以外の目はメリヤス編み、チャートの模様を最初から数えて合計10 {11}回編むまでくり返す。もしくは好みの仕上がり寸法まで少なくともあと7cmのところまで編み、最後は12段めで編み終える。
※チャートは1模様で約2.5cm編める。長めに編むより短めに編み終わり、不足分は次の工程のあとに編み足すとよい。
次段：マーカーとの間に1目残るまで表編み、PM、次の23目はチャートBに沿って編む(元のマーカーは外す)、PM、最後まで表編み。
次段：マーカーまで表編み、SM、チャートの次の段を編み、SM、最後まで表編み。
チャートBを編み終えるまで編み、マーカーを外す。
必要に応じて、メリヤス編みで「好みの仕上がり寸法－約4 cm」になるまで編む。

TOE／つま先

1段め：〈N4〉残り3目まで表編み、左上2目一度、表目1。〈N1〉表目1、右上2目一度、最後まで表編み。〈N2〉〈N4〉と同様に編む。〈N3〉〈N1〉と同様に編む。
2段め：最後まで表編み。
1・2段めをくり返し、38 {42}目になるまで編む。
1段めだけをくり返し、22 {26}目になるまで編む。〈N4〉の最後まで表編み。
つま先の目をメリヤスはぎではぎ合わせる。

RIGHT SOCK／右足

LEG／レッグ

62 {66}目作り輪にする。
前半の31 {33}目を〈N1〉と〈N2〉(レッグの前側)、後半の31 {33}目を〈N3〉と〈N4〉(レッグの後ろ側)とする。

サイズ1のみ
カフの段：*表目のねじり目1、裏目1*、*〜*をくり返す。

サイズ2のみ
カフの段：*裏目1、表目のねじり目1*、*〜*をくり返す。

カフの段を合計12回編む。
次段：表目5 {6}、PM、次の21目でチャートAの1段めを編む、PM、最後まで表編み。
次段：マーカーまで表編み、SM、チャートの次の段を編む、SM、最後まで表編み。
上記のように編みながらチャートAの1〜12段めまでを編む。
次の段からレースパネルの移動が始まる。
マーカーの間は、これまでのように1段めからチャートの通りに編む。
※レースパネルの移動が針をまたぐ場合は、適宜編み目を隣の針に移し替えながら編む。

移動段1：マーカーとの間に1目残るまで表編み、右ねじり増し目、表目1、SM、チャートの次の段を編む、SM、右上2目一度、最後まで表編み。
移動段2：マーカーまで表編み、SM、チャートの次の段を編む、SM、最後まで表編み。
移動段1・2をくり返し、2個めのマーカーと段の終わりとの間が5 {6}目になるまで続ける。レースパネルは前中央に移動したことになる。

HEEL FLAP／ヒールフラップ

かかとは前半の31 {33}目で往復に編むため、後半の31 {33}目（甲側）は休ませておく。
表目31 {33}、編み地を返す。
1段め（裏面）：すべり目1、裏目30 {32}。
2段め（表面）：すべり目1、表目30 {32}。
1・2段めを合計15 {16}回編む。

HEEL TURN／ヒールターン

1段め（裏面）：すべり目1、裏目17 {19}、裏目の左上2目一度、裏目1。編み地を返す。
2段め（表面）：すべり目1、表目6 {8}、右上2目一度、表目1。編み地を返す。
3段め：すべり目1、段差との間に1目残るまで裏編み、裏目の左上2目一度、裏目1。編み地を返す。
4段め：すべり目1、段差との間に1目残るまで表編み、右上2目一度、表目1。編み地を返す。
すべての目が編めるまで3・4段めをくり返す。
最後の段を編んだあとは、編み地を返さずそのままにしておく。〈N3〉と〈N4〉の合計19 {21}目が残る。

FOOT, GUSSET AND TOE／フット、マチ、つま先

左足と同様に編み、最後はつま先の目をメリヤスはぎではぎ合わせる。

FINISHING／仕上げ

糸始末をしたあと、水通しをして寸法に合わせてブロッキングする。

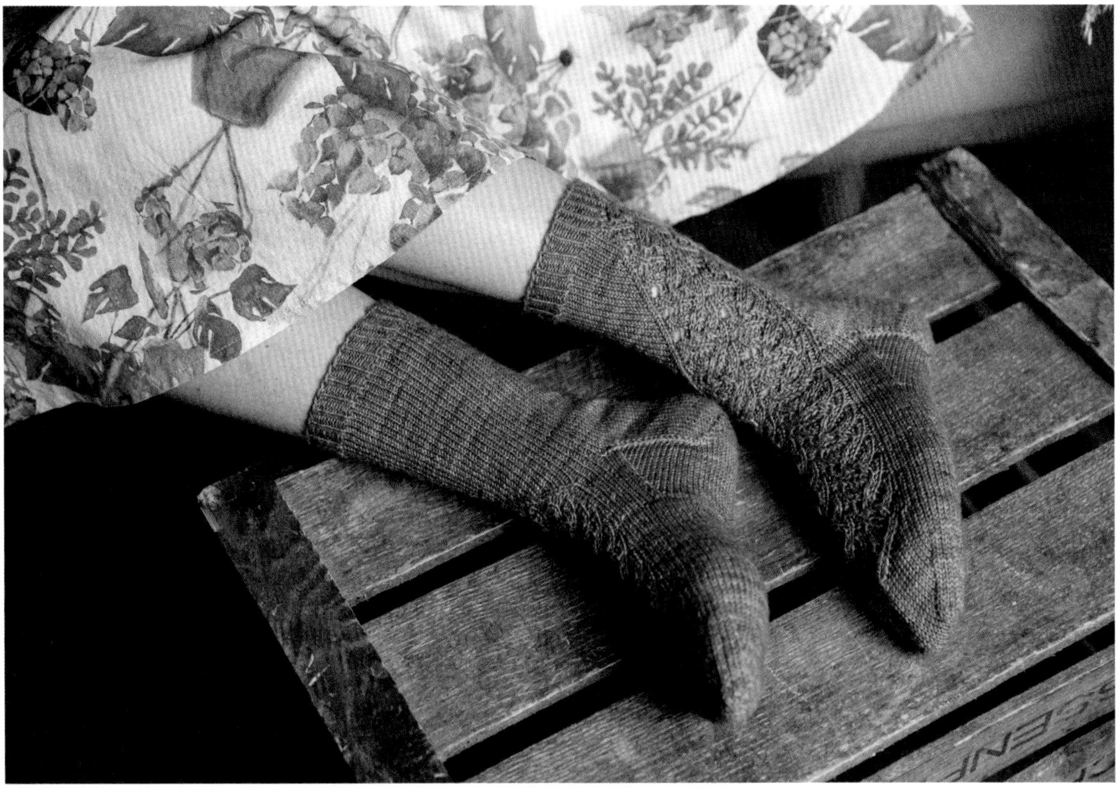

チャートA

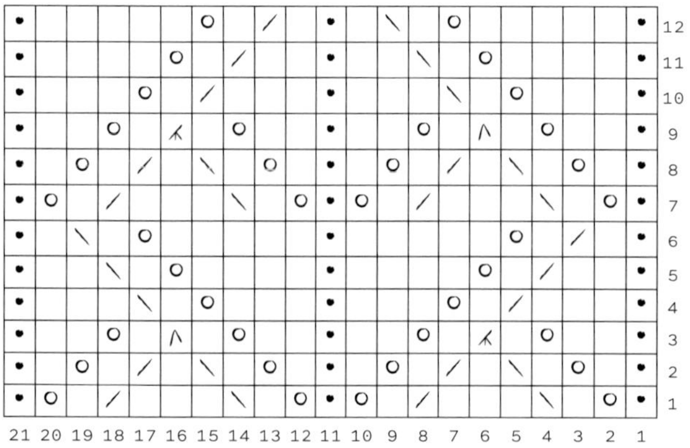

チャートB

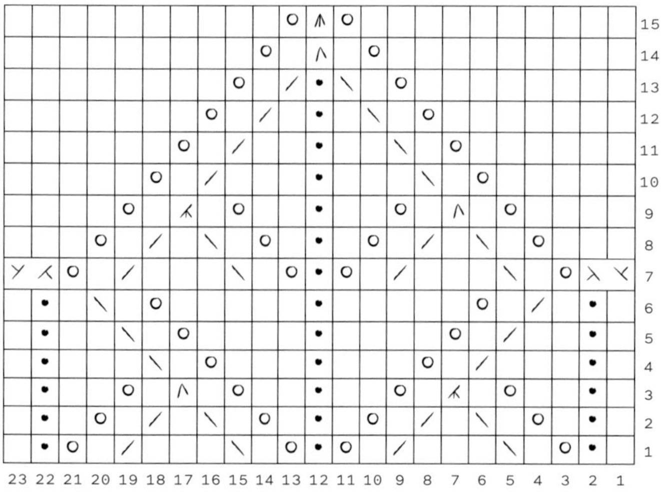

- 表目
- 裏目
- かけ目
- 左上2目一度
- 右上2目一度
- 左上3目一度
- ねじり目の右上3目一度
- 中上3目一度
- 左上1目交差
- 右上1目交差

17
BOYLAND

ボーイランド

SIZES／サイズ

1 {2}

FINISHED MEASUREMENTS／仕上がり寸法

フット／レッグ周囲：20 {22.5} cm
レッグ長さ（カフからかかとの開始位置まで）：14.5cm

MATERIALS／材料

糸：The Farmer's Daughter FibersのSokap'ii（ワイオミング州産・モンタナ州産ランブイエメリノ種100%、227m/50g）、〈C1：Elk Antler（ベージュ系）〉・〈C2：Evergreen（深緑）〉・〈C3：Naamoo（紫）〉各1カセ
針：2.5 mm（US 1.5／JP 1号）の5本針または輪針
その他の用具：ステッチマーカー、とじ針

GAUGE／ゲージ

32目×48段（編み込み模様・10cm角、ブロッキング後）

SPECIAL ABBREVIATIONS／特別な用語

MB（ボッブルを編む）：左針の次の目に「表目、表目のねじり目」を2回編み入れ、右針にかかった目の左端から2目め、3目め、4目めを1目め（左端の目）にかぶせる。これでボッブルができる。続けて糸を手前にしてボッブルを左針に移し、糸をボッブルの手前から後ろへ移してボッブルを右針に戻す。これによりボッブルが編み地の表側に浮き出る。

DS（ダブルステッチ）：ジャーマンショートロウ［German Short Row］の方法で引き返し編みをする際、引き返し位置に作る目。引き返す位置まで編んで編み地を返し、次のどちらかの方法ですべらせた最初の目を引き上げて2目のようにする。2目のようになった目がDS。
①最初の目が表目の場合…糸を手前に移してから表目を右針へすべらせ、糸を右針の上から編み地の後ろへ引っぱる。
②最初の目が裏目の場合…裏目を右針へすべらせ、糸を手前から後ろへ引っぱる。

CUFF／カフ

C2で指でかける作り目の方法で64 {72} 目作る。編み目を32 {36} 目ずつに分ける（両先針で編む場合は4本の針に均等に分ける）。目がねじれないように輪にする。
表目2、裏目2、*～*を最後までくり返す。
上記をくり返し、2目ゴム編みを3cm編む。

LEG／レッグ

続けてC2で表編みを2段編む。

CHART A／チャートA

チャートAを色替えの指示通りに編む。
編み終えたら、C1以外の糸を切る。
C1でメリヤス編みをあと4cm編む。

HEEL／ヒール

かかとはC2で前半の32 {36} 目を往復に編み、残りの目は休ませておく。

かかとの前半

1段め（表面）：表目32 {36}、編み地を返す。
2段め（裏面）：DS、裏目31 {35}、編み地を返す。
3段め（表面）：DS、前段のDSの手前まで表編み、編み地を返す。
4段め（裏面）：DS、前段のDSの手前まで裏編み、編み地を返す。
上記の要領で（毎段1目ずつ少なく表編みまたは裏編みしながら）かかとの左右にDSが10 {12} 目ずつできるまで編み続ける（最後は表面の段になり、編み地は返さない）。
次段（表面）：DSの足2本を一度に表目に編みながら（段消しをしながら）、かかとの目を最後まで表編み。編み地を返す。
次段（裏面）：DSの足2本を一度に裏目に編みながら（段消しをしながら）、かかとの目を最後まで裏編み。編み地を返す。

かかとの後半

1段め（表面）：表目22 {25}、編み地を返す。
2段め（裏面）：DS、裏目11 {13}、編み地を返す。
3段め（表面）：DS、前段のDSの手前まで表編み、DSの足2本を一度に表目に編む、表目1、編み地を返す。
4段め（裏面）：DS、前段のDSの手前まで裏編み、DSの足2本を一度に裏目に編む、裏目1、編み地を返す。
1・2段めで編み残した目がなくなるまで3・4段めをくり返す。
C2を切る。

FOOT／フット

ここから再び輪に編む。C1でメリヤス編みを4cm編み、チャートBの指示通りに色替えしながら編む。
C1以外の糸を切る。
足底の長さが、かかとの後ろから測って「希望仕上がり寸法－5 {6} cm」になるまでメリヤス編み。

TOE／つま先

C2に持ち替える。
段の始めのマーカーを外す。
編み目を甲側と足底側の32 {36} 目ずつに分けて次のように編む；
1段め：表編み。
2段め：〈N1〉表目1、右上2目一度、最後に3目残るまで表編み、左上2目一度、表目1。〈N2〉表目1、右上2目一度、最後に3目残るまで表編み、左上2目一度、表目1。4目減。
1・2段めをくり返し、合計16 {16} 目になるまで減らす。

FINISHING／仕上げ

糸端30.5cm残して糸を切り、メリヤスはぎではぎ合わせる。
糸始末をしたあと、水通しをして寸法に合わせてブロッキングする。

チャートA

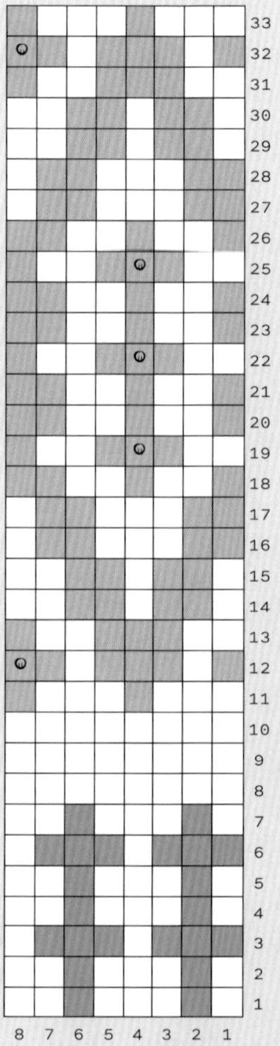

チャートB

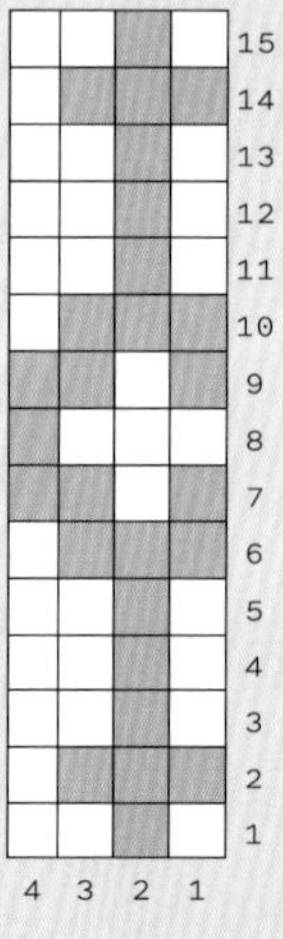

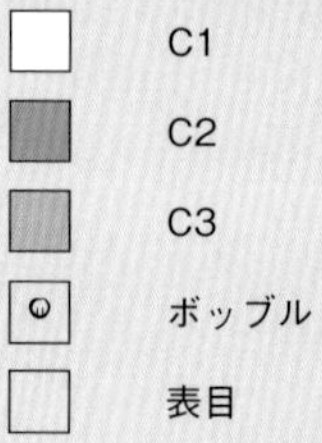

18 LUCERNA

ルーサン

SIZES／**サイズ**

1 {2}

FINISHED MEASUREMENTS／**仕上がり寸法**

レッグ周囲：18.5 {21.5} cm
足底長さ：18 {20} cm
レッグ長さ：10cm

MATERIALS／**材料**

糸：John ArbonのExmoor Sock 4ply（エクスムーアブルーフェイス種60%・コリデール種20%、ズワルトブレス種10%・ナイロン10%、200m/50g）1カセ〈Bibble Bug〉
OnionのSilk+Kid Mohair（マルベリーシルク40%・スーパーキッドモヘア60%、240m/25g）1玉〈Bordeaux〉
※上記の2種類の糸を引きそろえて編む。
針：2.5mm（US 1.5／JP 1号）・2.75 mm（US 2／JP 2号）の5(4)本針または輪針
その他の用具：とじ針、ステッチマーカー

GAUGE／**ゲージ**

26目×40段（2.75mm針で裏メリヤス編み・10cm角、ブロッキング後）

SPECIAL ABBREVIATIONS／**特別な用語**

右上2目一度：左針の1目めに表目を編むように右針を入れて移し、2目めを表目。移した1目めを2目めにかぶせる。1目減。

PATTERN TECHNIQUES & STITCH PATTERNS／特別な用語とテクニック

KNOBBY ESTONIAN CAST-ON／ノビーエストニアンキャストオン

ノビーエストニアンキャストオン［Knobby Estonian Cast-On］はエストニアンキャストオンの一種で、コンバインドロングテールキャストオン［Combined Long-Tail Cast On］とも呼ばれる。
次のように通常の指でかける作り目［Long Tail Cast-on］とレフトスランティングロングテールキャストオン［Left-Slanting Long-Tail Cast-On］を1目ずつ交互に作る；
①始めに糸を2本引きそろえて3m測る。
②測った糸を半分に折り、もう一度半分に折り、折った位置にスリップノットを作る。スリップノットはソックヤーンとモヘヤのループが2本ずつになる。
③ソックヤーンとモヘヤ糸3本ずつ（合計6本）を左手（利き手でないほうの手）の親指に、そしてソックヤーンとモヘヤ糸1本ずつを人差し指にかける。
④ 1目めは一般的な「指でかける作り目」で作る（親指にかける糸は針から親指と人差し指の間を通して親指の後ろ側から前へと反時計回りに巻き、中指で手のひらに押さえる。親指の手前側にかかっている糸を針に引っかけて目を作る。針にかかる目は人差し指にかけた2本引きそろえの糸で、3本ずつ引きそろえた糸で下側のコブができる）。
⑤ 親指にかかった糸を時計回りに巻き替え（親指の手前から後ろへ、④とは逆の方向に巻き付ける）、親指の向こう側にかかっている糸を針に引っかけて「指でかける作り目」と同様にして2目めを作る。
⑥ ④と⑤の2通りの手順を交互に行い、必要目数を作る。

かのこ編み（輪編み）
1段め：*表目1、裏目1*、最後まで*～*をくり返す。
2段め：*裏目1、表目1*、最後まで*～*をくり返す。

ライスステッチ1（輪編み）
1段め：*裏目1、表目のねじり目1*、最後まで*～*をくり返す。
2段め：裏編み。

ライスステッチ2（輪編み）
1段め：*裏目3、表目のねじり目1*、最後まで*～*をくり返す。
2段め：裏編み。

ライスステッチ3（輪編み）
1段め：裏目3、表目のねじり目1、*裏目7、表目のねじり目1*、*～*までを残り4目までくり返し、裏目4。
2段め：裏編み。

アイ・オブ・パートリッジ・ステッチ（端の1目内側はガーター編み・往復編み）
1段め：すべり目1、裏目1、*すべり目1、表目1*、*～*を3目残るまでくり返し、すべり目1、裏目1、すべり目1。
2段め：裏編み。
3段め：すべり目1、裏目1、*表目1、すべり目1*、*～*を3目残るまでくり返し、表目1、裏目1、すべり目1。
4段め：裏編み。

CUFF／カフ

2.75mm針でノビーエストニアンキャストオンの方法で48｛56｝目作る。
2.5mm針に持ち替え、目がねじれないように輪にする。かのこ編みで9段編む。

LEG／レッグ

2.75mm針に持ち替える。
ライスステッチ1を10段編む。
ライスステッチ2を8段編む。
ライスステッチ3を8段編む。
裏編みを4段編む。

HEEL FLAP／ヒールフラップ

かかとの目として23｛27｝目を1本の針にまとめ、ヒールフラップの目を次のように分ける；
最初の3｛5｝目が裏目、次の1目はレッグからのライスステッチのねじり目部分の続きになる。このように分けることで模様を左右対称に保てる。
ヒールフラップとヒールターンは往復に編み、残りの25｛29｝目をほかの針に休ませておく。表面からアイ・オブ・パートリッジ・ステッチを24｛28｝段編む（端の1目内側はガーター編みの状態になる）。

HEEL TURN／ヒールターン

ヒールフラップの中心の目にPM。
※以下の「すべり目」はknitwise（表目を編むように右針を入れるすべり目）とpurlwise（裏目を編むように右針を入れるすべり目＝一般的な「すべり目」）を区別して編む。
1段め：すべり目1、表目12｛14｝、右上2目一度、表目1、編み地を返す。
2段め：すべり目1、裏目4、裏目の左上2目一度、裏目1、編み地を返す。
3段め：表目を編むようにすべり目1、表目5、右上2目一度、表目1、編み地を返す。
4段め：すべり目1、裏目6、裏目の左上2目一度、裏目1、編み地を返す。
5段め：表目を編むようにすべり目1、表目7、右上2目一度、表目1、編み地を返す。
6段め：すべり目1、裏目8、裏目の左上2目一度、裏目1、編み地を返す。
7段め：表目を編むようにすべり目1、表目9、右上2目一度、表目1、編み地を返す。
8段め：すべり目1、裏目10、裏目の左上2目一度、裏目1、編み地を返す。

サイズ1のみ
9段め：表目を編むようにすべり目1、表目11、右上2目一度、編み地を返す。
10段め：すべり目1、裏目11、裏目の左上2目一度、編み地を返す。

サイズ2のみ
9段め：表目を編むようにすべり目1、表目11、右上2目一度、表目1、編み地を返す。
10段め：すべり目1、裏目12、裏目の左上2目一度、裏目1、編み地を返す。
11段め：表目を編むようにすべり目1、表目13、右上2目一度、編み地を返す。
12段め：すべり目1、裏目13、裏目の左上2目一度、編み地を返す。

13｛15｝目残る。

INSTEP/GUSSET／甲からマチ

ヒールターンの目を表編み、ヒールターンの左端から1目拾い、ヒールフラップに沿って12｛14｝目拾う。
甲の目を裏編み、ヒールフラップのもう片方の端に沿って12｛14｝目拾い。ヒールターンの右端から1目拾う。左右に新たに13｛15｝目ずつ加わり、合計64｛74｝目となる。

GUSSET DECREASE／マチの減目

ここから再び輪に編む。甲の1目めのあとと最後の目の手前にPM。
1段め：裏編み。
2段め：裏編み。足底側の最後の目と甲側の最初の目を裏目の左上2目一度、甲側の最後の目と足底側の最初の目を裏目の右上2目一度に編む。
1・2段めを合計8｛9｝回編む。48｛56｝目となる。

FOOT／フット

裏編みを8｛13｝段、または足底の長さが「仕上がり寸法－9.5｛10｝cm」になるまで編む。
次のように甲と足底の全体を通してライスステッチを編む；
ライスステッチ3を8段、このとき、レッグ部分で「ねじり目」が縦に並ぶように編む。
ライスステッチ2を8段編む。
ライスステッチ1を8段編む。

TOE SHAPING／つま先のシェーピング

甲側と足底側が24｛28｝目ずつになるように編み目を分ける。
1段め（減目段）：〈足底側〉裏目1、裏目の左上2目一度、最後に3目残るまで裏編み、裏目の右上2目一度、裏目1。〈甲側〉裏目1、裏目の左上2目一度、最後に3目残るまで裏編み、裏目の右上2目一度、裏目1。4目減。
2段め：裏編み。
1・2段めを合計5回編む。28｛36｝目となる。
1段めを合計4｛5｝回編む。12｛16｝目になる。
足底側の目を片方の針に、もう片方の針には甲側の目をのせ、2本の針を合わせてメリヤスはぎではぎ合わせる。
全体を中表にして、表編みの面から好みの方法ではぎ合わせてもよい。

FINISHING／仕上げ

糸始末をしたあと、水通しをして寸法に合わせてブロッキングする。

19 RAW HONEY ROSE

バラのローハニー

SIZES／サイズ

1 {2}

FINISHED MEASUREMENTS／仕上がり寸法

周囲：18 {21.5} cm
長さ：調整可

MATERIALS／材料

糸：YOTHのMother（ランブイエメリノ種100%、503m/100g）〈MC：Raw Honey〉・〈CC1：Pomegranate〉・〈CC2：Rhubarb〉各1カセ
※かかととつま先を2本取りにして補強する場合は、MCの使用量が約37 {41} m多くなる。
針：2.25mm（US 1／JP 0または1号）の輪針
その他の用具：ステッチマーカー、とじ針

GAUGE／ゲージ

34.5目×48段(トラベリングリーフのレース模様・10cm角、ブロッキング後)

SPECIAL ABBREVIATIONS & TECHNIQUES／特別な用語とテクニック

W&T (ラップアンドターン)：引き返し編みの方法のひとつで、引き返す位置の目に編み糸を巻き付ける。表編みの段では最終目に右針を裏目を編むように入れて移し、針の間から糸を手前に移し、右針に移した目を左針に戻して編み地を返す。裏編みの段では最終目に右針を裏目を編むように入れて移し、針の間から糸を後ろに移し、右針に移した目を左針に戻して編み地を返す。

STITCH PATTERNS／模様編み

1目ゴム編み：*表目1、裏目1*、*～*までをくり返す。

ガーターリッジ・ステッチ(輪編み)
1～3段め：表編み。
4段め：裏編み。

NOTES／メモ

糸を2本取りにすることで、かかととつま先を補強できます。

CUFF ／カフ

MCで64 {72} 目作る。
マジックループ式で編めるよう編み目を半分ずつに分ける。編み始めにPM、輪にする。
1目ゴム編みで2.5cm編む。
ガーターリッジ・ステッチを2回編んだあと、チャートAのローズの編み込み模様を編む。チャートAの通りにCC1とCC2に色替えしながらチャートを1模様分(9段)編む。
編み込み模様を編み終えたところでCC1とCC2は切り、MCだけで編み進める。
次段：表編み。
次段：裏編み。
ガーターリッジ・ステッチを1模様編む。

サイズ1のみ
次段：表目30、左上2目一度、表目30、左上2目一度。2目減。62目になる。

サイズ2のみ
次段：表目35、2目の編み出し増し目、表目35、2目の編み出し増し目。2目増、74目。

チャートBのトラベリングリーフのレース模様をチャートの通りに、好みの長さになるまで編む(サンプルは作り目から15cm)。チャートの8段めまたは4段めで編み終える。

HEEL ／ヒール

後半の目だけで往復に引き返し編みをする。
準備段：表編み31 {37}。
※補強する場合はこのタイミングでMCをもう1本添えて2本取りにして編む。
1段め(表面)：裏目28 {34}、W&T。
2段め(裏面)：表目25 {31}、W&T。
3段め(表面)：ラップを巻いた目との間に1目残るまで裏編み、W&T。
4段め(裏面)：ラップを巻いた目との間に1目残るまで表編み、W&T。
3・4段めの引き返し編みをあと9 {11} 回編む。
次段(表面)：ラップを巻いた目の手前まで裏編み、W&T（ラップが2回になる)。
次段(裏面)：ラップを巻いた目の手前まで表編み、W&T（ラップが2回になる)。
次段(表面)：ラップを2回巻いた目まで(この目も含む)裏編み、W&T。
次段(裏面)：ラップを2回巻いた目まで(この目も含む)表編み、W&T。
最後の2段の引き返し編みをあと9 {11} 回編む。
針にかかっている目を最後まで裏編み。
※2本取りで補強しながら編んできた場合はここで片方の糸を切り、これ以降は1本で編む。

FOOT ／フット

※ここから再び輪に編み、チャートBのレース模様は足底側と甲側の両方を通して編む。
チャートBのレース模様を2段め(8段めで終えた場合)または6段め(4段めで終えた場合)から編み始める。
「足底の希望仕上がり寸法－4 {5} cm」になるまで編み、チャートの1段めまたは5段めで編み終える。

TOE ／つま先

※つま先を補強する場合は、ここでMCをもう1本添えて2本取りにして最後まで編む。
1段め：*裏目1、裏目の右上2目一度、最後に3目残るまで裏編み、裏目の左上2目一度、裏目1*。*～*をもう一度編む。
2段め：裏編み。
1・2段めをくり返し、11 {13} 目ずつになるまで編む。
中表にしてメリヤスはぎではぎ合わせる。

FINISHING ／仕上げ

糸始末をしたあと、水通しをして寸法に合わせてブロッキングする。

チャートA

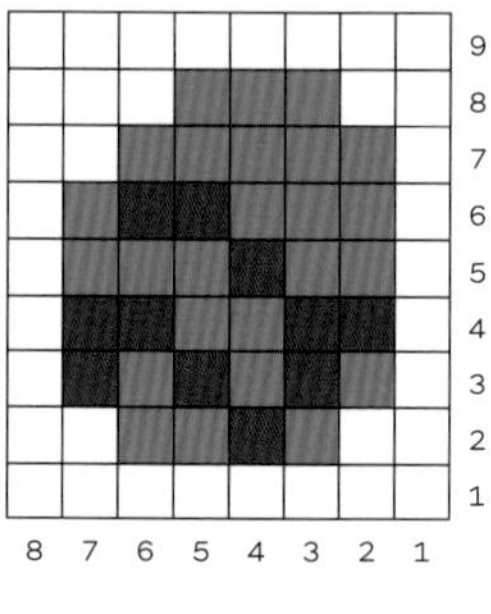

チャートB

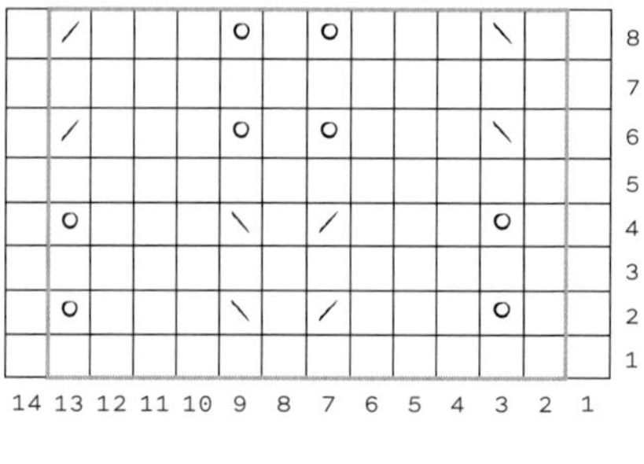

20 VEERA

ヴィーラ

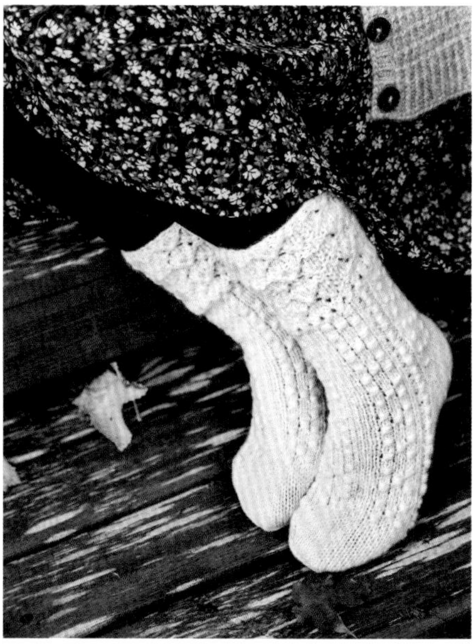

SIZES／**サイズ**

1 {2}

FINISHED MEASUREMENTS／**仕上がり寸法**

カフ周囲：26 {28} cm
レッグ周囲：22 {24} cm
フット周囲：20 {22} cm
カフからヒールの開始位置：19cm
足底長さ：調整可

MATERIALS／**材料**

糸：Ullcentrumの2-ply Sport Weight（ウール100%、300m/100g）2 {3} カセ〈Off White 0101〉
針：3mm（US 2.5／JP 3号）の5本針
その他の用具：ステッチマーカー、ホルダーまたは別糸、とじ針

GAUGE／**ゲージ**

20目×31段（メリヤス編み・10cm角、ブロッキング後）

SPECIAL ABBREVIATIONS & TECHNIQUES／
特別な用語とテクニック

WN1（ラップドヌープ1）：次のようにしてヌープを作る。
①表面で、左針の1目めと2目めの間に右針を入れる（左針の下に差し込む）。右針に時計回りに糸をかけ、手前に引き出す。
②右針にもう一度時計回りに糸をかけ、①で右針にかかったループから引き出す（左針先を使って①でできたループを右針先にかかった糸にかぶせるようにして右針から外す）。
③左針の1目め（①②で糸を巻いた目）を右針に移し、②で右針に残ったループを移した目にかぶせて右針から外す。
WN2（ラップドヌープ2）：次のようにしてヌープを作る。
①表面で、左針の2目めと3目めの間に右針を入れる（左針の下に差し込む）。右針に時計回りに糸をかけ、手前に引き出す。
②右針にもう一度時計回りに糸をかけ、①で右針にかかったループから引き出す（左針先を使って①でできたループを右針先にかかった糸にかぶせるようにして右針から外す）。
③左針の1目めと2目め（①②で糸を巻いた目）を右針に移し、②で右針に残ったループを移した2目にかぶせて右針から外す。

HERRINGBONE CAST-ON／ヘリンボーンキャストオン

ヘリンボーンキャストオンは柔軟性があり、ブレードのような表情になり靴下に最適。通常、作り始めは糸を2本取りにしてスリップノットを作り、指でかける作り目のように構える。この靴下は2本取りで(同じ糸玉の両端の糸を使って)編むため、作り目にはその倍の4本の糸を使い、次のようにして作る。作り目はきつくなりすぎないように注意する。

①糸を約250cm引き出して切り、ふたつ折りにする。糸玉の両端の糸を引き出してふたつ折りにした糸と端をそろえて持ち、端から約62cm（ふたつ折りした糸の中央)のところにスリップノットを作り、両先針にのせる。

②両先針を右手に、糸を左手に持ち、人差し指と親指を糸の間に入れて「V」を作る。このとき糸端側の4本を人差し指、糸玉につながっている2本を含む4本を親指にかける(指でかける作り目と同様にかける)。

④「指でかける作り目」と同様にして(右針先を親指にかかっているループの手前の糸の下から入れ、人差し指にかかっている糸の上から糸を引っかけて、親指のループを通るように手前に戻す）1目作る。

⑤人差し指にかかっている糸が親指にかかっている糸の下を通るようにして、人差し指と親指の糸を入れ替える。

⑥④と⑤をくり返して必要目数作る。

CAST-ON／作り目

糸を2本取りにして、122cmの長さに切る。ヘリンボーンキャストオンの方法で48 {56}目作る。編み目を4本の針(段の始まりから順にN1～N4とする)に均等に分けて、クロスオーバージョイン[Crossover Join](作り目の1目めを最後の目に通して位置を入れ替える)をして輪にする。

CUFF／カフ

表目1、裏目1、*～*をくり返す。この段を2 {2}段編む。

レース模様のチャートを3 {3}回くり返す。

表目1、裏目1、*～*をくり返す。この段を2 {1}段編む。

サイズ2のみ

次段(減目)：*表目1、裏目1*、*～*を4目残るまでくり返し、右上2目一度、裏目1、最後の目を〈N1〉に移し、次段の始めで右上2目一度に編む。54目になる。

アイレット・チャートを1模様(2段)編む。

LEG／レッグ

1段め：表目12 {13}、裏目1、表目1、裏目1、表目18 {22}、裏目1、表目1、裏目1、表目12 {13}。

2段め：表目5 {6}、WN2、表目2、WN2、表目1、裏目1、表目1、裏目1、表目1、WN2、表目2、WN2、表目4 {8}、WN2、表目2、WN2、表目1、裏目1、表目1、裏目1、表目1、WN2、表目2、WN2、表目5 {6}。

3段め：表目12 {13}、裏目1、WN1、裏目1、表目18 {22}、裏目1、WN1、裏目1、表目12 {13}。

4段め：表目7 {8}、WN2、表目3、裏目1、表目1、裏目1、表目3、WN2、表目8 {12}、WN2、表目3、裏目1、表目1、裏目1、表目3、WN2、表目7 {8}。

5段め：表目12 {13}、裏目1、WN1、裏目1、表目18 {22}、裏目1、WN1、裏目1、表目12 {13}。

6段め：2段めと同様に編む。

7段め：１段めと同様に編む。

8段め：３段めと同様に編む。

1～8段めを合計で4 {4}回編む。

減目段：くり返しの最後の段で1目残るまで編み、最後の目を右針に移し、次の針の1目めと右上2目一度に編む。47 {53}目になる。

HEEL FLAP／ヒールフラップ

糸を切る。

〈N2〉と〈N3〉の24 {28}目(甲側の目)をホルダーに移す。

次に〈N1〉の目を〈N4〉へ移す(かかとの目)。

糸を付け直し、次段からはかかとの23 {25}目を往復編みする。

1段め：すべり目(裏目を編むように右針を入れる)、*表目1、裏目1*、*～*を最後までくり返す。編み地を返す。

2段め：すべり目(裏目を編むように右針を入れる)、*裏目1、表目1*、*～*を最後までくり返す。編み地を返す。

※奇数段では最初のすべり目をしてから糸を編み地の後ろへ移して次の目を編み、偶数段では糸を編み地の後ろへおいたまま最初のすべり目をして次の目を編む。こうすると端にコブができず、端目が表目の形になる。

1・2段めを合計11 {12}回編み、最後は裏面の段で編み終える。

TURN HEEL／ヒールターン

真ん中の12 {13}目めにPM。

1段め(表面)：*裏目1、表目1*、*～*をくり返し、マーカーの3 {4}目先まで編む。ここまで編んだ目数は15 {16}目。右上2目一度、編み地を返す。

2段め(裏面)：すべり目1(裏目を編むように右針を入れる)、*表目1、裏目1*、次の5 {7}目で*～*をくり返し、裏目の左上2目一度、編み地を返す。

3段め：すべり目1(表目を編むように右針を入れる)、*裏目1、表目1*、次の5 {7}目で*～*をくり返し、右上2目一度、編み地を返す。

4段め：すべり目1(裏目を編むように右針を入れる)、*表目1、裏目1*、次の5 {7}目で*～*をくり返し、裏目の左上2目一度、編み地を返す。

3・4段めをくり返し、すべての目を裏面の段で編み終える。9 {11}目残る。

GUSSET／マチ

甲側の目を針に戻し、ここから再び輪に編む。

かかとの目を〈N1〉に5 {6}目、〈N4〉に4 {5}目になるように分ける。マーカーを外す。

糸を切り、〈N1〉の始めに付け直す。

再びレッグの後ろを段の始めとする。

※マチを1段編んだあとにラップドヌープ・パターンの最初の段から編み始める。

1段め：〈N1〉右上2目一度、残りの3 {4}目を表編み、ヒールフラップの端から11 {12}目拾う。〈N2〉裏目1、表目1、裏目1、最後まで表編み。〈N3〉3目残るまで表編み、裏目1、表目1、裏目1。〈N4〉ヒールフラップの端から11 {12}目拾い、残りの4 {5}目を表編み。

〈N1〉と〈N4〉には15 {17}目、〈N2〉と〈N3〉には12 {14}目、合計で54 {62}目になる。

2段め(減目段)：〈N1〉に3目残るまで表編み、左上2目一度、表目1。〈N2～N3〉裏目1、表目1、裏目1、表目1、WN2、表目2、WN2、表目4 {8}、WN2、表目2、WN2、表目1、裏目1、表目1、裏目1。〈N4〉表目1、ねじり目の右上2目一度、最後まで表編み。

3段め：表目14 {16}、裏目1、WN1、裏目1、表目18 {22}、裏目1、WN1、裏目1、最後まで表編み。

4段め(減目段)：〈N1〉に3目残るまで表編み、左上2目一度、表目1。〈N2～N3〉裏目1、表目1、裏目1、表目3、WN2、表目8 {12}、WN2、表目3、裏目1、表目1、裏目1。〈N4〉表目1、ねじり目の右上2目一度、最後まで表編み。

5段め：表目13 {15}、裏目1、WN1、裏目1、表目18 {22}、裏目1、WN1、裏目1、最後ま

で表編み。

6段め（減目段）：〈N1〉に3目残るまで表編み、左上2目一度、表目1。〈N2～N3〉裏目1、表目1、裏目1、表目1、WN2、表目2、WN2、表目4｛8｝、WN2、表目2、WN2、表目1、裏目1、表目1、裏目1。〈N4〉表目1、ねじり目の右上2目一度、最後まで表編み。

7段め：表目12｛14｝、裏目1、表目1、裏目1、表目18｛22｝、裏目1、表目1、裏目1、最後まで表編み。

8段め（減目段）：〈N1〉に3目残るまで表編み、左上2目一度、表目1。〈N2～N3〉裏目1、WN1、裏目1、表目18｛22｝、裏目1、WN1、裏目1。〈N4〉表目1、ねじり目の右上2目一度、最後まで表編み。46｛54｝目になる。

FOOT／フット

1段め：表目11｛13｝、裏目1、表目1、裏目1、表目18｛22｝、裏目1、表目1、裏目1、表目11｛13｝。

サイズ1のみ

2段め：表目11、裏目1、表目1、裏目1、表目1、WN2、表目2、WN2、表目4、WN2、表目2、WN2、表目1、裏目1、表目1、裏目1、表目11。

サイズ2のみ

2段め：〈N1〉に3目残るまで表編み、左上2目一度、表目1。〈N2～N3〉裏目1、表目1、裏目1、表目1、WN2、表目2、WN2、表目8、WN2、表目2、WN2、表目1、裏目1、表目1、裏目1。〈N4〉表目1、ねじり目の左上2目一度、最後まで表編み。52目残る。

〈N1〉と〈N4〉には11｛12｝目ずつ、〈N2〉と〈N3〉には12｛14｝目ずつになる。

サイズ1・2共通

3段め：表目11｛12｝、裏目1、WN1、裏目1、表目18｛22｝、裏目1、WN1、裏目1、表目11｛12｝。

4段め：表目11｛12｝、裏目1、表目1、裏目1、表目3、WN2、表目8｛12｝、WN2、表目3、裏目1、表目1、裏目1、表目11｛12｝。

5段め：表目11｛12｝、裏目1、WN1、裏目1、表目18｛22｝、裏目1、WN1、裏目1、表目11｛12｝。

6段め：表目11｛12｝、裏目1、表目1、裏目1、表目1、WN2、表目2、WN2、表目4｛8｝、WN2、表目2、WN2、表目1、裏目1、表目1、裏目1、表目11｛12｝。

7段め：表目11｛12｝、裏目1、表目1、裏目1、表目18｛22｝、裏目1、表目1、裏目1、表目11｛12｝。

8段め：表目11｛12｝、裏目1、WN1、裏目1、表目18｛22｝、裏目1、WN1、裏目1、表目11｛12｝。

1～8段めをあと4｛5｝回くり返す。

1段めをもう一度編み、表編みで3段編む。

※フット部分を長く編む場合は表編みの段数を増やす。

TOE／つま先

〈N1〉に10｛11｝目、〈N2〉に13｛15｝目、〈N3〉に13｛15｝目、〈N4〉に10｛11｝目になるように編み目を分ける。

1段め：〈N1〉2目残るまで表編み、残る2目に表目を編むように針を入れて右針に移し、〈N2〉から表目1、右針に移しておいた2目を編んだ目にかぶせて残った目はN1へ。〈N2〉最初の2目を右上2目一度、最後まで表編み。〈N3〉4目残るまで表編み、右上2目一度、残る2目に表目を編むように針を入れて右針に移す。〈N4〉表目1、右針に移しておいた2目を編んだ目にかぶせて残った目はN3へ。最後まで表編み。40｛46｝目残る。

2段め：表編み。

3段め：1段めと同様に編む。34｛40｝目残る。

4段め：表編み。

サイズ2のみ

3・4段めをもう一度編む。34目残る。

サイズ1・2共通

5段め：〈N1〉に2目残るまで表編み、残る2目に表目を編むように針を入れて右針に移し、〈N2〉から表目1、右針に移しておいた2目を編んだ目にかぶせて残った目は〈N1〉へ。〈N2〉すべて表編み。〈N3〉2目残るまで表編み、残る2目に表目を編むように針を入れて右針に移し、〈N4〉から表目1、右針に移しておいた2目を編んだ目にかぶせて残った目は〈N3〉へ。〈N4〉最後まで表編み。30目残る。

6段め：表編み。

5・6段めをもう一度編む。26目残る。

5段めを4回くり返す。残り10目になる。

FINISHING／仕上げ

糸を切り、糸端を残りの目に通してしっかり絞る。糸始末をしたあと、水通しをして寸法に合わせてブロッキングする。

レース模様

	8	7	6	5	4	3	2	1
9	•		•		•		•	
8	•		•		•		•	
7	＼	○				○	／	•
6								
5		＼	○		○	／		•
4								
3			○	Λ	○			•
2								
1		○	／		＼	○		•

アイレット模様

	8	7	6	5	4	3	2	1
2								
1	○	ン	○	ン	○	ン	○	ン

□	表目
•	裏目
○	かけ目
／	左上2目一度
＼	右上2目一度
Λ	右上3目一度
ン	裏目の左上2目一度

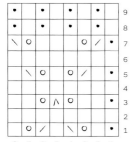

21 ELVE SLIPPERS

エルヴ・スリッパ

SIZES／サイズ

1 {2}

FINISHED MEASUREMENTS／仕上がり寸法

フット周囲：21.5cm
足底長さ：22.5～23.5 {24.5～25.5} cm

MATERIALS／材料

糸：Limmo Designの3-ply Ullgarn（ウール100%、108m/50g）〈MC：103〉・〈CC：Åska〉各1カセ
針：3.25mm（US 3／JP 4号）の5本針
その他の用具：ステッチマーカー1個、とじ針、別糸またはホルダー

GAUGE／ゲージ

28目×26段（カラーワーク・10cm角、ブロッキング後）

HEEL／ヒール

作り目で色替えするときには、使用しない糸は切らずに休ませ、新しく使う糸を休ませている糸の間から持ち上げて使う。
増し目はつねにMCの糸で行う。
ジュディーズマジックキャストオン［Judy's Magic Cast-On］の方法で、*MCで各針に2目作り、CCで1目ずつ作る*、*～*をあと4回くり返す。
MCでさらに2目ずつ作る。
各針に17目ずつ、合計34目になる。
作り目はチャートAの1段めに当たる。
段の始めにPM。
編み目を4本の針（段の始めから順にN1～N4とする）に均等に分ける。
チャートAの1～19段めを編む。26目増。合計60目になる。マーカーを外す。

OPENING FOR FOOT／履き口

チャートBの1目めを編み、次の29目を別糸またはホルダーに移す。チャートBの1段めの次の29目を作り目する。新たに段の始めとしてPM。
各針15目になるように編み目を分け直す。合計60目になる。
チャートBの2段めをくり返しながら、段の最後まで編む。
続けてチャートBの通りに段を編み進め、かかとの編み始めから18～19｛20～21｝cm、または「足底の仕上がり寸法－4.5cm」になるまで編む。

DECREASES／減目

減目段はチャートBの1段めで始めるとよい。
減目はすべてMCで行う。
チャートBの模様を編みながら、左右の端で次のように減目する；
1段め：〈N1〉・〈N3〉表目1、右上2目一度、最後まで模様編み。〈N2〉・〈N4〉最後に2目残るまで模様編み、左上2目一度。4目減。
2段め：模様編みの続きを編む。
1・2段めをあと3回編む。16目減り、44目になる。
1段めをあと4回くり返す。16目減り、28目になる。
つま先の最後の減目段：段の始めのマーカーの手前の2目とあとの3目を別針に移す。〈N2〉の目をすべて〈N1〉に移す。以降〈N1〉と呼ぶ。
〈N3〉の目をすべて〈N4〉に移す。以降〈N2〉と呼ぶ。移し替えたら、次のように編む。
〈別針の目〉*糸を編み地の後ろに渡し、(MCで) 左上2目一度、(CCで) 表目1、(MCで) 右上2目一度、〈N1〉から1目別針に移し、〈N2〉からも1目別針に移す（別針には5目）。*
残りの目数が6目になるまで*～*をくり返す。
〈N1〉と〈N2〉に残った3目ずつを1本の針にのせる。
糸をすべて切る。
別針に移した目と残りの3目をMCの目はMCの糸で、CCの目はCCの糸ではぎ合わせる。

I-CORD EDGE／アイコード・エジング

ホルダーに移しておいた目を両先針に移す。
MCの糸で、作り目の端から29目拾う。
両端の編み地の境目から1目ずつ拾う。
段の始めにPM、1段表編み。
巻き増し目で4目増やし、左針に移す。
次のようにアイコードバインドオフ［i-cord BO］で止める；
表目3、ねじり目の左上2目一度。右針の4目を左針に戻す。
*～*を段の終わりまでくり返す。
最後に残った4目を巻き増し目の4目とはぎ合わせる。

FINISHING／仕上げ

糸始末をしたあと、水通しをして寸法に合わせてブロッキングする。

チャートB

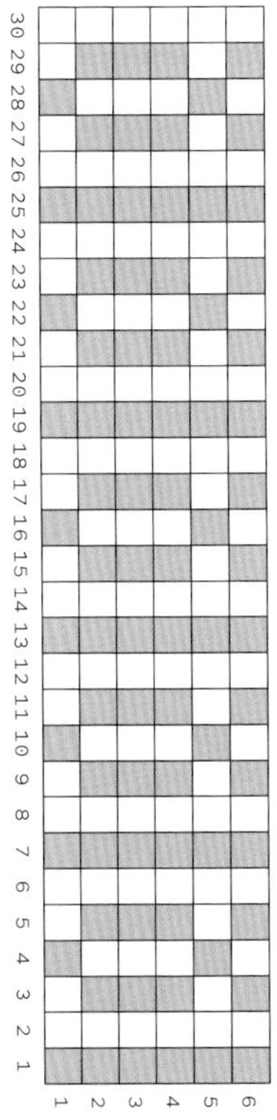

チャートA

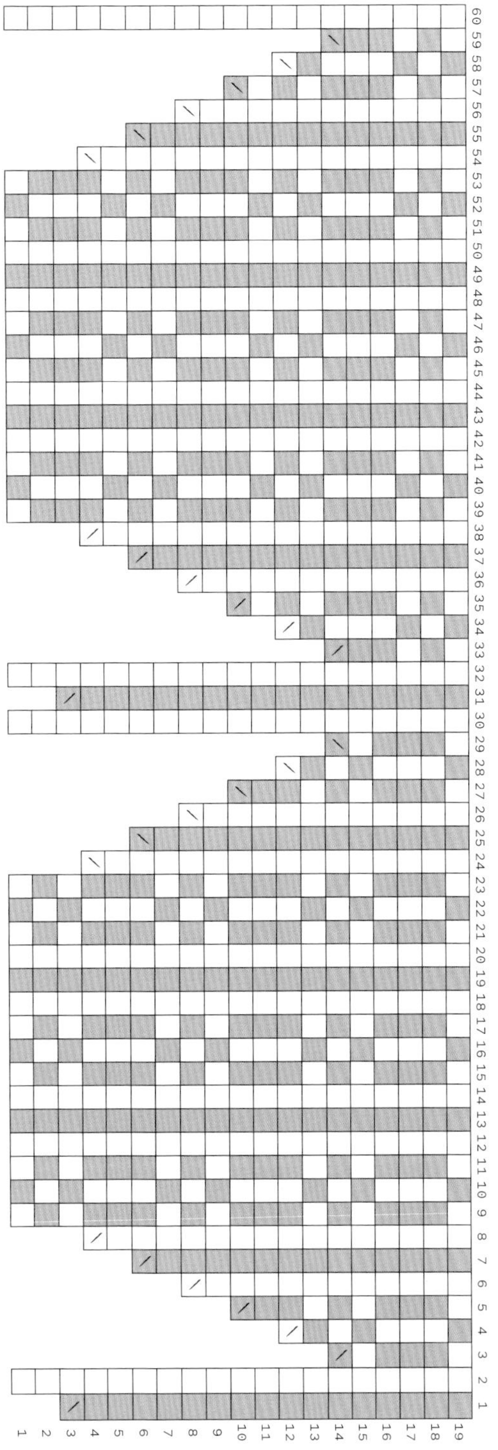

■	CC
□	MC
／	右ねじり増し目
＼	左ねじり増し目

22 BEMBE

ベンベ

SIZES ／サイズ

1 {2}

FINISHED MEASUREMENTS ／仕上がり寸法

フット周囲：20 {23} cm
レッグ周囲：19 {21.5} cm
長さ：調整可

MATERIALS ／材料

糸：Quince & Co. の Finch（アメリカ産ウール100%、202m/50g）2カセ〈Fox〉
針：2.0mm（US 0／JP 0号）と2.25mm（US 1／JP 0または1号）の輪針
その他の用具：ブロッキング用ツール、ステッチマーカー、とじ針

GAUGE ／ゲージ

32目×40段（2.25 mm針でメリヤス編み・10cm角、ブロッキング後）

NOTES ／メモ

チャートは該当するサイズのものを使用してください。

CUFF ／カフ

2.0 mm針でジャーマンツイステッドキャストオン［German Twisted Cast-On］の方法で60 {68} 目作り、30 {34} 目ずつに分けて輪にする。
1段め：1目ゴム編み（「表目1、裏目1」のくり返し）で最後まで編む。
上記の段をあと9段編む。
2.25mm針に持ち替える。

LEG ／レッグ

11段め：裏編み。
チャートの通りに編み始める。1段でチャートの模様を2回、前側と後ろ側で30 {34} 目ずつ編む。
チャートの58 {66} 段めまで編む。
次段：甲側の30 {34} 目を表編み。
次からは、残りの30 {34} 目でヒールフラップを往復に編む。

HEEL FLAP ／ヒールフラップ

1段め（表面）：*すべり目1、表目1* を最後までくり返す。編み地を返す。
2段め（裏面）：すべり目1、最後まで裏編み。編み地を返す。
1・2段めをくり返しながら30 {34} 段編む。もしくはヒールフラップの左右の端のすべり目が15 {17} 目になるまで（またはヒールフラップが好みの長さになるまで）編み、最後は裏面で編み終える。

HEEL TURN ／ヒールターン

1段め（表面）：すべり目1、表目16 {18}、右上2目一度、表目1、編み地を返す。
2段め（裏面）：すべり目1、裏目5、裏目の左上2目一度、裏目1、編み地を返す。
3段め（表面）：すべり目1、段差との間に1目残るまで表編み、右上2目一度、表目1、編み地を返す。
4段め（裏面）：すべり目1、段差との間に1目残るまで裏編み、裏目の左上2目一度、裏目1、編み地を返す。
3・4段めくり返し、すべての目を編み終える。
残り18 {20} 目になり、最後は裏面の段で編み終える。

GUSSET ／マチ

準備段：かかとの18 {20} 目を表編み。続けてヒールフラップの端のすべり目に沿って16 {18} 目拾う。ここまでの34 {38} 目を〈N1〉とする。甲側の30 {34} 目を表編み、PM。ヒールフラップの端のすべり目に沿って16 {18} 目拾う。ここまでの46 {52} 目を〈N2〉とする。合計80 {90} 目。

マチの減目を始める
1段め：〈N1〉残り3目になるまで表編み、左上2目一度、表目1。〈N2〉マーカーまで編む、SM、表目1、右上2目一度、最後まで表編み。2目減。
2段め：表編み。
1・2段めをくり返しながら目数が60 {68} 目になるまで編む。
30 {34} 目ずつになるように分け直し、ここからは甲側を〈N1〉とする。

FOOT ／フット

足底の長さが「希望仕上がり寸法－6 {7} cm」になるまでメリヤス編み。

TOE ／つま先

1段め：〈N1〉表目1、右上2目一度、3目残るまで表編み、左上2目一度、表目1。〈N2〉表目1、右上2目一度、3目残るまで表編み、左上2目一度、表目1。4目減。
2・3段め：表編み。
1～3段めをくり返し、〈N1〉と〈N2〉の目数が18目ずつになるまで編む。
次に1・2段めをくり返し、〈N1〉と〈N2〉が12 {14} 目ずつになるまで編む。

FINISHING ／仕上げ

糸端を約30.5 cm残して糸を切り、メリヤスはぎではぎ合わせる。
糸始末をしたあと、水通しをして寸法に合わせてブロッキングする。

サイズ1用

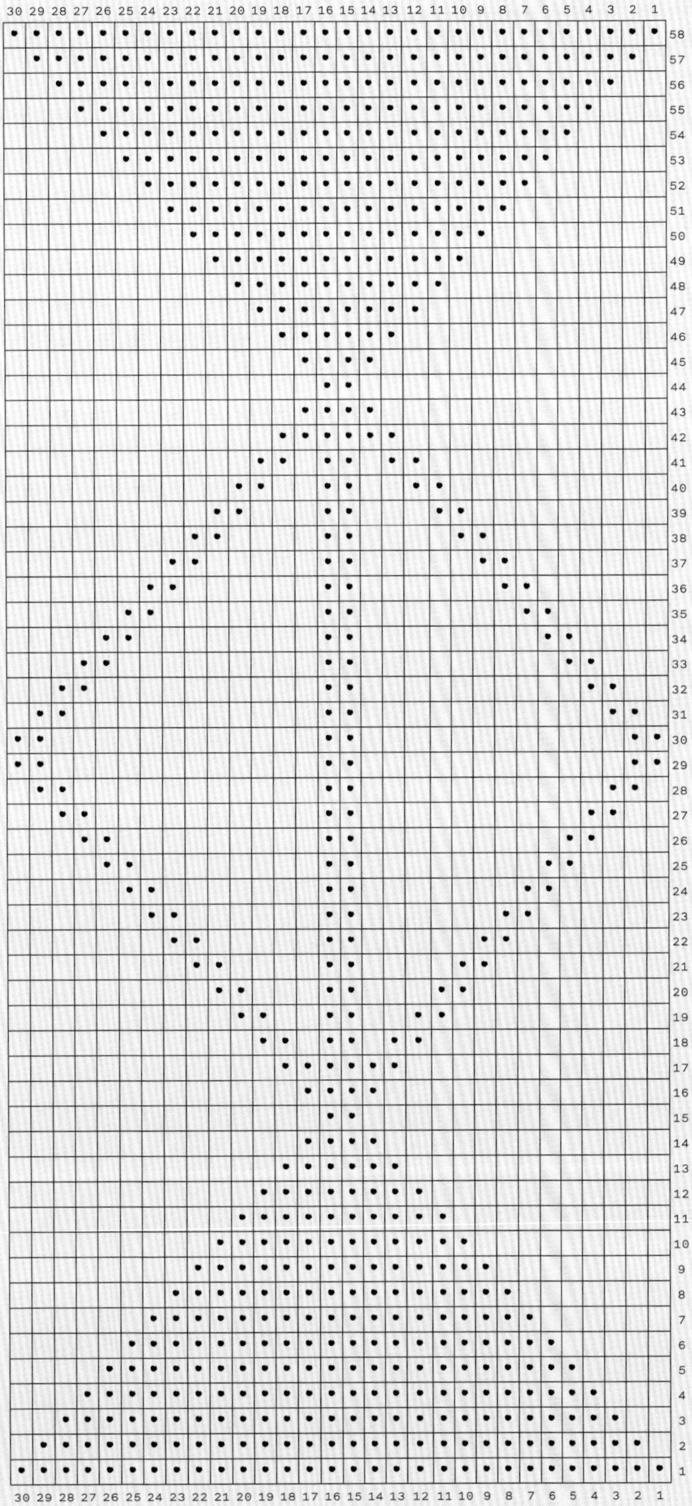

□ 表目

⊡ 裏目

サイズ2用

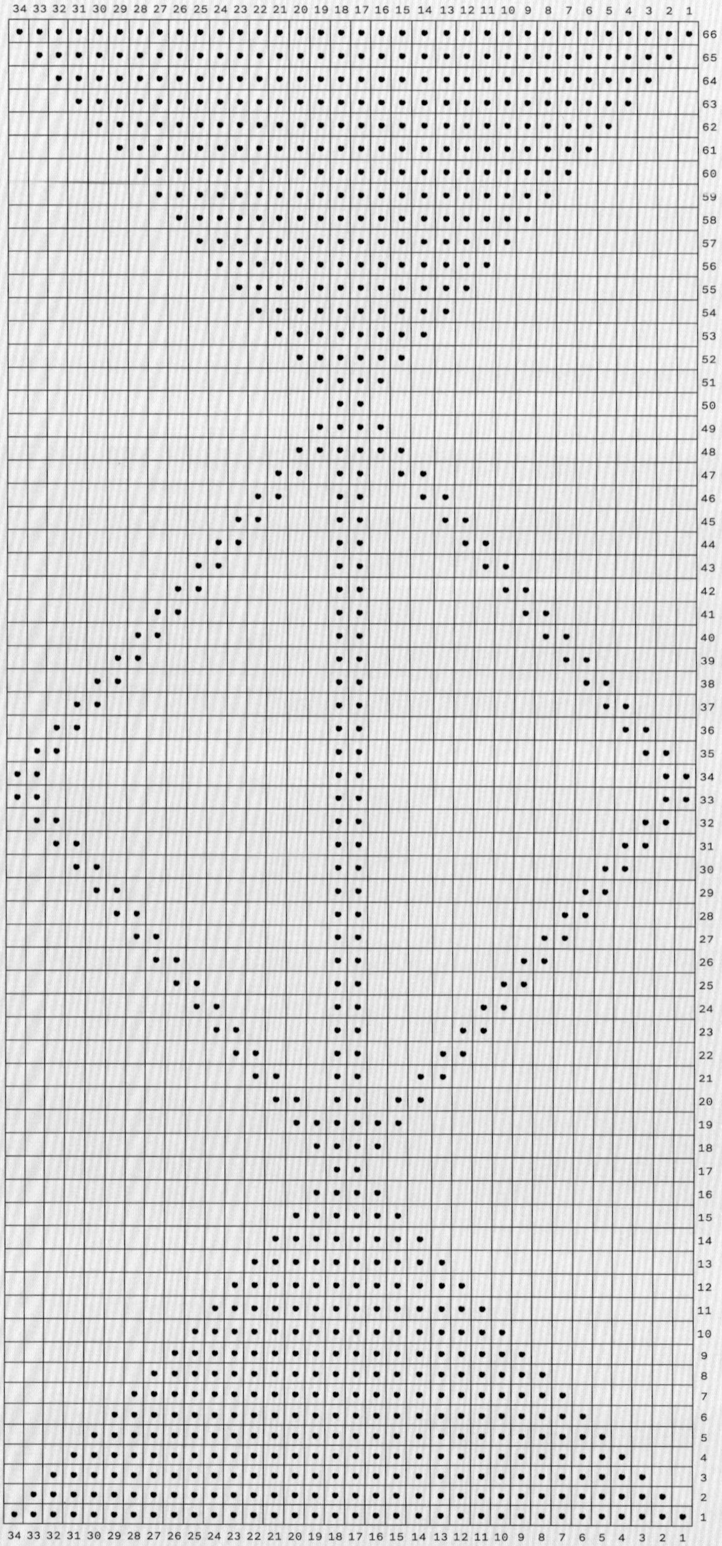

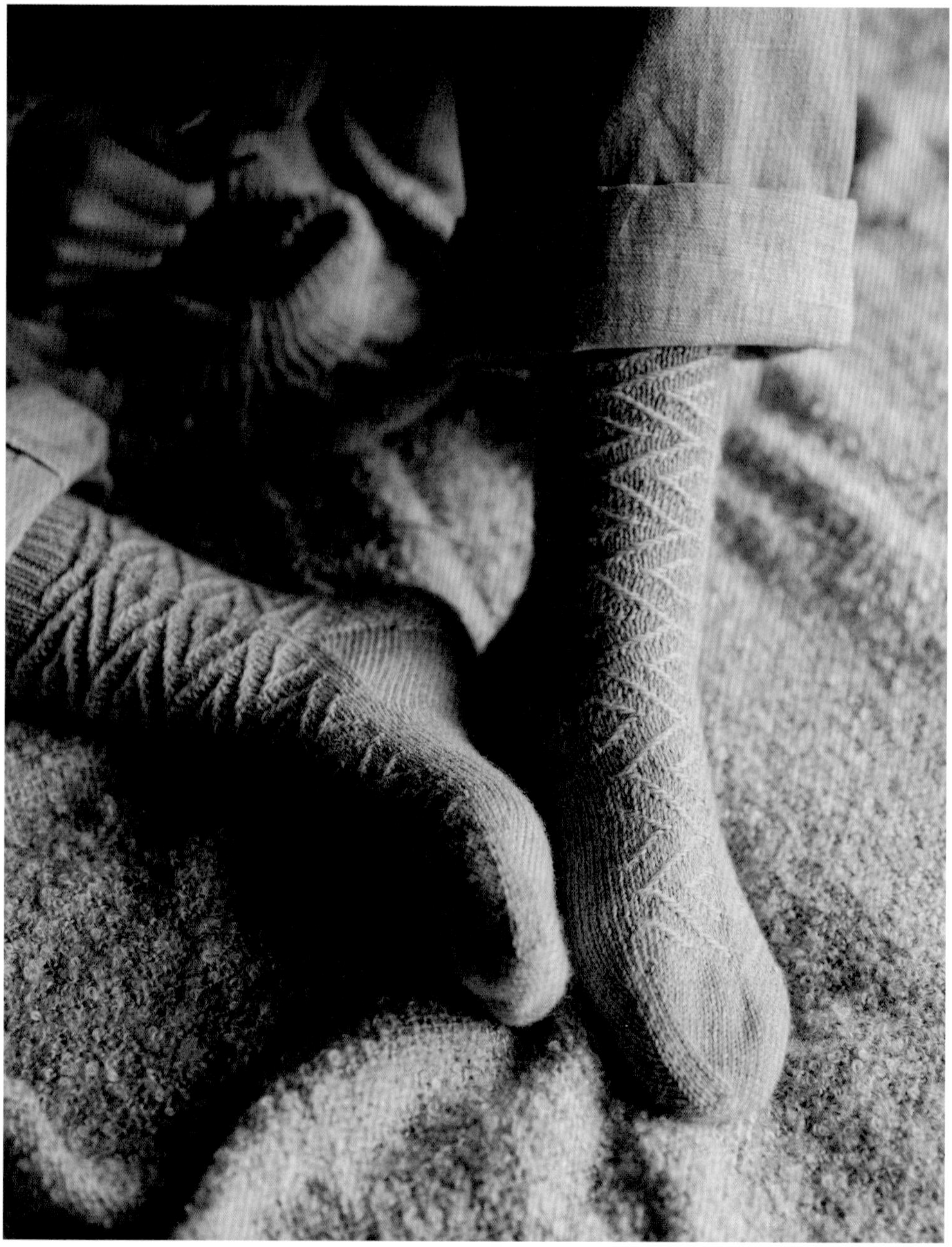

23 STONE

石

SIZES／**サイズ**

1 {2}

FINISHED MEASUREMENTS／**仕上がり寸法**

カフからかかとの上端までの長さ：14.5 {16} cm
レッグ周囲：19.5 {20.5} cm
フット周囲：20 {21.5} cm

MATERIALS／**材料**

糸：FilcolanaのArwetta Classic（スーパーウォッシュメリノ80%・ナイロン20%、210m/50g）2カセ〈971〉
針：2.5mm（US 1.5／JP 1号）の5（4）本針または輪針
その他の用具：ステッチマーカー1個、とじ針

GAUGE／**ゲージ**

32目×46段（メリヤス編み・10cm角、ブロッキング後）

CUFF／カフ

指でかける作り目またはジャーマンツイステッドキャストオン［German Twisted Cast-on］で63 {66}目作り、編み目を分ける（サイズ1は33目と30目、サイズ2は33目ずつ）。
編み目がねじれないように輪にする。
1段め：*表目2、裏目1*、*〜*をくり返す。
上記の段をあと14回、またはリブ編みが約3.5cmになるまでくり返す。

LEG／レッグ

準備段
サイズ1のみ
表目62、左ねじり増し目、表目1。64目になる。

サイズ2のみ
表目32、左ねじり増し目、表目33、左ねじり増し目、表目1。68目になる。

編み目を2本の針に均等に32 {34}目ずつ分ける。
チャートの模様を編み始める。模様は1段で2回編む。
模様編みの1〜22 {1〜24}段めを3回編み、1段めをもう一度編む。

HEEL FLAP／ヒールフラップ

（裏面）：編み地を返し、浮き目1、裏目31 {33}。
ヒールフラップはこの32 {34}目を往復に編む。編むほうの目を〈N1〉、休ませるほうの目を〈N2〉と呼ぶ。

サイズ2のみ
（表面）：*すべり目1、表目1*、*〜*をくり返す。
（裏面）：すべり目1、裏目33。

サイズ1・2共通
表面①：すべり目1、*すべり目1、表目1*、*〜*を1目残るまでくり返す、表目1。
裏面①：すべり目1、裏目31 {33}。
表面②：*すべり目1、表目1*、*〜*をくり返す。
裏面②：すべり目1、裏目31 {33}。
上記の4段をあと6回編み、どちらのサイズも表面①と裏面①をもう一度編む。

HEEL TURN／ヒールターン

（表面）：すべり目1、*表目1、すべり目1*、*〜*を8 {9}回くり返し、右上2目一度、表目1、編み地を返す。
（裏面）：すべり目1、裏目3 {5}、裏目の左上2目一度、裏目1、編み地を返す。
（表面）：すべり目1、*表目1、すべり目1*、*〜*を2 {3}回くり返し、右上2目一度、表目1、編み地を返す。
（裏面）：すべり目1、裏目5 {7}、裏目の左上2目一度、裏目1、編み地を返す。
（表面）：すべり目1、*表目1、すべり目1*、*〜*を3 {4}回くり返し、右上2目一度、表目1、編み地を返す。
（裏面）：すべり目1、裏目7 {9}、裏目の左上2目一度、裏目1、編み地を返す。
（表面）：すべり目1、*表目1、すべり目1*、*〜*を4 {5}回くり返し、右上2目一度、表目1、編み地を返す。
（裏面）：すべり目1、裏目9 {11}、裏目の左上2目一度、裏目1、編み地を返す。
（表面）：すべり目1、*表目1、すべり目1*、*〜*を5 {6}回くり返し、右上2目一度、表目1、編み地を返す。
（裏面）：すべり目1、裏目11 {13}、裏目の左上2目一度、裏目1、編み地を返す。
（表面）：すべり目1、*表目1、すべり目1*、*〜*を6 {7}回くり返し、右上2目一度、表目1、編み地を返す。
（裏面）：すべり目1、裏目13 {15}、裏目の左上2目一度、裏目1、編み地を返す。
（表面）：すべり目1、*表目1、すべり目1*、*〜*を7 {8}回くり返し、右上2目一度、表目1、編み地を返す。
（裏面）：すべり目1、裏目15 {17}、裏目の左上2目一度、裏目1、編み地を返す。

GUSSET／マチ

次段からは再び輪に編む。
〈N2〉は甲側となり、チャートの2段めから編む。
1段め：〈N1〉すべり目1、*表目1、すべり目1*、*〜*を8 {9}回編み、表目1、ヒールフラップ端のすべり目に沿って17 {18}目拾い、マチの角から1目拾う。18 {19}目増。〈N2〉チャートの2段めから編み始める。〈N1〉マチの角から1目、ヒールフラップ端のすべり目に沿って17 {18}目拾う。18 {19}目増。PM。以後はここを段の始めとする。
2段め：〈N1〉表目33 {36}、左上2目一度、表目1。〈N2〉前段までのように編む。〈N1〉表目1、右上2目一度、表目15 {16}。
3段め：〈N1〉表編み。〈N2〉前段までのように編む。〈N1〉表編み。
4段め：〈N1〉次の針との間に3目残るまで表編み、左上2目一度、表目1。〈N2〉前段までのように編む。〈N1〉表目1、右上2目一度、最後まで表編み。
5〜22 {5〜24}段め：3・4段めをあと9 {10}回編む。64 {68}目になる。

FOOT／フット

〈N2〉（甲側）は前段までのように編み、〈N1〉はメリヤス編み。甲側でチャートの模様を2回終わるまで同様に編み続ける（模様1回めの1段めはマチの最後に編んでいるのでここでは編まない）。最後は〈N2〉の目を編んで終わる。甲側は足底側より少し短くなるが、これはブロッキングすると落ち着く。

TOE／つま先

1段め：表編み。
2段め：*表目1、右上2目一度、次の針との間に3目残るまで表編み、左上2目一度、表目1*、*〜*を最後までくり返す。
3〜5段め：表編み。
6段め：2段めと同様に編む。
7・8段め：表編み。
9段め：2段めと同様に編む。
10・11段め：表編み。
12段め：2段めと同様に編む。
13段め：表編み。
12・13段めをあと5 {6}回、12段めを3回編む。16目になる。

FINISHING／仕上げ

糸端を約30.5 cm残して糸を切り、甲側と足底側の残った目をメリヤスはぎではぎ合わせる。
糸始末をしたあと、水通しをして寸法に合わせてブロッキングする。

模様編み（サイズ1）

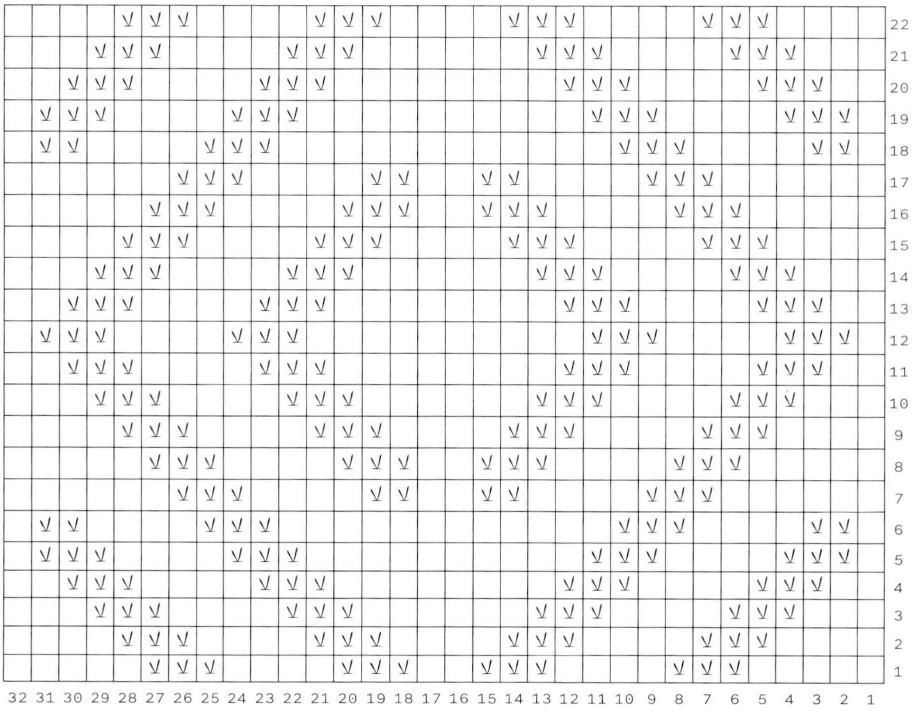

□	表目
V	浮き目

模様編み（サイズ2）

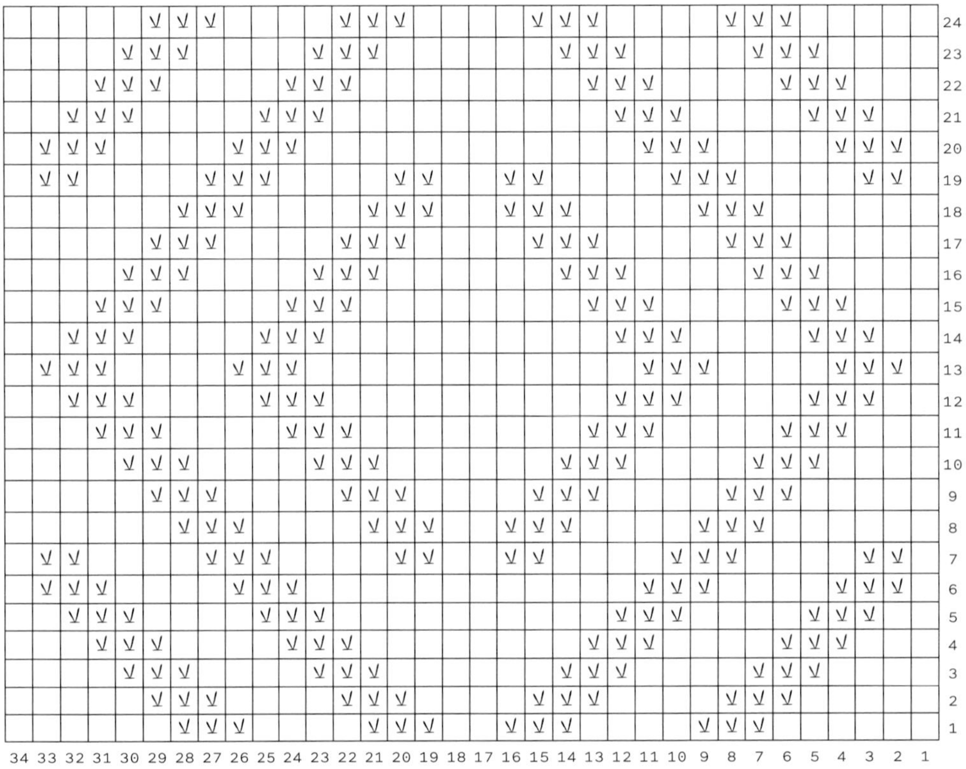

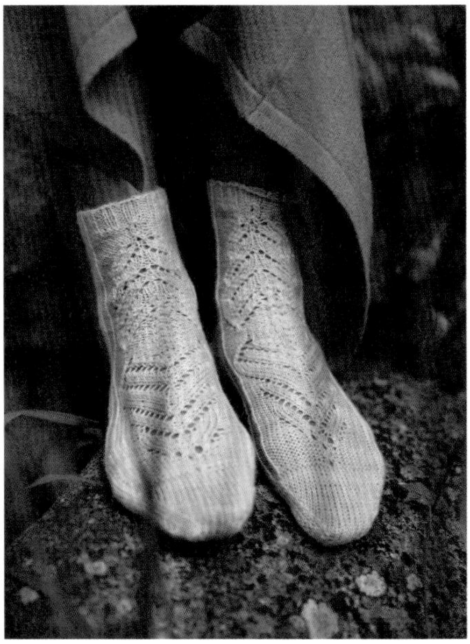

24 KUNTUM

小花

SIZES／サイズ

1 {2}

FINISHED MEASUREMENTS／仕上がり寸法

フット／レッグ周囲：20.5 {22} cm
足底長さ：調整可

MATERIALS／材料

糸：Papiput YarnのTough Sock（スーパーウォッシュメリノ75%・ナイロン25%、400m/100g）1カセ〈Dermaga〉
針：2.5mm（US 1.5／JP 1号）の5（4）本針または輪針
その他の用具：ステッチマーカー3個（1個は色違いまたは種類の違うものを使うとよい）、ホルダーまたは別糸、とじ針

GAUGE／ゲージ

30目×42段（メリヤス編み・10cm角、ブロッキング後）

SPECIAL ABBREVIATIONS／特別な用語

左目に通すノット（3目）：左針の3目めを手前の2目にかぶせ、左針の1目めから「表目1、かけ目、表目1」と編む。
ねじり目の右上3目一度：1目めに裏目を編むように右針を入れて移し、次の2目を一度に編み、右針に移した目を編んだ目にかぶせる。（2目減）

LEG ／レッグ

作り目62 {66}目。編み目を均等に分けて、段の始めにマーカーを入れて目がねじれないように輪にする。

リブ編み：[表目1 {2}、裏目2、表目のねじり目1、*裏目2、表目2*を2回、裏目2、表目3、*裏目2、表目2*を2回、裏目2、表目のねじり目1、裏目2、表目1 {2}]、[ ]をもう1回編む。

リブ編みをあと8 {10}段編む。

準備段1〜4段め：〈前側〉表目1 {2}、裏目2、表目のねじり目1、チャート1（1〜4段め）を編む、表目のねじり目1、裏目2、表目1 {2}。〈後ろ側〉リブ編み。

準備段5・6段め：〈前側〉表目1 {2}、裏目2、表目のねじり目1、チャート1（1・2段め）を編む、表目のねじり目1、裏目2、表目1 {2}。〈後ろ側〉リブ編み。

1〜46段め：〈前側〉表目1 {2}、裏目2、表目のねじり目1、PM（1段めのみ。以降はSM）、チャート2（1〜46段め）を編む、PM（1段めのみ。以降はSM）、表目のねじり目1、裏目2、表目1 {2}。〈後ろ側〉リブ編み。

HEEL FLAP ／ヒールフラップ

甲側の31 {33}目をホルダーまたは別糸に移して休ませ、段の始めのマーカーを外す。

後ろ側の31 {33}目だけで往復に編む。

1段め（裏面）：浮き目1、最後までリブ編み。

2段め（表面）：すべり目1、最後までリブ編み。

1・2段めを合計13 {14}回編む。裏面をもう一度編む。

HEEL TURN ／ヒールターン

1段め（表面）：すべり目1、表目17 {19}、右上2目一度、表目1、編み地を返す。

2段め（裏面）：浮き目1、裏目6 {8}、裏目の左上2目一度、裏目1、編み地を返す。

3段め（表面）：すべり目1、段差との間に1目残るまで表編み、右上2目一度、表目1、編み地を返す。

4段め（裏面）：浮き目1、段差との間に1目残るまで裏編み、裏目の左上2目一度、裏目1、編み地を返す。

3・4段めをくり返しながらすべての目を編み終える。19 {21}目残る。

GUSSET ／マチ

甲側の31 {33}目を針に戻し、続けて次のように編む。ここからは再び輪に編む；

準備段：表目19 {21}、ヒールフラップの端に沿ってすべり目から13 {14}目拾う、表目1 {2}、裏目2、表目のねじり目1、SM、チャート1の3段めを編む、SM、表目のねじり目1、裏目2、表目1 {2}、ヒールフラップの端に沿ってすべり目から13 {14}目拾う、表目9 {10}。段の始めのマーカーを入れる。

目数は合計76 {82}目になる。

次のように減目段を2段ごとに編む；

1段め：甲側の3目手前まで表編み、左上2目一度、表目2 {3}、裏目2、表目のねじり目1、SM、チャート1の次の段を編む、SM、表目のねじり目1、裏目2、表目2 {3}、右上2目一度、最後まで表編み。

2段め：減目をせずに目なりに、甲側はチャート1を続けて編む。

1・2段めを合計3 {5}回編む。甲側はチャート1（1〜4段め）を続ける。

70 {72}目になり、甲側はチャート1の2段めで編み終わる。

2段ごとに減目段を編みながら、甲はチャート3（1〜48段）を次のように編む；

1段め：甲側の目が3目残るまで表編み、左上2目一度、表目2 {3}、裏目2、表目のねじり目1、マーカーを外す、チャート3を編む、マーカーを外す、表目のねじり目1、裏目2、表目2 {3}、右上2目一度、最後まで表編み。

2段め：減目をせずに前段のように編む。

1・2段めを合計4 {3}回編む。62 {66}目になる。

FOOT ／フット

甲側のチャート部分はチャート3を続けて48段まで編み、それ以外の目は目なりに編む。

その後、チャート1（1〜4段め）を1回、そして1・2段めをもう一度編む。

フットを長く編むには、チャート1をさらに編み、2段めまたは4段めで編み終える。

TOE ／つま先

段の始めのマーカーを外す。

足底側の最後の目まで表編み。PM。ここを新たに段の始めとする。

1段め：表目1、右上2目一度、甲側に3目残るまで表編み、左上2目一度、表目2、右上2目一度、足底側に3目残るまで表編み、左上2目一度、表目1。

2段め：減目をせずに目なりに編む。

1・2段めをくり返し、足底側と甲側に9目ずつ残るまで編む。

FINISHING ／仕上げ

糸端を約16.5cm残して糸を切り、甲側と足底側の残った目をメリヤスはぎではぎ合わせる。

糸始末をしたあと、水通しをして寸法に合わせてブロッキングする。

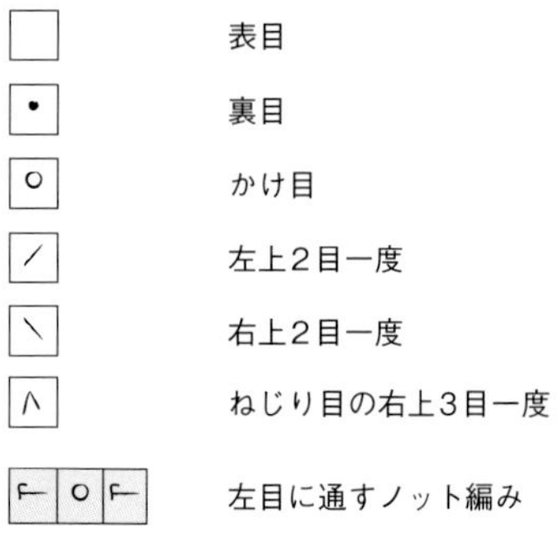

☐	表目
•	裏目
o	かけ目
/	左上2目一度
\	右上2目一度
∧	ねじり目の右上3目一度
⊢o⊣	左目に通すノット編み

チャート1

•	•	•	•	•	•	•	•	•	•	•				•	•	•	•	•	•	•	•	•	•	4
•	•	•	•	•	•	•	•	•	•	•				•	•	•	•	•	•	•	•	•	•	3
•	•	•	•	•	•	•	•	•	•	•				•	•	•	•	•	•	•	•	•	•	2
•	•	•	•	•	•	•	•	•	•		⊢	o	⊣		•	•	•	•	•	•	•	•	•	1
23	22	21	20	19	18	17	16	15	14	13	12	11	10	9	8	7	6	5	4	3	2	1		

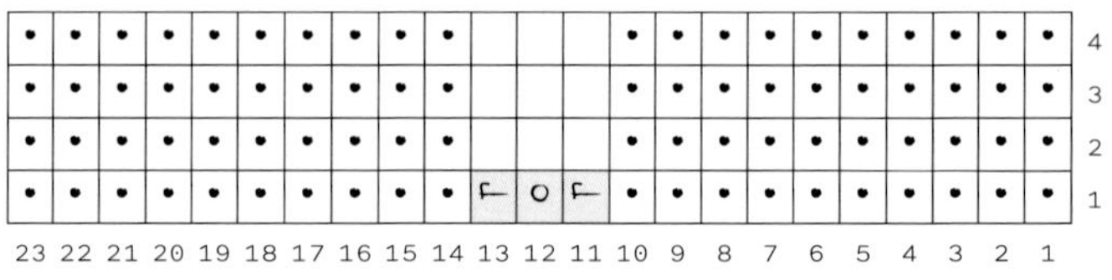

チャート2

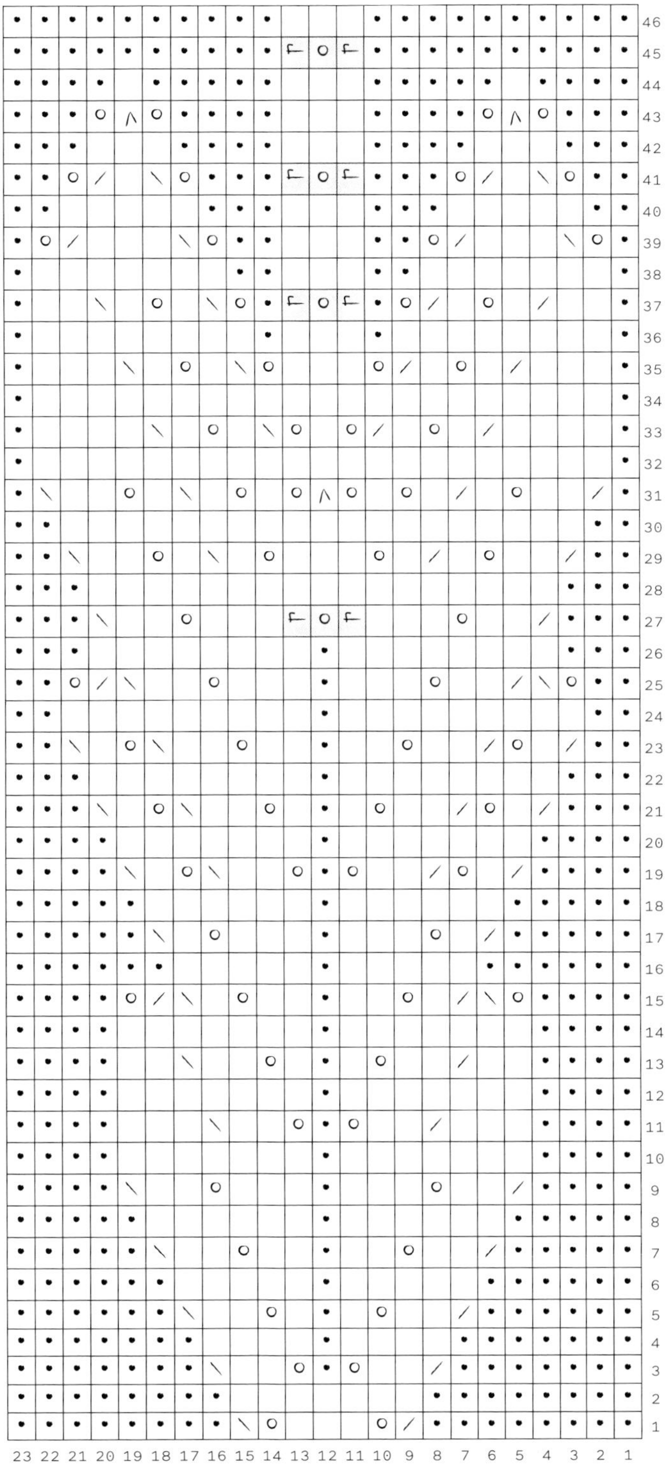

チャート3

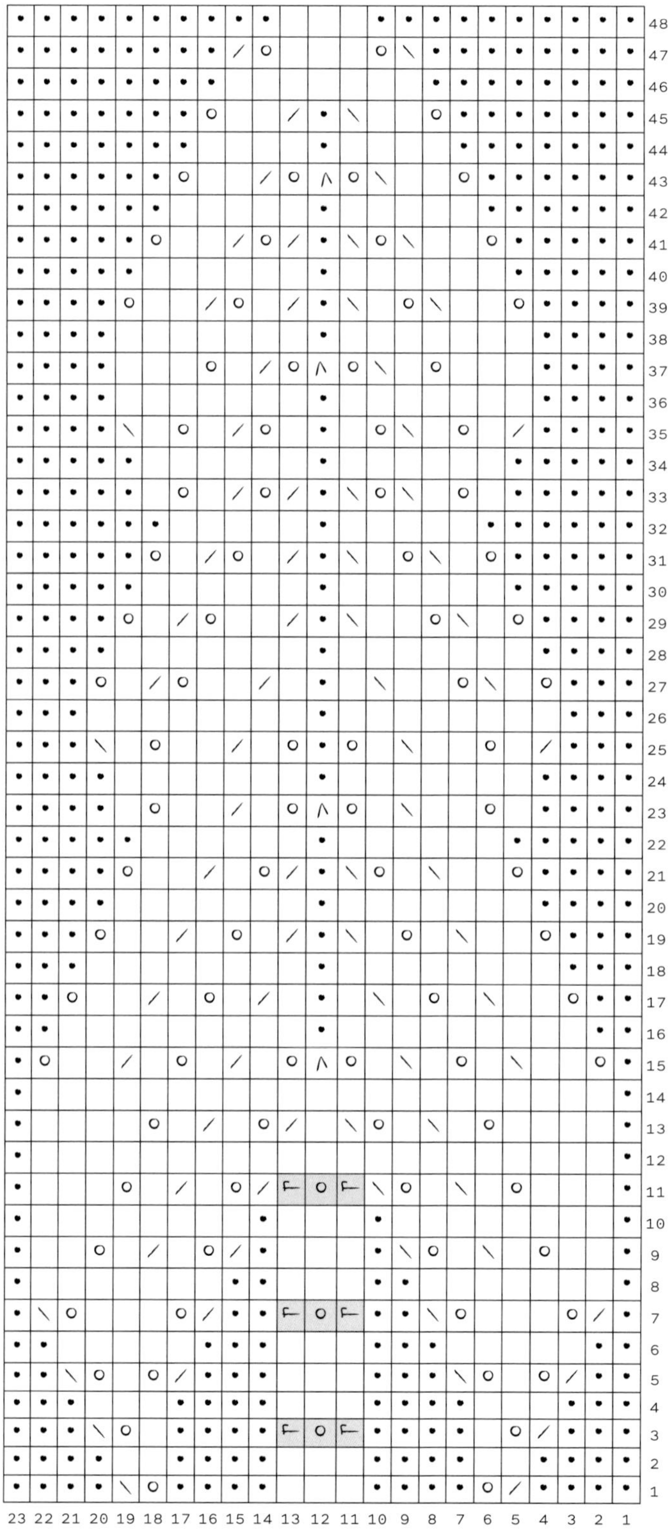

25 LOTTE

ロッテ

SIZES／サイズ

1 {2}

FINISHED MEASUREMENTS／仕上がり寸法

レッグ周囲：18.5 {21.5} cm

足底／レッグ長さ：調整可

MATERIALS／材料

糸：

地色（MC）：Blacker YarnsのShetland 4ply（ピュアニューウール100%、175 m/50 g）、2 {3} カセ〈Fawn〉

配色（CC）：Blacker YarnsのMohair Blends 4ply（ヘブリディアン種・マンクスロフタン種・モヘヤ混紡、175m/50g）、〈CC1：Roseworthy〉・〈CC 2：Blisland〉各1カセ

針：2.5mm（US 1.5／JP 1号）の5（4）本針または輪針

その他の用具：ステッチマーカー、とじ針

GAUGE／ゲージ

30目×45段（メリヤス編み・10cm角、ブロッキング後）

SPECIAL ABBREVIATIONS／特別な用語

右上1目交差：次の目をなわ編み針に移して編み地の手前におき、左針から表目1、なわ編み針から表目1。

左上1目交差：次の目をなわ編み針に移して編み地の後ろにおき、左針から表目1、なわ編み針から表目1。

右上2目交差：次の2目をなわ編み針に移して編み地の手前におき、左針から表目2、なわ編み針から表目2。

左上2目交差：次の2目をなわ編み針に移して編み地の後ろにおき、左針から表目2、なわ編み針から表目2。

2回巻きのノット：糸を手前にして2目を右針に移し、針の間から糸を後ろに移して、2目を左針に戻す。糸を手前にして同じ2目を右針に移し、糸を後ろに移す。

CUFF／カフ

MCを使い、指でかける作り目で56｛64｝目作る。段の始めにマーカーを入れて、目がねじれないように輪にする。4本針を使う場合は3本、5本針を使う場合は4本の針に編み目を分ける。輪針を使う場合はマジックループ式に編めるように分ける。

準備段：＊表目2、裏目2＊、＊～＊を最後までくり返す。

この段をあと14回、合計で15段編む。

表編みで1段編む。

＊CC1に持ち替え、表編みで2段、CC2に持ち替え表編みを2段編む（メリヤス編み）＊。

＊～＊を色順の通りに色替えしながらもう一度編む。

CC1に持ち替え表編みで2段編む。

CC2の糸を切り、MCに持ち替え、表編みで1段編む。

※これ以降は、左足、右足のそれぞれの手順の通りに編む。

LEFT SOCK／左足用

準備段：表目10、PM、該当するサイズの模様の1段めを編み、PM、表編みで最後まで編む。

次段：マーカーまで表編み、SM、模様の次段を編み、SM、最後まで表編み。

このようにレッグの模様を編みながら作り目から15cmになるまで、もしくは好みの長さまで編み、模様の4段めで編み終える。

HEEL FLAP／ヒールフラップ

次段を編む前に段の始めのマーカーを外す。編み地を返して次の28｛32｝目でヒールフラップを往復に編む。残りの28｛32｝目は甲側の目として別針に休ませる。

1段め（裏面）：すべり目1、最後に1目残るまで裏編み、表目1。

2段め（表面）：＊すべり目1、表目1＊、＊～＊をくり返して最後まで編む。

3段め：すべり目1、最後の1目手前まで裏編み、表目1。

4段め：すべり目2、＊表目1、すべり目1＊、＊～＊を最後に2目残るまでくり返し、表目2。

上記の4段をくり返し、ヒールフラップが6.5cmになったら裏面で編み終える。

TURN HEEL／ヒールターン

1段め（表面）：すべり目1、表目16｛18｝、右上2目一度、表目1、編み地を返す。

2段め（裏面）：浮き目1、裏目7、裏目の左上2目一度、裏目1、編み地を返す。

3段め：すべり目1、段差の間に1目残るまで表編み、右上2目一度、表目1、編み地を返す。

4段め：浮き目1、段差の間に1目残るまで裏編み、裏目の左上2目一度、裏目1、編み地を返す。

3・4段めをくり返し、すべての目を編み終える。残り18｛20｝目になる。

GUSSET AND SOLE／マチと足底

※準備段でヒールフラップの端から拾い目をする際は、左右が同じ目数になるように注意して拾う。また、ヒールフラップと甲側の境目では、隙間があかないよう境目から1目拾う。準備段が終わったら、段の始めにマーカーを入れ、再び輪に編む。

準備段：表目18｛20｝、ヒールフラップの端に沿ってすべり目から1目ずつ拾う（最後に甲側との境目から1目拾う）、PM（甲側のスタート位置）、次のマーカーまで表編み、SM、次のマーカーまで模様の続きを編む、SM（このマーカーが甲側終点）、ヒールフラップのもう片方の端に沿ってすべり目から1目ずつ拾う（最初に甲側との境目から1目拾う）。

1段め（減目段）：マーカー（甲側）との間に3目残るまで表編み、左上2目一度、表目1、SM、次のマーカーまで表編み、SM、次のマーカーまで模様の続きを編む、SM、表目1、右上2目一度、最後まで表編み。

2段め：マーカーまで表編み、SM、マーカーまで表編み、SM、次のマーカーまで模様の続きを編む、SM、最後まで表編み。

マチの1・2段めをくり返し、足底側28｛32｝目、甲側28｛32｝目、合計56｛64｝目になるまで編む。

2段めをくり返し、足底の長さが「希望仕上がり寸法－4｛5｝cm」になるまで増減なく編む。

TOE DECREASES／つま先の減目

まず1段表編みしながら、ケーブル模様を示すマーカーを外す（マーカーは2個残る）。

1段め（減目）：＊表目1、右上2目一度、次のマーカーとの間に3目残るまで表編み、左上2目一度、表目1、SM＊、＊～＊をもう一度編む。4目減。

2段め：表編み。

1・2段めをくり返し、残り20目になるまで編む。甲側と足底側が10目ずつになる。

糸端を約30.5cm残して糸を切り、残りの目はメリヤスはぎする。

RIGHT SOCK／右足用

準備段：表目28｛32｝、PM、該当するサイズの模様の1段めを編み、PM、表目10。

次段：マーカーまで表編み、SM、模様の次段を編み、SM、最後まで表編み。

このようにレッグの模様を編みながら作り目から15cmになるまで、もしくは好みの長さまで編み、模様の4段めで編み終える。

HEEL FLAP／ヒールフラップ

次段を編む前に段の始めのマーカーを外し、表目28｛32｝、編み地を返し、残りの28｛32｝目は甲側の目として別針に休ませる。残した28｛32｝目でヒールフラップを左足と同様に編む。

TURN HEEL／ヒールターン

左足と同様に編む。

GUSSET AND SOLE／マチと足底

※準備段でヒールフラップの端から拾い目をする際は、左右が同じ目数になるように注意して拾う。また、ヒールフラップと甲側の境目では、隙間があかないよう境目から1目拾う。準備段が終わったら、段の始めにマーカーを入れ、再び輪に編む。

準備段：表目18｛20｝、ヒールフラップの端に沿ってすべり目から1目ずつ拾う（最後に甲側との境目から1目拾う）、SM（このマーカーが甲側のスタート位置）、次のマーカーまで模様の続きを編む、SM、表目10、PM（甲側の終点）、ヒールフラップのもう片方の端に沿ってすべり目から1目ずつ拾う（最初に甲側との境目から1目拾う）。

1段め（減目段）：マーカーとの間に3目残るまで表編み、左上2目一度、表目1、SM、次のマーカーまで模様の続きを編む、SM、マーカーまで表編み、SM、表目1、右上2目一度、最後まで表編み。

2段め：マーカーまで表編み、SM、次のマーカーまで模様の続きを編む、SM、マーカーまで表編み、SM、最後まで表編み。

マチの1・2段めをくり返し、足底側28｛32｝目、甲側28｛32｝目、合計56｛64｝目になるまで編む。

2段めをくり返し、足底の長さが「希望仕上がり寸法－4｛5｝cm」になるまで増減なく編む。

TOE DECREASES／つま先の減目

左足と同様に編む。

FINISHING／仕上げ

糸始末をしたあと、水通しをして寸法に合わせてブロッキングする。

左足の模様編み（サイズ1）

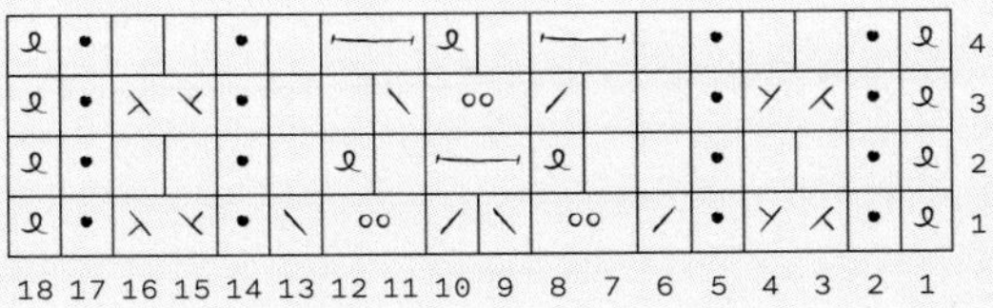

左足の模様編み（サイズ2）

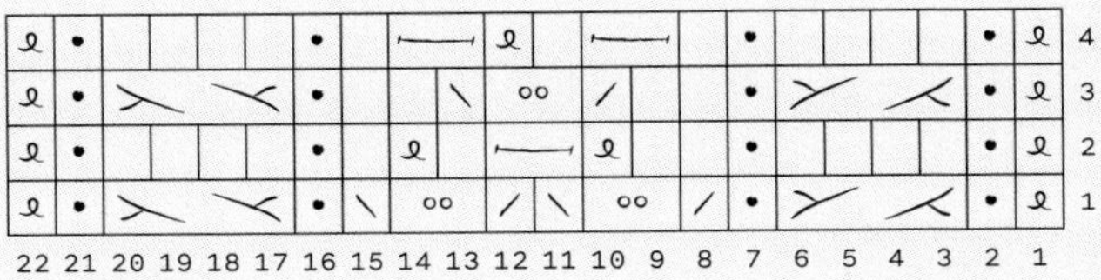

右足の模様編み（サイズ1）

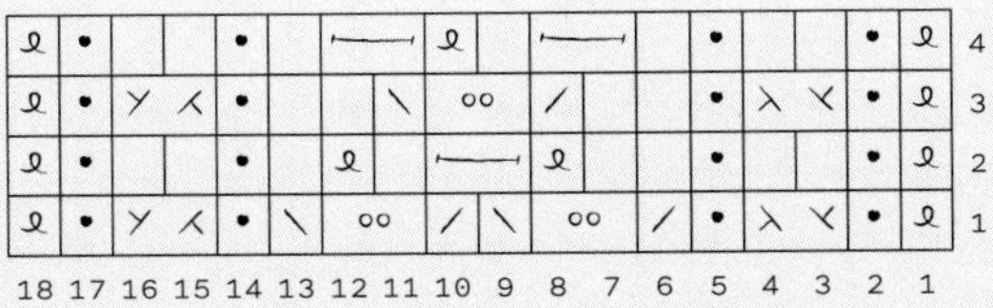

右足の模様編み（サイズ2）

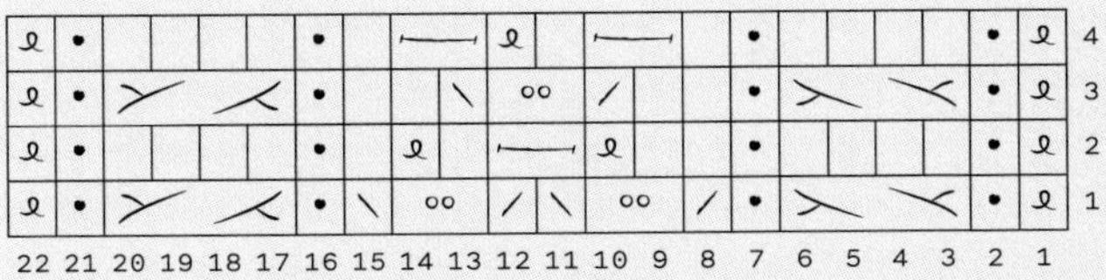

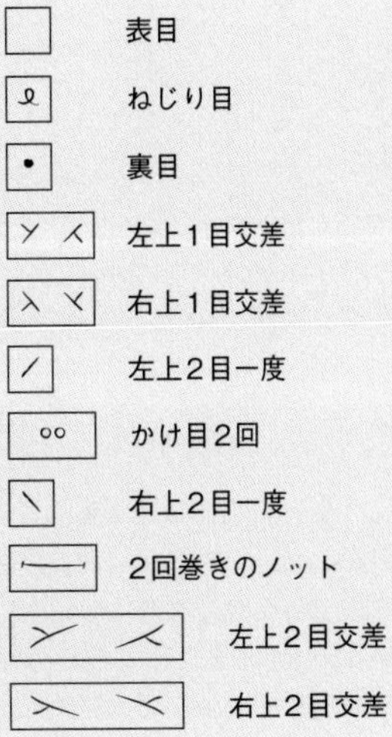

26 VERVAIN

バーベナ

SIZES／サイズ

1 {2}

FINISHED MEASUREMENTS／仕上がり寸法

足首周囲：20 {22.5} cm
レッグ長さ：15cm、調整可
足底長さ：調整可

MATERIALS／材料

糸：Neighborhood Fiber Co.のStudio Sock（スーパーウォッシュメリノ100%、366m/113g）1カセ〈Lauraville〉
針：2.5mm（US 1.5／JP 1号）の5本針または輪針
その他の用具：取り外し可能なマーカー1個、ステッチマーカー2個、とじ針

GAUGE／ゲージ

32目×44段（メリヤス編み・10cm角、ブロッキング後）

SPECIAL ABBREVIATIONS／特別な用語

右ねじり増し目：次の目との間の渡り糸に左針を向こう側から手前に向けてくぐらせて、左針にかかったループの手前に右針を入れて、渡り糸をねじって表目を編む。（1目増）
右上3目一度：1目めを表目を編むように右針に移し、次の2目を一度に編み、右針に移した目を編んだ目にかぶせる。（2目減）
左上3目一度（真ん中の目が下）：右上2目一度を編み、できた目を右針から左針に戻す。左針にかかっている2目めを端の目（先に右上2目一度した目）にかぶせて、右針に戻す。（2目減）

LEFT SOCK ／左足用

CUFF ／カフ

指でかける作り目の方法で63 {71} 目作り、4本の針に分ける（5本針の場合）。段の始めを示すマーカーを入れて、輪にする。

準備段：表目1、*裏目1、表目1*、*～*を合計8 {10} 回くり返す。PM、表目3、裏目1、表目11、PM、裏目1、*表目1、裏目1*、*～*を最後までくり返す。

次段：表目1、*裏目1、表目1*、*～*をマーカーまでくり返し、SM、次の15目で「レースパネル（左）」を編む、SM、裏目1、*表目1、裏目1*、最後まで*～*をくり返す。

前段までのように編み、「レースパネル（左）」の1～20段めをくり返しながら、作り目から約5cm編む。

LEG ／レッグ

増し目段：マーカーまで表編み、SM、「レースパネル（左）」の次の段をマーカーまで編み、SM、右ねじり増し目1、最後まで表編み。1目増。64 {72} 目。

次段：マーカーまで表編み、SM、「レースパネル（左）」の次の段をマーカーまで編み、SM、最後まで表編み。

上記の「次段」をくり返して作り目から約15 cmもしくは好みの長さになるまで編み、最後はレースパネルの1、5、9、13、17段め以外の段で編み終える。最後に編んだレースパネルの段を書き留めておく。

HEEL FLAP ／ヒールフラップ

編み地を返して裏面に向け、段の始めのマーカーを外す。

次段（裏面）：すべり目1、裏目31 {35}。

この32 {36} 目を2本の針に分けて、次のようにヒールフラップを往復編みする；

1段め（表面）：*すべり目1、表目1*、*～*を最後までをくり返す。

2段め（裏面）：すべり目1、裏目31 {35}。

1・2段めをあと15回くり返す。

TURN HEEL ／ヒールターン

ヒールフラップの32 {36} 目から続けて次のように編む；

1段め（表面）：すべり目1、表目17 {20}、右上2目一度、表目1、編み地を返す。

2段め（裏面）：すべり目1、裏目5 {7}、裏目の左上2目一度、裏目1、編み地を返す。

3段め（表面）：すべり目1、表目6 {8}、右上2目一度、表目1、編み地を返す。

4段め（裏面）：すべり目1、裏目7 {9}、裏目の左上2目一度、裏目1、編み地を返す。

5段め（表面）：すべり目1、表目8 {10}、右上2目一度、表目1、編み地を返す。

6段め（裏面）：すべり目1、裏目9 {11}、裏目の左上2目一度、裏目1、編み地を返す。

7段め（表面）：すべり目1、表目10 {12}、右上2目一度、表目1、編み地を返す。

8段め（裏面）：すべり目1、裏目11 {13}、裏目の左上2目一度、裏目1、編み地を返す。

9段め（表面）：すべり目1、表目12 {14}、右上2目一度、表目1、編み地を返す。

10段め（裏面）：すべり目1、裏目13 {15}、裏目の左上2目一度、裏目1、編み地を返す。

11段め（表面）：すべり目1、表目14 {16}、右上2目一度、表目1、編み地を返す。

12段め（裏面）：すべり目1、裏目15 {17}、裏目の左上2目一度、裏目1、編み地を返す。20 {24} 目になる。

サイズ1のみ

13段め（表面）：すべり目1、表目16、右上2目一度、編み地を返す。

14段め（裏面）：すべり目1、裏目16、裏目の左上2目一度、編み地を返す。18目になる。

サイズ2のみ

13段め（表面）：すべり目1、表目18、右上2目一度、表目1、編み地を返す。

14段め（裏面）：すべり目1、裏目19、裏目の左上2目一度、裏目1、編み地を返す。

22目になる。

サイズ1・2共通

再び輪に編む。

※以下は5本針で編む場合の編み方。

次段（表面）：かかとの目を表目9 {11}。別針〈N1〉で残りのかかとの目を表目9 {11}、続けて同じ針〈N1〉でヒールフラップの端のすべり目に沿って16目拾う。

2本めの針〈N2〉で表目17 {19}、3本めの針〈N3〉でレースパネル15 {17} 目（※レースパネルの1、5、9、13、17段めを編む場合は14 {16} 目）を編む。レースパネルの左右のマーカーは外す。

4本めの針〈N4〉でヒールフラップの反対側の端に沿ってすべり目から16目拾い、続けて同じ針でかかとの目を表目9 {11}。

かかとの中心にPM。ここが段の始まりとなる。82 {90} 目になる。

※編み終えた段がレースパネルの1、5、9、13、17段めの場合は81 {89} 目となる。

GUSSET SHAPING ／マチのシェーピング

1段め：〈N1〉3目残るまで表編み、左上2目一度、表目1。〈N2〉表編み。〈N3〉レースパネルを編む。

〈N4〉表1、右上2目一度、最後まで表編み。

2段め：増減なく前段のように表編みとレースパネルを編む。

1・2段めをあと8回編む。64 {72} 目になる。

2段めをくり返して足底の長さが「希望仕上がり寸法－5cm」になるまで編み、最後はレースパネルの1、5、9、13、17段め以外の段で編み終える。

TOE SHAPING ／つま先のシェーピング

減目段1：〈N1〉3目残るまで表編み、左上2目一度、表目1。〈N2〉表目1、右上2目一度、最後まで表編み。〈N3〉3目残るまで表編み、左上2目一度、表目1。〈N4〉表目1、右上2目一度、最後まで表編み。

次段：表編み。

上記の2段をあと9 {10} 回編む。24 {28} 目。

最後の段：〈N1・N2〉表編み。N2で続けてN3の目を表編み。〈N4〉表編み。N4で続けてN1の目を表編み。2本の針には各12 {14} 目残る。

FINISHING ／仕上げ

〈N2〉・〈N4〉の残り12 {14} 目ずつをメリヤスはぎする。

糸始末をしたあと、水通しをして寸法に合わせてブロッキングする。

RIGHT SOCK ／右足

CUFF ／カフ

指でかける作り目の方法で63 {71} 目作り、4本の針に分ける。段の始めのマーカーを入れて、輪にする。

準備段：表目11、裏目1、表目3、PM、*表目1、裏目1*、*～*を最後までくり返す。

次段：マーカーまで「レースパネル（右）」を編む、SM、*表目1、裏目1*、*～*を最後までくり返す。

前段までのように編み、「レースパネル（右）」の1～20段めをくり返しながら、作り目から約5cm編む。

LEG／レッグ

増し目段:「レースパネル(右)」の次の段をマーカーまで編み、SM、表目17 {21}、右ねじり増し目1、最後まで表編み。1目増。64 {72}目。

次段:「レースパネル(右)」の次の段をマーカーまで編み、SM、最後まで表編み。

「次段」をくり返して編み、作り目から約15 cmもしくは好みの長さになるまで編み、最後はレースパネルの1、5、9、13、17段め以外の段で編み終える。最後に編んだレースパネルの段を書き留めておく。

HEEL FLAP & TURN HEEL／ヒールフラップとヒールターン

次段:編み地を返し裏面に向ける。段の始めのマーカーを外す。

サイズ1・2ともに左足のヒールフラップ、さらにヒールターンの14段めまでと同様に編む。再び輪に編む。

次段(表面):かかとの目を表目9 {11}。別針〈N1〉で残りのかかとの目を表目9 {11}、続けて同じ針〈N1〉でヒールフラップの端のすべり目に沿って16目拾う。2本めの針〈N2〉でレースパネル15目を編む(レースパネル1、5、9、13、17段めを編む場合は14目)。3本めの針〈N3〉で表目17 {21}目。4本めの針〈N4〉でヒールフラップの反対側の端のすべり目に沿って16目拾い、続けて同じ針でかかとの目を表目9 {11}。

かかとの中心にPM。ここが段の始まりとなる。82 {90}目。

※編み終えた段がレースパネルの1、5、9、13、17段めの場合は81 {89}目となる。

GUSSET SHAPING／マチのシェーピング

1段め:〈N1〉3目残るまで表編み、左上2目一度、表目1。〈N2〉レースパネルを編む。〈N3〉表編み。〈N4〉表1、右上2目一度、最後まで表編み。

2段め:増減なく前段のように表編みとレースパネルを編む。

1・2段めをあと8回編む。64 {72}目になる。

2段めをくり返して足底の長さが「希望仕上がり寸法－5cm」になるまで編む。

TOE SHAPING AND FINISHING／つま先のシェーピング・仕上げ

左足と同様につま先のシェーピングをし、仕上げの処理をする。

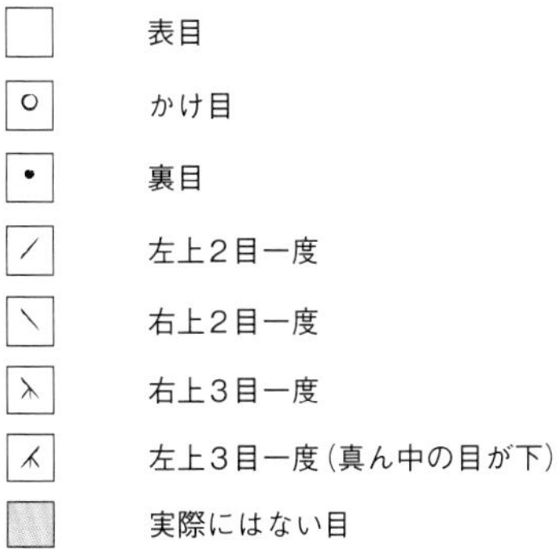

レースパネル(左)

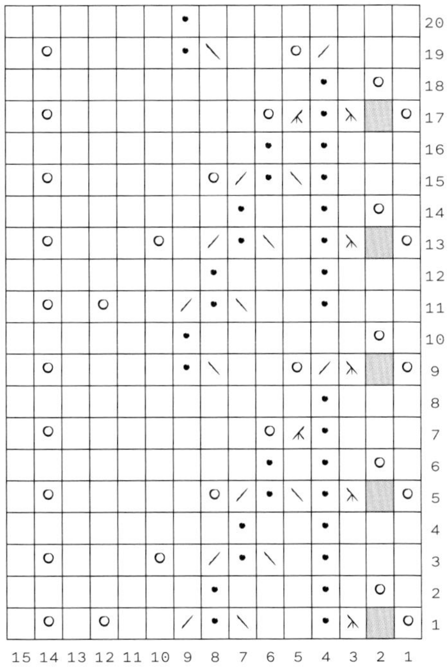

レースパネル(右)

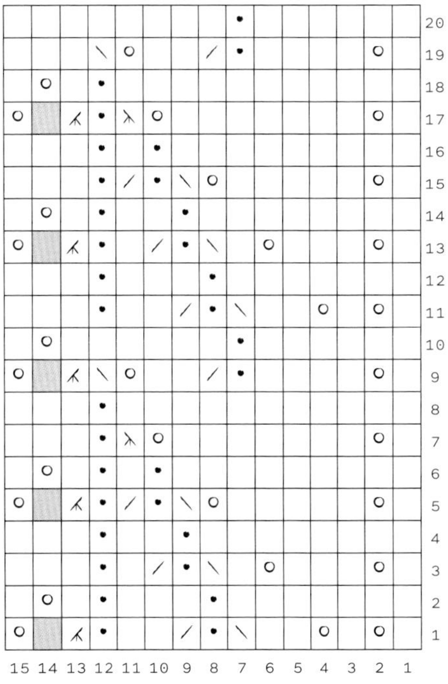

27

39

Fiona Alice — Kristine Vejar — Mariya Zyaparova — Charlotte Stone — Joji Locatelli —
Rosa Pomar — Rachel Coopey — Verena Cohrs — Tiina Huhtaniemi — Amelia Putri —
Mieka John — Isabell Kraemer

27 ALVAR

アルヴァ

SIZES ／サイズ

1 {2}

FINISHED MEASUREMENTS ／仕上がり寸法

フット周囲：20.5 {23.5} cm
レッグ長さ：16 {17} cm
足底長さ：調整可

MATERIALS ／材料

糸：
MC（A色）：UschititaのMerino Sock（メリノウール75%・ナイロン25%、425m/100g）1カセ〈Owl〉
CC（B色）：The Uncommon ThreadのTough Sock（スーパーウォッシュブルーフェイスレスター種80%・ナイロン20%、365m/100g）1カセ〈Charred〉
針：2mm（US 0／JP 0号）と2.25mm（US 1／JP 0号またはJP 1号）の輪針または5（4）本針
その他の用具：取り外し可能なタイプのマーカー1個、とじ針

GAUGE ／ゲージ

36目×50段（メリヤス編み・10cm角、ブロッキング後）

SPECIAL ABBREVIATIONS ／特別な用語

2目の編み出し増し目：次の目に右針を入れて表目を編むが左針は抜かず、続けて右針を同じ目にねじり目を編むように入れてもう1目編む。左針から目を外す。1目増。
2目の編み出し増し目（裏目）：次の目に右針を入れて裏目を編むが左針は抜かず、続けて右針を同じ目に裏目のねじり目を編むように入れてもう1目編む。左針から目を外す。1目増。
W&T（ラップアンドターン）：引き返し編みの方法のひとつで、引き返す位置の目に編み糸を巻き付ける。表編みの段では最終目に右針を裏目を編むように入れて移し、針の間から糸を手前に移し、右針に移した目を左針に戻して編み地を返す。裏編みの段では最終目に右針を裏目を編むように入れて移し、針の間から糸を後ろに移し、右針に移した目を左針に戻して編み地を返す。

NOTES ／メモ

このパターンはマジックループ式に編むことを前提として、前半を甲側〈N1〉、後半を足底側〈N2〉として輪に編みます。5本針で編む場合は、〈N1〉は1～2本めの針の目、〈N2〉は3～4本めの針の目となります。
Bの配色糸で編むストライプは、各ラインごとにインターシャ（縦糸渡しの編み込み）の技法で編むため、編み地の内側に長い渡り糸はできません。色替えのときには2段下から糸を持ち上げて使います。あらかじめB糸をライン1本につき約120cmに切って使うと扱いやすいです。模様の途中で糸が足りなくなったら、新たに糸を継ぎ足して模様を編み、最後に余った糸は切ります。糸替えの際には糸始末できるだけの長さを残しておきます。
B糸は最低約15 {20} g必要です。
編み方では、左右2通りの編み方を記載していますが、「右」「左」はストライプが作る斜線の方向を示しており（「右」は右上がり、「左」は左上がり）、それぞれをどちらの足に履くかは自由です。自分用の一足をカスタマイズできます。

SET-UP(BOTH SOCKS)／準備（共通）

2.25mm針とAで、ターキッシュキャストオン[Turkish Cast-On]もしくは好みのトウアップの作り目の方法で34 {36} 目作り、各17 (18) 目ずつを〈N1〉〈N2〉とする。表編みで1段編んだあと、つま先の増し目を始める。
取り外し可能なマーカーを1目めに付けて、ここを段の始めとする。

TOE (BOTH SOCKS)／つま先（共通）

1段め：〈N1〉・〈N2〉表目1、右ねじり増し目、最後に1目残るまで表編み、左ねじり増し目、表目1。4目増。
2段め：〈N1〉・〈N2〉最後まで表編み。
1・2段めをくり返し、合計74 {84} 目、〈N1〉・〈N2〉が37 {42} 目ずつになるまで編む。
サイズ1・2共通：メリヤス編みで4段編む。

INTARSIA／インターシャ編み

以下の手順では同じ段でAとBの両方の糸を使う。Bで編むときには指示があり、とくに指示がなければAで編む。
インターシャのストライプ模様の編み始めで糸を付けるときには、あとで刺すチェーンステッ用の糸端を少なくとも12.5cm残しておく。

RIGHT FOOT／フット（右）

1段め：〈N1〉表目35 {40}、Bで表目1、表目1。〈N2〉最後まで表編み。
2段め：〈N1〉表目35 {40}、すべり目1、表目1。〈N2〉最後まで表編み。
1・2段めをあと3回編む。
3段め：〈N1〉表目26 {31}、*表目4、Bで表目1*を2回編む、表目1。〈N2〉最後まで表編み。
4段め：〈N1〉表目26 {31}、*表目4、すべり目1*を2回編む、表目1。〈N2〉最後まで表編み。
3・4段めをあと3回編む。
5段め：〈N1〉表目21 {26}、*表目4、Bで表目1*を3回編む、表目1。〈N2〉最後まで表編み。
6段め：〈N1〉表目21 {26}、*表目4、すべり目1*を3回編む、表目1。〈N2〉最後まで表編み。
5・6段めをあと3回編む。
7段め：〈N1〉表目16 {21}、*表目4、Bで表目1*を4回編む、表目1。〈N2〉最後まで表編み。
8段め：〈N1〉表目16 {21}、*表目4、すべり目1*を4回編む、表目1。〈N2〉最後まで表編み。
7・8段めをあと3回編む。
9段め：〈N1〉表目11 {16}、*表目4、Bで表目1*を5回編む、表目1。〈N2〉最後まで表編み。
10段め：〈N1〉表目11 {16}、*表目4、すべり目1*を5回編む、表目1。〈N2〉最後まで表編み。
9・10段めをあと3回編む。
11段め：〈N1〉表目6 {11}、*表目4、Bで表目1*を6回編む、表目1。〈N2〉最後まで表編み。
12段め：〈N1〉表目6 {11}、*表目4、すべり目1*を6回編む、表目1。〈N2〉最後まで表編み。
11・12段めをあと3回編む。
13段め：〈N1〉表目1 {6}、*表目4、Bで表目1*を7回編む、表目1。〈N2〉最後まで表編み。
14段め：〈N1〉表目1 {6}、*表目4、すべり目1*を7回編む、表目1。〈N2〉最後まで表編み。
13・14段めをあと3回編む。
サイズ1はここまで。「マチ(右)」へ。

サイズ2のみ
15段め：〈N1〉表目1、*表目4、Bで表目1*を8回編む、表目1。〈N2〉最後まで表編み。
16段め：〈N1〉表目1、*表目4、すべり目1*を8回編む、表目1。〈N2〉最後まで表編み。
15・16段めをあと3回編む。

RIGHT GUSSET／マチ（右）

各サイズの最後に編んだ段をくり返しながら足底の長さが「希望仕上がり寸法－7.5cm」になるまで編む。インターシャの模様編みが終わる前にこの長さになった場合は「マチ(右)」を編み始め、並行して模様編みを続ける。
マチは〈N1〉から次のように編む；
1段め：〈N1〉表目1、*表目4、Bで表目1*を7 {8} 回編む、表目1。〈N2〉表目1、右ねじり増し目、最後に1目残るまで表編み、左ねじり増し目、表目1。2目増。
2段め：〈N1〉表目1、*表目4、すべり目1*を7 {8} 回編む、表目1。〈N2〉最後まで表編み。
1・2段めをくり返し、〈N2〉の目数が61 {66} 目になるまで編み、2段めで編み終える。

サイズ2のみ
3段め：〈N1〉表目1、*表目4、Bで表目1*を8回、表目1。〈N2〉表目1、右ねじり増し目、最後まで表編み。1目増。
4段め：〈N1〉表目1、*表目4、すべり目1*を8回、表目1。〈N2〉最後まで表編み。
〈N2〉は61 {67} 目、合計98 {109} 目になる。「かかとの準備」へ。

LEFT FOOT／フット（左）

1段め：〈N1〉表目1、Bで表目1、表目35 {40}。〈N2〉最後まで表編み。
2段め：〈N1〉表目1、すべり目1、表目35 {40}。〈N2〉最後まで表編み。
1・2段めをあと3回編む。
3段め：〈N1〉表目1、*Bで表目1、表目4*を2回、表目26 {31}。〈N2〉最後まで表編み。
4段め：〈N1〉表目1、*すべり目1、表目4*を2回、表目26 {31}。〈N2〉最後まで表編み。
3・4段めをあと3回編む。
5段め：〈N1〉表目1、*Bで表目1、表目4*を3回、表目21 {26}。〈N2〉最後まで表編み。
6段め：〈N1〉表目1、*すべり目1、表目4*を3回、表目21 {26}。〈N2〉最後まで表編み。
5・6段めあと3回編む。
7段め：〈N1〉表目1、*Bで表目1、表目4*を4回、表目16 {21}。〈N2〉最後まで表編み。
8段め：〈N1〉表目1、*すべり目1、表目4*を4回、表目16 {21}。〈N2〉最後まで表編み。
7・8段めをあと3回編む。
9段め：〈N1〉表目1、*Bで表目1、表目4*を5回、表目11 {16}。〈N2〉最後まで表編み。
10段め：〈N1〉表目1、*すべり目1、表目4*を5回、表目11 {16}。〈N2〉最後まで表編み。
9・10段めをあと3回編む。
11段め：〈N1〉表目1、*Bで表目1、表目4*を6回、表目6 {11}。〈N2〉最後まで表編み。

12段め：〈N1〉表目1、*すべり目1、表目4*を6回、表目6 {11}。〈N2〉最後まで表編み。
11・12段めをあと3回編む。
13段め：〈N1〉表目1、*Bで表目1、表目4*を7回、表目1 {6}。〈N2〉最後まで表編み。
14段め：〈N1〉表目1、*すべり目1、表目4*を7回、表目1 {6}。〈N2〉最後まで表編み。
13・14段めをあと3回編む。
サイズ1はここまで。「マチ(左)」へ。

サイズ2のみ
15段め：〈N1〉表目1、*Bで表目1、表目4*を8回、表目1。〈N2〉最後まで表編み。
16段め：〈N1〉表目1、*すべり目1、表目4*を8回、表目1。〈N2〉最後まで表編み。
15・16段めをあと3回編む。

LEFT GUSSET／マチ（左）

各サイズの最後に編んだ段をくり返しながら足底の長さが「希望仕上がり寸法－7.5cm」になるまで編む。インターシャの模様編みが終わる前にこの長さになった場合は「マチ(左)」を編み始め、並行して模様編みを続ける。
マチは〈N1〉から次のように編む；
1段め：〈N1〉表目1、*Bで表目1、表目4*を7 {8} 回、表目1。〈N2〉表目1、右ねじり増し目、最後に1目残るまで表編み、左ねじり増し目、表目1。2目増。
2段め：〈N1〉表目1、*すべり目1、表目4*を7 {8} 回、表目1。〈N2〉最後まで表編み。
1・2段めをくり返し、〈N2〉が61 {66} 目になるまで編み、最後は2段めで編み終える。

サイズ2のみ
3段め：〈N1〉表目1、*Bで表目1、表目4*を8回、表目1。〈N2〉表目1、右ねじり増し目、最後まで表編み。1目増。
4段め：〈N1〉表目1、*すべり目1、表目4*を8回、表目1。〈N2〉最後まで表編み。
〈N2〉は61 {67} 目、合計98 {109} 目になる。「かかとの準備」へ。

HEEL SET-UP (BOTH SOCKS)／かかとの準備（共通）

準備段：〈N1〉前段までのように編む。以降は〈N2〉の目だけで引き返し編みをする。
引き返し編み1段め(表面)：表目41 {45}、2目の編み出し増し目、表目1、W&T。
引き返し編み2段め(裏面)：裏目24 {26}、2目の編み出し増し目(裏目)、裏目1、W&T。
引き返し編み3段め：表目22 {24}、2目の編み出し増し目、表目1、W&T。
引き返し編み4段め：裏目20 {22}、2目の編み出し増し目(裏目)、裏目1、W&T。
引き返し編み5段め：表目18 {20}、2目の編み出し増し目、表目1、W&T。
引き返し編み6段め：裏目16 {18}、2目の編み出し増し目(裏目)、裏目1、W&T。
引き返し編み7段め：表目14 {16}、2目の編み出し増し目、表目、W&T。
引き返し編み8段め：裏目12 {14}、2目の編み出し増し目(裏目)、裏目1、W&T。
〈N2〉は69 {75} 目、合計106 {117} 目になる。
次段：〈N2〉の最後まで表編み。このときラップの糸とラップを巻いた目は2目一度のように編む(段消しをする)。

HEEL FLAP (BOTH SOCKS)／ヒールフラップ（共通）

準備段：〈N1〉前段までのように編む。〈N2〉表目52 {57}、ラップの糸とラップを巻いた目を2目一度のように編みながら(段消しをしながら)編み、右上2目一度、編み地を返す。
ヒールフラップも〈N2〉の目だけで引き返し編みをする。
引き返し編み1段め(裏面)：浮き目1、裏目35 {39}、裏目の左上2目一度、編み地を返す。
引き返し編み2段め(表面)：*すべり目1、表目1*を18 {20}回、右上2目一度、編み地を返す。37 {41}目。
1・2段めをくり返して端の目をすべてヒールフラップに取り込むまで編み、最後は1段めで編み終わる。
次段：*浮き目1、表目1*を最後の目までくり返し、段差から1目拾い、これをねじって最後の目と2目一度に編む。
続けて〈N1〉の目を最後に1目残るまで模様編みで編み、最後の目は表目を編むように右針に移す。段差から1目拾い、これをねじって右針に移した目と2目一度に編む。この手順によって、かかとの両端に隙間ができにくくなる。
〈N2〉はすべて表編み。サイズ2のみ1目増し目をして目数を42目に戻す。
以降、レッグ(右)またはレッグ(左)を再び輪に編む。

RIGHT LEG／レッグ（右）

1段め：〈N1〉表目1、*表目4、Bで表目1*を7 {8} 回、表目1。〈N2〉表目35 {40}、Bで表目1、表目1。
2段め：〈N1〉表目1、*表目4、すべり目1*を7 {8}回、表目1。〈N2〉表目35 {40}、すべり目1、表目1。
1・2段めをあと3回編む。
3段め：〈N1〉表目1、*表目4、Bで表目1*を7 {8} 回、表目1。〈N2〉表目26 {31}、*表目4、Bで表目1*を2回、表目1。
4段め：〈N1〉表目1、*表目4、すべり目1*を7 {8} 回、表目1。〈N2〉表目26 {31}、*表目4、すべり目1*を2回、表目1。
3・4段めをあと3回編む。
5段め：〈N1〉表目1、*表目4、Bで表目1*を7 {8} 回、表目1。〈N2〉表目21 {26}、*表目4、Bで表目1*を3回、表目1。
6段め：〈N1〉表目1、*表目4、すべり目1*を7 {8} 回、表目1。〈N2〉表目21 {26}、*表目4、すべり目1*を3回、表目1。
5・6段めをあと3回編む。
7段め：〈N1〉表目1、*表目4、Bで表目1*を7 {8} 回、表目1。〈N2〉表目16 {21}、*表目4、Bで表目1*を4回、表目1。
8段め：〈N1〉表目1、*表目4、すべり目1*を7 {8} 回、表目1。〈N2〉表目16 {21}、*表目4、すべり目1*を4回、表目1。
7・8段めをあと3回編む。
9段め：〈N1〉表目1、*表目4、Bで表目1*を7 {8} 回、表目1。〈N2〉表目11 {16}、*表目4、Bで表目1*を5回、表目1。
10段め：〈N1〉表目1、*表目4、すべり目1*を7 {8}回、表目1。〈N2〉表目11 {16}、*表目4、すべり目1*を5回、表目1。
9・10段めをあと3回編む。
11段め：〈N1〉表目1、*表目4、Bで表目1*を7 {8}回、表目1。〈N2〉表目6 {11}、*表目4、Bで表目1*を6回、表目1。
12段め：〈N1〉表目1、*表目4、すべり目1*を7 {8}回、表目1。〈N2〉表目6 {11}、*表目4、すべり目1*を6回、表目1。
11・12段めをあと3回編む。
13段め：〈N1〉表目1、*表目4、Bで表目1*を7 {8}回、表目1。〈N2〉表目1 {6}、*表目4、Bで表目1*を7回、表目1。
14段め：〈N1〉表目1、*表目4、すべり目1*を7 {8}回、表目1。〈N2〉表目1 {6}、*表目4、すべり目1*を7回、表目1。
13・14段めをあと3回編む。

サイズ2のみ
15段め：〈N1〉・〈N2〉表目1、*表目4、Bで表目1*を8回、表目1。
16段め：〈N1〉・〈N2〉表目1、*表目4、すべり目1*を8回、表目1。

次段：〈N1〉・〈N2〉表目1、*表目4、Bで表目1*を7｛8｝回、表目1。
次段：〈N1〉・〈N2〉表目1、*表目4、すべり目1*を7｛8｝回、表目1。
どちらのサイズも上記の2段をくり返し、レッグの長さが14｛15｝cmまたは「仕上がり寸法－2cm」になるまで編む。Aを糸始末できる程度の糸端を残して切る。

LEFT LEG／レッグ（左）

1段め：〈N1〉表目1、*Bで表目1、表目4*を7｛8｝回、表目1。〈N2〉表目1、Bで表目1、表目35｛40｝。
2段め：〈N1〉表目1、*すべり目1、表目4*を7｛8｝回、表目1。〈N2〉表目1、すべり目1、表目35｛40｝。
1・2段めをあと3回編む。
3段め：〈N1〉表目1、*Bで表目1、表目4*を7｛8｝回、表目1。〈N2〉表目1、*Bで表目1、表目4*を2回、表目26｛31｝。
4段め：〈N1〉表目1、*すべり目1、表目4*を7｛8｝回、表目1。〈N2〉表目1、*すべり目1、表目4*を2回、表目26｛31｝。
3・4段めをあと3回編む。
5段め：〈N1〉表目1、*Bで表目1、表目4*を7｛8｝回、表目1。〈N2〉表目1、*Bで表目1、表目4*を3回、表目21｛26｝。
6段め：〈N1〉表目1、*すべり目1、表目4*を7｛8｝回、表目1。〈N2〉表目1*すべり目1、表目4*を3回、表目21｛26｝。
5・6段めをあと3回編む。
7段め：〈N1〉表目1、*Bで表目1、表目4*を7｛8｝回、表目1。〈N2〉表目1、*Bで表目1、表目4*を4回、表目16｛21｝。
8段め：〈N1〉表目1、*すべり目1、表目4*を7｛8｝回、表目1。〈N2〉表目1、*すべり目1、表目4*を4回、表目16｛21｝。
7・8段めをあと3回編む。
9段め：〈N1〉表目1、*Bで表目1、表目4*を7｛8｝回、表目1。〈N2〉表目1、*Bで表目1、表目4*を5回、表編み11｛16｝。
10段め：〈N1〉表目1、*すべり目1、表目4*を7｛8｝回、表目1。〈N2〉表目1、*すべり目1、表目4*を5回、表目11｛16｝。
9・10段めをあと3回編む。
11段め：〈N1〉表目1、*Bで表目1、表目4*を7｛8｝回、表目1。〈N2〉表目1、*Bで表目1、表目4*を6回、表目6｛11｝。
12段め：〈N1〉表目1、*すべり目1、表目4*を7｛8｝回、表目1。〈N2〉表目1、*すべり目1、表目4*を6回、表目6｛11｝。
11・12段めをあと3回編む。
13段め：〈N1〉表目1、*Bで表目1、表目4*を7｛8｝回、表目1。〈N2〉表目1、*Bで表目1、表目4*を7回、表目1｛6｝。
14段め：〈N1〉表目1、*すべり目1、表目4*を7｛8｝回、表目1。〈N2〉表目1、*すべり目1、表目4*を7回、表目1｛6｝。
13・14段めをあと3回編む。

サイズ2のみ
15段め：〈N1〉・〈N2〉表目1、*Bで表目1、表目4*を8回、表目1。
16段め：〈N1〉・〈N2〉表目1、*すべり目1、表目4*を8回、表目1。

次段：〈N1〉・〈N2〉表目1、*Bで表目1、表目4*を7｛8｝回、表目1。
次段：〈N1〉・〈N2〉表目1、*すべり目1、表目4*を7｛8｝回、表目1。
どちらのサイズも上記の2段をくり返し、レッグの長さが14｛15｝cmまたは「仕上がり寸法－2cm」になるまで編む。A糸を糸始末できる程度の糸端を残して切る。

CUFF (BOTH SOCKS)／カフ（共通）

Bを付ける（糸玉から編む）。
準備段：〈N1〉・〈N2〉最後まで表編み。
2mm針に持ち替える。

サイズ1のみ
1段め：〈N1〉*表目1、裏目1*を最後に1目残るまでくり返し、表目。〈N2〉*裏目1、表目1*を最後に1目残るまでくり返し、裏目1。

サイズ2のみ
1段め：〈N1〉・〈N2〉*表目1、裏目1*を最後までくり返す。

サイズ1・2共通
1段めをあと6回編む。
1目ゴム編み止め、もしくは好みの伸縮性のある止め方で止める。

FINISHING／仕上げ

インターシャ編みのストライプの編み始めの糸端以外はすべて糸始末する。残した糸端で、各ストライプの編み始め位置に次のようにしてチェーンステッチを3目刺す。
①糸端をとじ針に通す。インターシャ編みの最初の目の中心に、針を後ろから手前に出す（裏に渡るA糸にからめてから手前に出すなど、最初の目がほどけないようにする）。
②針を出したところから後ろへ戻し、表面に小さなループが残る程度に糸を引く。隣の目（「左」「右」それぞれ隣に短いストライプがある側に進む）の中心に後ろから針先を入れ、表面に出す。針先を残しておいたループの中心に通し、針を全部引き出して糸を軽く引く。引きすぎないように注意する。
③ ②をくり返し、チェーンステッチを3目刺す。最後は針を後ろへ戻さず、3目めのループの中央上側（ループの外）に針を入れ、後ろへ戻す。これで最後のループが固定されるので、糸始末をする。
つま先付近の糸端は、靴下を履き口側から丸めると始末しやすくなる。水通しをし、寸法に合わせてブロッキングする。

28 LAZY DAISY

レイジーデイジー

SIZES ／**サイズ**

1 {2}

FINISHED MEASUREMENTS ／**仕上がり寸法**

周囲：15.5 {17} cm
かかと〜カフまでの長さ：22 cm {23.5} cm

MATERIALS ／**材料**

糸：A Verb for Keeping WarmのGather（アメリカ産ランブイエメリノ種75%・アメリカ産アルパカ25%、183 m/50g）〈C1：Sundappled〉2カセ・〈C2：Quartz〉1カセ
針：3.25mm（US 3／JP 4号）輪針、2.25mm（US 1／JP 0号または1号）の棒針
※2.25mm針は伏せ止めに使用するため針の種類は問わない。
その他の用具：取り外し可能なステッチマーカー3個、とじ針

GAUGE ／**ゲージ**

28目×34段（3.25mm針でメリヤス編み・10cm角、ブロッキング後）

CAST-ON ／作り目

ジュディーズマジックキャストオン［Judy's Magic Cast-On］とC2で12 {16}目作り、全体の目数を2等分し、前半を〈N1〉、後半を〈N2〉とする。取り外し可能なマーカーを1目めに付けて段の始めの目印とする。

TOE ／つま先

1段め：表編み。
2段め（増し目段）：*表目1、左ねじり増し目、1目残るまで表編み、右ねじり増し目、表目*。*〜*までを最後までくり返す。
1・2段めをくり返し、合計44 {48}目になるまで編む。
表編みで1段編んで、糸を切る。

FOOT ／フット

C1に持ち替える。
表編みで輪に編みながら作り目からの長さが「好みの足底仕上がり寸法－4.5cm」になるまで編む。
〈N1〉と〈N2〉のどちらを足底にするかを決める。足底にする側の最初の目と最後の目、さらに中心の目に取り外し可能なマーカーを付ける。

LEG ／レッグ

フットでマーカーを付けた位置から12.5cmになるまで表編みで輪に編み続ける。

CUFF ／カフ

1段め：*表目2、裏目2*、*〜*を最後までくり返す。
1段めをくり返し、カフが5 {6.5} cmになるまで編む。
2.25mm針でジェニーズサプライジングリーストレッチーバインドオフ［Jeny's Surprisingly Stretchy Bind-Off］で止める。細めの針を使うと止めが整い、ゆるくならない。

HEEL ／ヒール

靴下を平置きし、3.25mm輪針でフットの最後に印を付けた段の1段上の22 {24}目に針を通す（編み目の右側の足をすくうようにして通す）。同じ輪針の反対側の針先を使って、今度は印を付けた段の1段下の編み目22 {24}目にも同様にして針を通す。左右の端のマーカーを外す。
真ん中のマーカーを引き、マーカーを付けた目を引っぱり上げてほかの糸を切らないよう注意してはさみで切る。そこから左右へ編み目をほどく。ただし、端の1目だけはほどかず残しておく。2本の針先にとった44目{48}目でかかとを輪に編む。
C2を付けて1段表編み（目数の配分を変えずに編む）。
1段め：*表目1、右上2目一度、最後に3目残るまで表編み、左上2目一度、表目1*。*〜*をもう一度編む。
2段め：表編み。
1・2段めをくり返し、各針6 {8}目ずつ、合計12 {16}目になるまで編む。

FINISHING ／仕上げ

糸端を30.5cm残して切る。残った目をメリヤスはぎではぎ合わせ、糸始末をする。水通しをし、寸法に合わせてブロッキングする。

29
TURNING POINT

ターニングポイント

SIZES／**サイズ**

1 {2}

FINISHED MEASUREMENTS／**仕上がり寸法**

ふくらはぎ周囲：33cm
フット周囲：23 {24.5} cm

MATERIALS／**材料**

糸：Schachenmayr RegiaのPremium Merino Yak（ウール58%・ポリアミド28%・ヤク14%、400m/100g）2カセ〈Mint Meliert 07513〉
針：2.5mm（US 1.5／JP 1号）の5本針
その他の用具：ステッチマーカー、とじ針

GAUGE／**ゲージ**

27目×38段（メリヤス編み・10cm角、ブロッキング後）

SPECIAL ABBREVIATIONS／**特別な用語**

左上3目と1目の交差（下側が裏目）：1目をなわ編み針に移して編み地の後ろにおき、左針から表目3、なわ編み針から裏目1。
左上3目と2目の交差（下側が裏目）：2目をなわ編み針に移して編み地の後ろにおき、左針から表目3、なわ編み針から裏目2。
右上3目交差：3目をなわ編み針に移して編み地の手前におき、左針から表目3、なわ編み針から表目3。
右上3目と1目の交差：3目をなわ編み針に移して編み地の手前におき、左針から表目1、なわ編み針から表目3。
右上3目と2目の交差：3目をなわ編み針に移して編み地の手前におき、左針から表目2、なわ編み針から表目3。
右上3目と2目の交差（下側が裏目）：3目をなわ編み針に移して編み地の手前におき、左針から裏目2、なわ編み針から表目3。
右上3目と1目の交差（下側が裏目）：3目をなわ編み針に移して編み地の手前におき、左針から裏目1、なわ編み針から表目3。
左上3目交差：3目をなわ編み針に移して編み地の後ろにおき、左針から表目3、なわ編み針から表目3。
左上3目と1目の交差：1目をなわ編み針に移して編み地の後ろにおき、左針から表目3、なわ編み針から表目1。
左上3目と2目の交差：2目をなわ編み針に移して編み地の後ろにおき、左針から表目3、なわ編み針から表目2。

LEFT SOCK ／左足

CUFF ／カフ

好みの作り目の方法で88 {88}目作る。
編み目を4本の針に22目ずつ分け、編み目がねじれないように輪にする。
カフの段：*表目のねじり目1、裏目1*、*〜*を最後までくり返す。
上記の段を合計22段（5cm）編む。
準備段：*裏目1、表目3、裏目3、表目6、裏目3、表目3、裏目3*、*〜*を合計4回編む。
準備段のあとはチャートの通りに編む（チャートは針1本分なので毎段4回編む）。
チャートA（左）の1〜40段め、続けて1〜16段めを編み、最後に41・42段めを編む。
チャートA（左）を編み終えたら、チャートB（左）を編む。

HEEL FLAP ／ヒールフラップ

※〈N1＝針1〉、〈N2＝針2〉、〈N3＝針3〉、〈N4＝針4〉。
〈N1〉裏目1、表目3、裏目2、表目5。〈N1〉の残りの6目を〈N1〉から〈N2〉に移す。次の段は準備段として〈N1〉の目から〈N4〉の目へと編み進め、最後のほうでは〈N3〉の目を編んで〈N4〉に移す。

サイズ1のみ
編み地を返す。
すべり目1、裏目4、左上2目一度、裏目3、左上2目一度、裏目3、左上2目一度、裏目5、左上2目一度、裏目3、左上2目一度、裏目3、左上2目一度、裏目5。
以降、〈N2〉と〈N3〉の29目（甲側）は休ませ、〈N1〉と〈N4〉の33目でヒールフラップを往復に編む。

サイズ2のみ
編み地を返す。
すべり目1、裏目4、表目2、裏目3、左上2目一度、裏目3、左上2目一度、裏目5、左上2目一度、裏目3、左上2目一度、裏目3、表目2、裏目5。
以降、〈N2〉と〈N3〉の29目（甲側）は休ませ、〈N1〉と〈N4〉の35目でヒールフラップを往復に編む。

1段め：編み地を返す。すべり目1、*表目1、すべり目1*、*〜*を最後に2目残るまで編み、表目1、裏目1。
2段め：編み地を返す。すべり目1、残りは裏編み。
1・2段めを合計12 {13}回編む。

HEEL TURN ／ヒールターン

準備：全体を11目・11目・11目{12目・11目・12目}に3分割する。
※必要に応じてマーカーを入れて編むとよい。
1段め：すべり目1、表目10 {11}、表目8（中心部分）、右上2目一度、表目1、編み地を返す。
2段め：浮き目1、裏目6、裏目の左上2目一度、裏目1、編み地を返す。
中心部分の両端にできる段差が以降の操作の目印となる。
3段め：すべり目1、段差との間に1目残るまで表編み、（段差の前後の1目ずつを）右上2目一度、表目1、編み地を返す。
4段め：浮き目1、段差との間に1目残るまで裏編み、（段差の前後の1目ずつを）裏目の左上2目一度、裏目1、編み地を返す。
3・4段めをくり返し、すべての目を編み終えるまで編む。合計19 {21}目になる。
※サイズ1の最後の3段めは右上2目一度、4段めは裏目の左上2目一度で編み終わる。

GUSSET ／マチ

再び輪に編む。
※チャートC（左）は最初に1〜42段めまでを編み、次に3〜18段めをもう一度編み、最後に43・44段めを編む。
※〈N1〉・〈N4〉（足底）は表編み、〈N2〉・〈N3〉はチャートC（左）を編む。
1段め：表目10 {11}、PM（ここを段の始めとする）。新たな針（〈N1〉になる）で表目9 {10}、ヒールフラップの端に沿って15 {17}目拾う。〈N2〉・〈N3〉は模様編み。〈N4〉ヒールフラップの端に沿って13 {15}目拾う、同じ針でヒールフラップの残りの目（PMの前に編んだ目を再度編む）を表目10 {11}。
目数は〈N1〉24 {27}目、〈N2〉15 {15}目、〈N3〉14（14）目、〈N4〉23 {26}目となる。
2段め：〈N1〉表編み。〈N2〉・〈N3〉模様編み。〈N4〉表編み。
3段め（減目段）：〈N1〉最後に2目残るまで表編み、左上2目一度。〈N2〉・〈N3〉模様編み。〈N4〉右上2目一度、最後まで表編み。
4段め：〈N1〉表編み。〈N2〉・〈N3〉模様編み。〈N4〉表編み。
3・4段めをくり返し、〈N1〉が17 {19}目、〈N4〉が16 {18}目になるまで編む。
合計62 {66}目になる。

FOOT ／フット

足底側は表編み、甲側は模様編みという編み方を続け、チャートC（左）の最後まで編む。
その後、表編みで1 {3}段編む。
つま先に備えて編み目を15目・16目・15目・16目{16目・17目・16目・17目} に分け直す。

TOE ／つま先

1段め（減目段）：〈N1〉最後に3目残るまで表編み、左上2目一度、表目1。〈N2〉表目1、右上2目一度、最後まで表編み。〈N3〉は〈N1〉、〈N4〉は〈N2〉と同様に編む。
2段め：表編み。
1・2段めを38 {34}目になるまでくり返す。
以降、1段めだけをくり返し、合計18目になるまで編む。
〈N1〉の目だけを表編み。
糸端を15〜20cm残して糸を切る。
甲側と足底側の目をメリヤスはぎする。

RIGHT SOCK／右足

CUFF／カフ

88 {88}目作る。
編み目を4本の針に22目ずつ分け、編み目がねじれないように輪にする。
カフの段：*表目のねじり目1、裏目1*、*～*を最後までくり返す。
上記の段を合計22段(5cm)編む。
準備段：*裏目3、表目3、裏目3、表目6、裏目3、表目3、裏目1*、*～*を合計4回編む。
準備段のあとはチャートの通りに編む(チャートは針1本分なので毎段4回編む)。
チャートA(右)の1～40段め、続けて1～16段めを編み、最後に41・42段めを編む。
チャートA(右)を編み終えたら、チャートB(右)を編む。

HEEL FLAP／ヒールフラップ

〈N1〉裏目1、表目3、裏目2、表目5。〈N1〉の残りの5目を〈N1〉から〈N2〉に移す。次の段は準備段として〈N1〉の目から〈N4〉の目へと編み進め、最後のほうでは〈N3〉の目を編んで〈N4〉に移す。

サイズ1のみ
編み地を返す。
すべり目1、裏目4、左上2目一度、裏目3、左上2目一度、裏目3、左上2目一度、裏目5、左上2目一度、裏目3、左上2目一度、裏目3、左上2目一度、裏目5。
以降、〈N2〉と〈N3〉の29目(甲側)は休ませ、〈N1〉と〈N4〉の33目でヒールフラップを往復に編む。
サイズ2のみ
編み地を裏面に返す。
すべり目1、裏目4、表目2、裏目3、左上2目一度、裏目3、左上2目一度、裏目5、左上2目一度、裏目3、左上2目一度、裏目3、表目2、裏目5。
以降、〈N2〉と〈N3〉の29目(甲側)は休ませ、〈N1〉と〈N4〉の35目でヒールフラップを往復に編む。

1段め：編み地を返す、すべり目1、*表目1、すべり目1*、*～*を最後に2目残るまで編み、表目1、裏目1。
2段め：編み地を返す、すべり目1、残りは裏編み。
1・2段めを合計12 {13}回編む。

HEEL TURN／ヒールターン

準備：全体を11目・11目・11目{12目・11目・12目}に3分割する。
※必要に応じてマーカーを入れて編むとよい。
1段め：すべり目1、表目10 {11}、表目8(中心部分)、右上2目一度、表目1、編み地を返す。
2段め：浮き目1、裏目6、裏目の左上2目一度、裏目1、編み地を返す。
中心部分の両端にできる段差が以降の操作の目印となる。
3段め：すべり目1、段差との間に1目残るまで表編み、(段差の前後の1目ずつを)右上2目一度、表目1、編み地を返す。
4段め：浮き目1、段差との間に1目残るまで裏編み、(段差の前後の1目ずつを)裏目の左上2目一度、裏目1、編み地を返す。
3・4段めをくり返し、すべての目を編み終えるまで編む。合計19 {21}目になる。
※サイズ1の最後の3段めは右上2目一度、4段めは裏目の左上2目一度で編み終わる。

GUSSET／マチ

再び輪に編む。
模様をチャートC(右)に変えて、左足と同様に編む。

FOOT／フット

足底側は表編み、甲側は模様編みという編み方を続け、チャートC(右)の最後まで編む。
その後、表編みで1 {3}段編む。
つま先に備えて編み目を15目・16目・15目・16目{16目・17目・16目・17目} に分け直す。

TOE／つま先

左足と同様に編む。

FINISHING／仕上げ

糸始末をしたあと、水通しをし、寸法に合わせてブロッキングする。

チャートA（左）

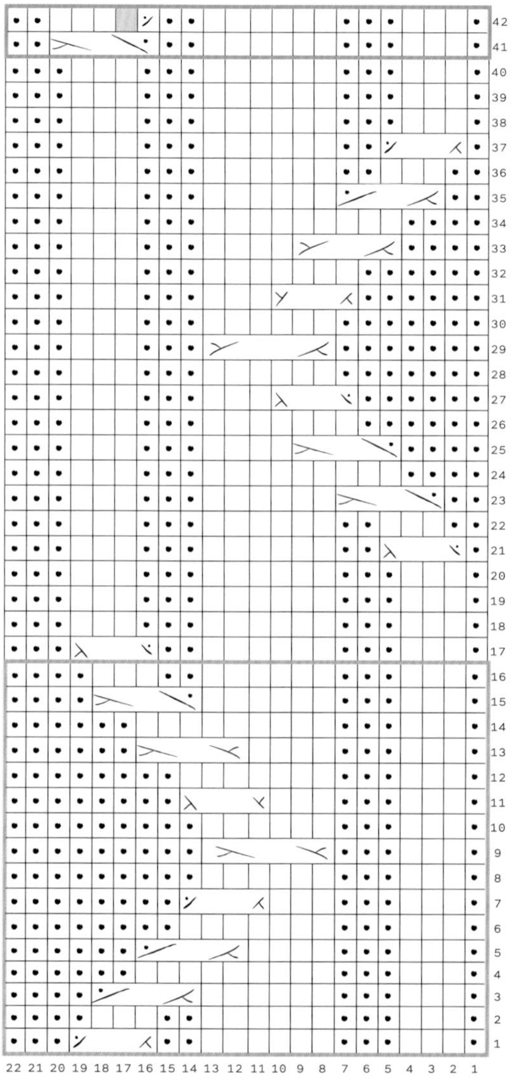

チャートA（右）

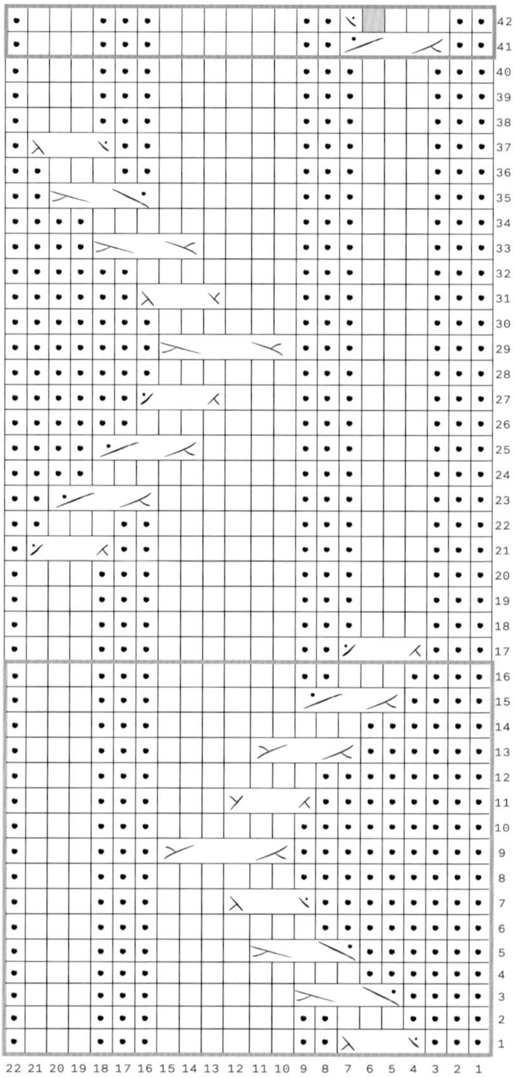

※チャートの記号凡例はP.153を参照してください。

チャートB（左）

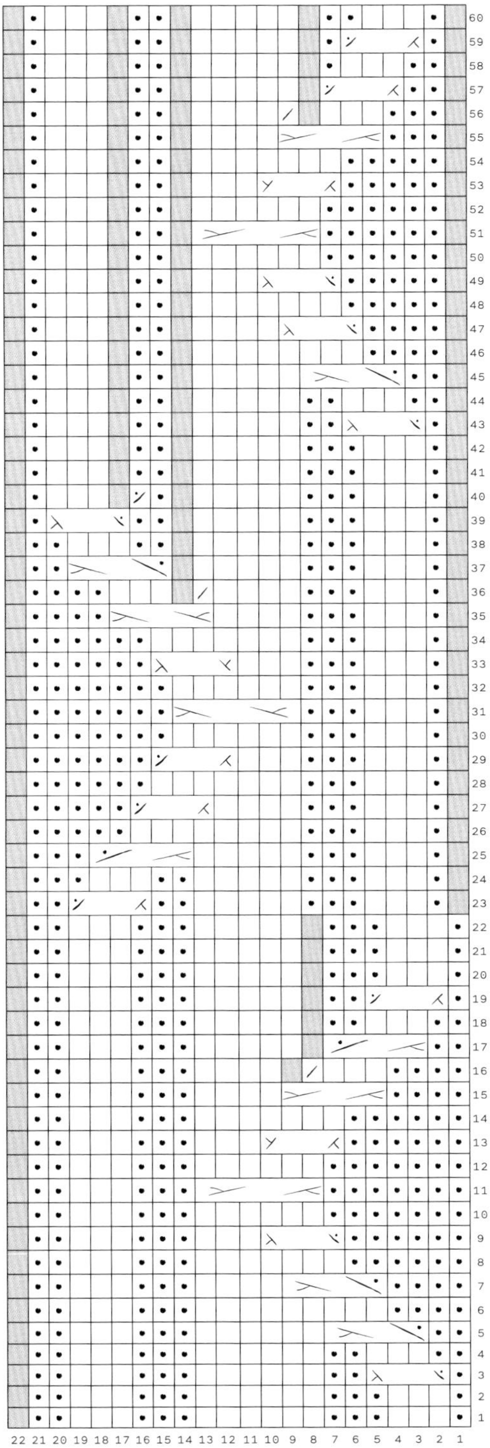

チャートB（右）

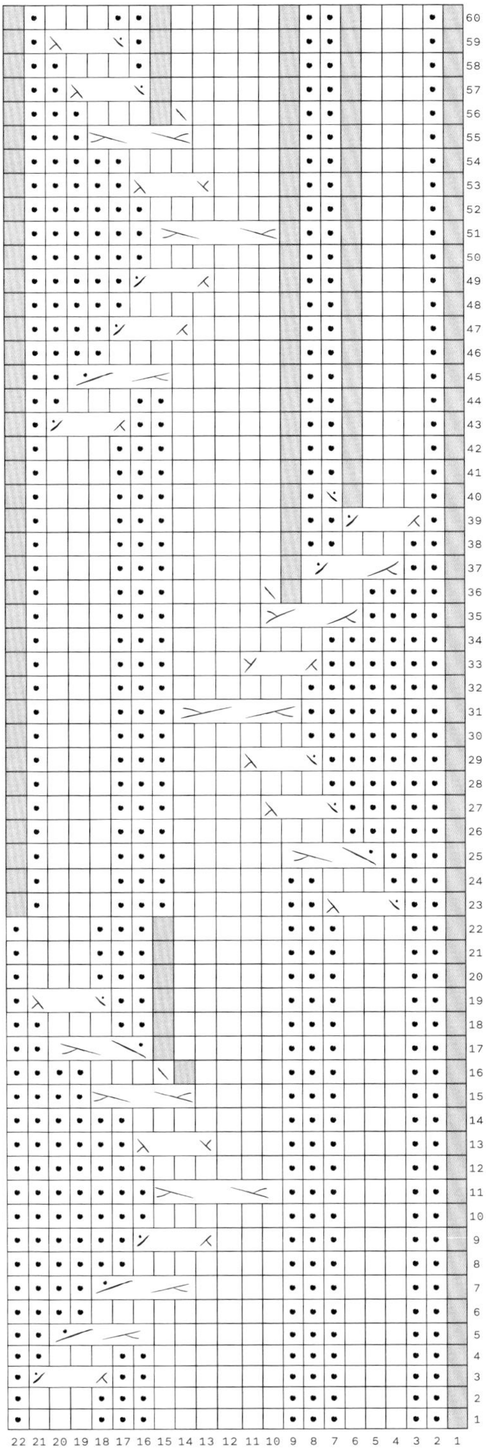

チャートC（左）

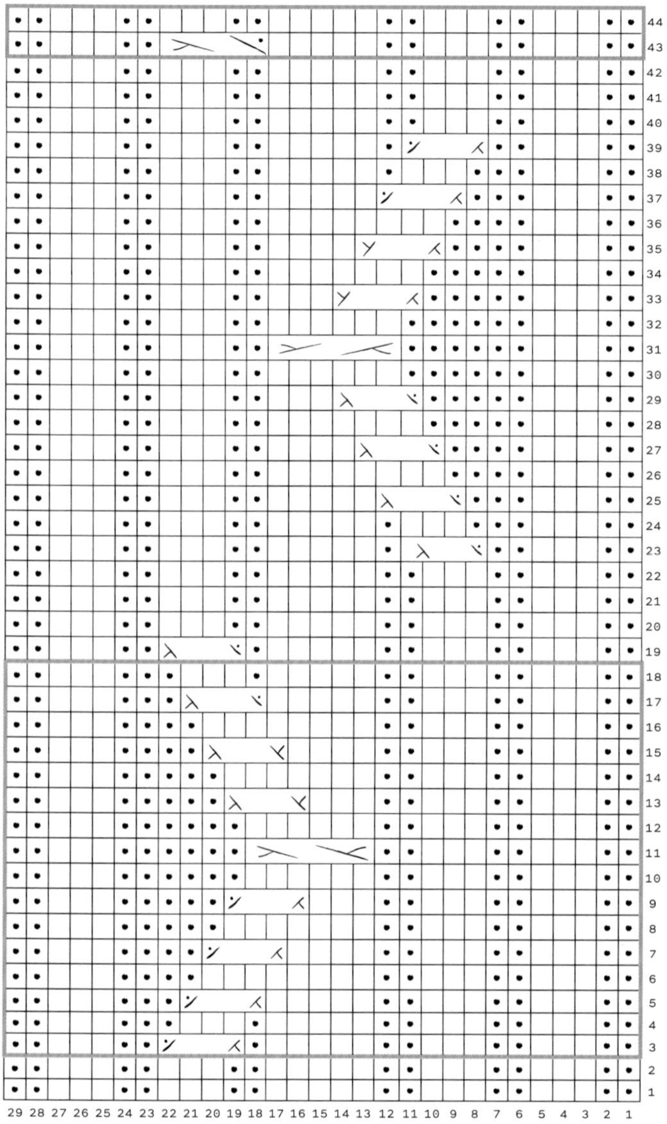

チャートC（右）

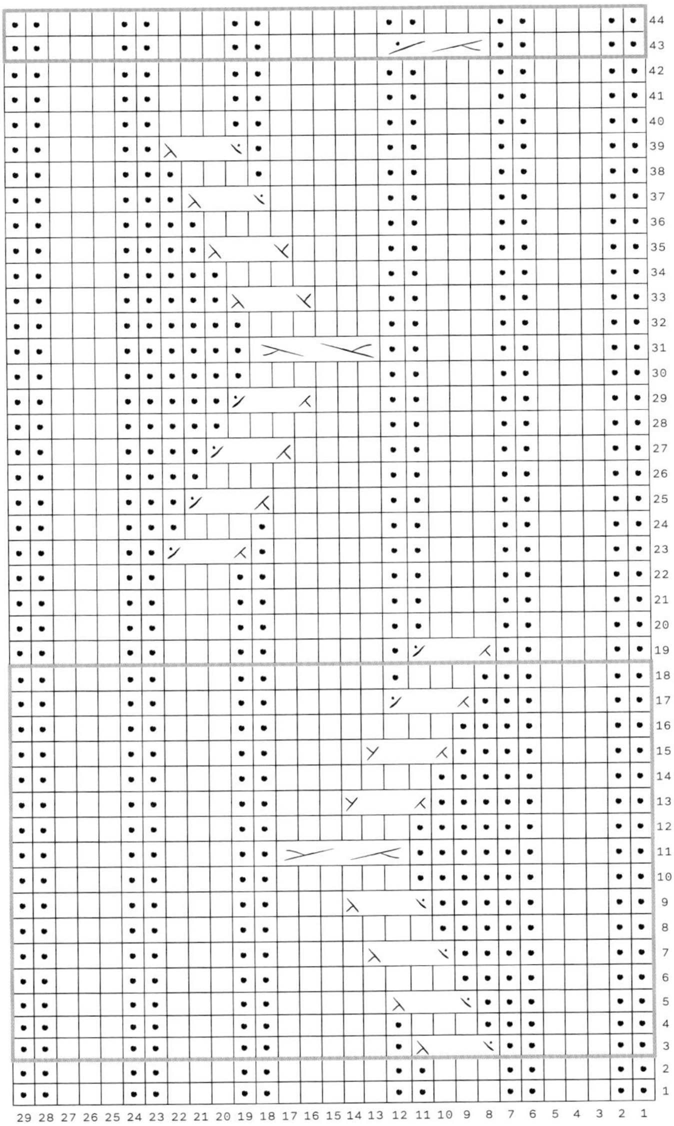

□	表目
•	裏目
	左上3目と1目の交差（下側が裏目）
	左上3目と2目の交差（下側が裏目）
	右上3目交差
	右上3目と1目の交差
	右上3目と2目の交差
	右上3目と2目の交差（下側が裏目）
	右上3目と1目の交差（下側が裏目）
	左上3目と2目の交差
	左上3目と1目の交差
	左上3目と2目の交差
	裏目の左上2目一度
	実際にはない目
	左上2目一度
	くり返し範囲
	くり返しの最後
	裏目の右上2目一度

30 HOLLINGBOURNE

ホリングボーン

SIZES／サイズ

1 {2}

FINISHED MEASUREMENTS／仕上がり寸法

フット周囲：20 {21} cm
足底長さ：22 {22.5} cm

MATERIALS／材料

糸：La Bien Aimée × Mondim（ポルトガル産ウール100%、385m／100g）〈MC：Hegelia〉・〈CC：Winter〉各1カセ
針：2.25mm（US 1／JP 0号または1号）{2.5mm（US 1.5／JP 1号）}の輪針
その他の用具：ステッチマーカー、とじ針

GAUGE／ゲージ

サイズ1：36目×38段（2.25mm針で模様編み・10cm角、ブロッキング後）
サイズ2：34目×36段（2.5mm針で模様編み・10cm角、ブロッキング後）

NOTES／メモ

この作品は使用針の号数を変えることでゲージを変え、2種類のサイズに編み分けています。編み込み模様を編むときには、模様の出方が変わらないよう全体を通して糸の持ち方・渡し方を統一してください。CC（配色糸）はつねにMC（地色糸）の下になるように渡します。

CUFF ／カフ

サイズに該当する号数の針とMCで64目作る。
段の始めにPM。編み目がねじれないように輪にする。
※編み目の前半32目を〈N1〉（足底側）、後半32目を〈N2〉（甲側）とする。
準備段：*表目1、裏目1*を最後までくり返す。
上記の1目ゴム編みを合計15段編む。

LEG ／レッグ

MCで*表目8、左ねじり増し目*を最後までくり返す。8目増。合計72目になる。
模様編みのチャートの通りに、必要箇所でCCの糸を付けながら編む。
チャートの模様は毎段2回編み、1～24段めまでを2回くり返す。
※14段めの1目めの編み方：1目めの下の渡り糸（CC：ホワイト）を左針にのせ、これを次の目（MC）と2目一度のように編む。こうすることで段の境目にできる段差をなくし、ダイヤ型を保つ。
CCの糸を切り、マーカーを外す。

HEEL ／ヒール

ここからかかとは〈N1〉とMCで引き返し編みをしながら往復に編む。
〈N1〉には36目かかっている。
1段め（表面）：*表目6、左上2目一度*を4回編む。4目減。右針には28目、左針には4目残る。表目3、編み地を返す。1目編み残す。
2段め（裏面）：すべり目1、裏目29（最後に1目編み残す）、編み地を返す。
3段め：すべり目1、表目28（編み残した目が2目になる）、編み地を返す。
4段め：すべり目1、裏目27、（段差との間に1目残して）編み地を返す。
5段め：すべり目1、表目26、（段差との間に1目残して）編み地を返す。
6段め：すべり目1、段差との間に1目残るまで裏編み、編み地を返す。
7段め：すべり目1、段差との間に1目残るまで表編み、編み地を返す。
6・7段めをあと6回編む。
20段め：すべり目1、裏目11、編み地を返す。
裏目12目の両端には編み残した目が10目ずつになる。
これ以降も往復編みしながら引き返し編みでできた段差を解消する。
21段め（表面）：すべり目1、表目10、（段差の前後の目を）右上2目一度、表目の増し目1（2目一度の左側の目の1段下の目に表目を編む）、編み地を返す。
22段め（裏面）：すべり目1、裏目11、（段差の前後の目を）裏目の左上2目一度、裏目の増し目1（2目一度の左側の目の1段下の目に裏目を編む）、編み地を返す。
23段め：すべり目1、表目12、右上2目一度、表目の増し目1、編み地を返す。
24段め：すべり目1、裏目13、裏目の左上2目一度、裏目の増し目1、編み地を返す。
上記の手順で14段編む。
39段め（表面）：すべり目1、表目28、右上2目一度、表目の増し目1、編み地を返す。
40段め（裏面）：すべり目1、裏目29、裏目の左上2目一度、裏目の増し目1、編み地を返す。
41段め：*表目8、左増し目*を4回編む。4目増。
〈N1〉は36目になる。

FOOT ／フット

再び輪に編む。
〈N2〉の始めにマーカーを付け、CCを付け直し、〈N1〉と〈N2〉でチャートの模様を編む。
1～24段めまでを合計2回編み、CCを切る。

TOE ／つま先

MCで1段表編み。
*表目7、左上2目一度*を最後までくり返す。8目減。合計64目になる。
この時点で「仕上がり寸法－4cm」であることを確認する。目安としては親指の付け根あたりまでの長さになる。足りないときにはMCで表編みを続ける。ほかに、フットが長すぎる／短すぎるようであれば、チャートの段を増減する方法もある。

〈N1〉・〈N2〉が同じ目数になっていることを確認し、マーカーを足底の真ん中に付けてそこを段の始めとする。〈N2〉は甲側の目、〈N1〉は足底側の目になる。
準備段：MCで段の始めのマーカーまで表編み。
1段め（減目段）：〈N1〉3目残るまで表編み、左上2目一度、表目1。〈N2〉表目1、右上2目一度、3目残るまで表編み、左上2目一度、表目1。〈N1〉表目1、右上2目一度、マーカーまで表編み。4目減。
2段め：表編み。
1・2段めをくり返し、〈N1〉・〈N2〉が20目ずつ、合計40目になるまで編む。
毎段1段め（減目段）だけを編み、各針10目ずつ、合計20目になるまで編む。
段の始めのマーカーを外す。表目5で端まで編む。
残った甲側の目と足底側の目をメリヤスはぎではぎ合わせる。

FINISHING ／仕上げ

糸始末をしたあと、水通しをし、寸法に合わせてブロッキングする。

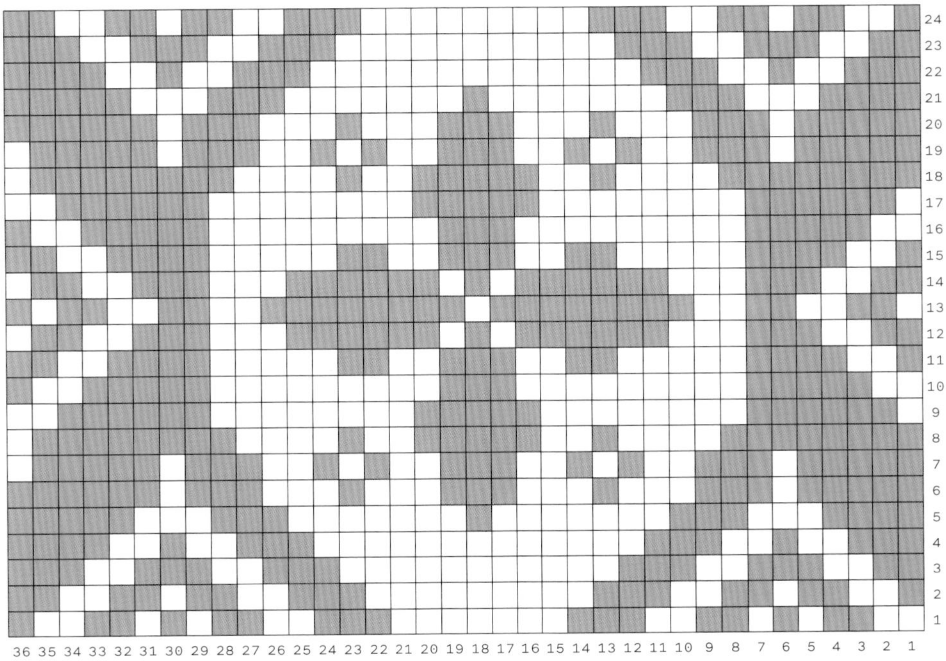
24 23 22 21 20 19 18 17 16 15 14 13 12 11 10 9 8 7 6 5 4 3 2 1
36 35 34 33 32 31 30 29 28 27 26 25 24 23 22 21 20 19 18 17 16 15 14 13 12 11 10 9 8 7 6 5 4 3 2 1

MC
CC

31 RIVERBED

河床

SIZES／サイズ

1 {2}

FINISHED MEASUREMENTS／仕上がり寸法

フット周囲：17.5 {21} cm
長さ：調整可
ショートソックスとしてデザインしています。レッグの模様を編み足すことで長さを伸ばせますが、その分糸量が多くなることをお忘れなく。

MATERIALS／材料

糸：Walk CollectionのSilky BFL DK（ウール55%・シルク45%、212m/100g）1 {2} カセ〈Apollo〉
針：3mm（US 2.5／JP 3号）5本針または80cm輪針でマジックループ式に編む
その他の用具：ステッチマーカー、とじ針

GAUGE／ゲージ

25目×34段（裏メリヤス編み・10cm角、ブロッキング後）

RIGHT SOCK／右足

CUFF／カフ

48 {56} 目作り、マジックループ式に編めるよう2本の針に編み目を均等に分ける。マーカーを入れ、編み目がねじれないように輪にする。

1段め：*表目1、裏目1*、*〜*を最後までくり返す。

上記の1目ゴム編みをあと12段編む。

LEG／レッグ

準備段：裏目6 {8}、PM、リブレース模様(右)のチャートの1段めを編む、裏目12 {16}、PM、リブレース模様(右)のチャートの1段めを編む、最後まで裏編み。

1段め：マーカーまで裏編み、SM、リブレース模様(右)のチャートの次の段を編む、マーカーまで裏編み、SM、リブレース模様(右)のチャートの次の段を編む、最後まで裏編み。

上記の手順で、リブレース模様(右)のチャートの1〜6段めを4回編む。

HEEL FLAP／ヒールフラップ

1段め：*すべり目1、表目1*を合計12 {14} 回、合計24 {28} 目編む。編み地を返す。

これ以降、上記の編み目だけでヒールフラップを往復に編む。

残りの目はそのまま休ませておく。

2段め(裏面)：すべり目1、裏目23 {27}、編み地を返す。

3段め：*すべり目1、表目1*、*〜*を最後までくり返す。

2・3段めをあと11 {13} 回くり返す。

HEEL TURN／ヒールターン

1段め(裏面)：すべり目1、11目残るまで裏編み、裏目の左上2目一度、裏目1、編み地を返す。

2段め(表面)：すべり目1、11目残るまで表編み、右上2目一度、表目1、編み地を返す。

3段め：すべり目1、前段の引き返し編みできた段差との間に1目残るまで裏編み、(段差の前後の目を)裏目の左上2目一度、裏目1、編み地を返す。

4段め：すべり目1、前段の引き返し編みでできた段差との間に1目残るまで表編み、(段差の前後の目を)右上2目一度、表目1、編み地を返す。

3・4段めをくり返し、すべての目を編む。かかと底には14 {18} 目残る。

GUSSET／マチ

1段め：ヒールフラップの端に沿って12 {14} 目拾い、甲側との間にPM。甲側を模様編み、PM、ヒールフラップのもう片方の端から12 {14} 目拾う。

目数は62 {74} 目になる。ここを段の始めとして続けて輪に編む。

2段め：マーカーとの間に3目残るまで裏編み、裏目の左上2目一度、裏目1、SM、甲側を模様編み、SM、裏目1、裏目の左上2目一度、段の最後まで裏編み。

3段め：マーカーまで裏編み、SM、甲側を模様編み、SM、段の最後まで裏編み。

2・3段めをあと6 {8} 回編む。

甲側と足底側に24 {28} 目ずつ、合計48 {56} 目になる。

このまま模様編みを続けながら足底の長さが「希望仕上がり寸法－3.5 {4.5} cm」になるまで編む。最初のマーカーまで裏編み。ここを新たに段の始めとする。

TOE／つま先

1段め：裏目1、裏目の左上2目一度、マーカーとの間に3目残るまで裏編み、裏目の左上2目一度、裏目1、SM、裏目1、裏目の左上2目一度、最後に3目残るまで裏編み、裏目の左上2目一度、裏目1。

2段め：最後まで裏編み。

1・2段めをくり返し、甲側と足底側が12目ずつになるまで編む。

全体を中表に返す。

とじ針で甲側と足底側の12目ずつをメリヤスはぎではぎ合わせる(表に返すとはいだところが裏メリヤス編み目になる)。

CHANGES FOR LEFT SOCK／左足を編むときの変更箇所

左足は、次の箇所以外は右足と同様に編む；

カフの1段め：*裏目1、表目1*、*〜*を最後までくり返す。

この段をあと12回編む。

レッグ以降：チャートはリブレース模様(左)を編む。

FINISHING／仕上げ

糸始末をしたあと、水通しをし、寸法に合わせてブロッキングする。

リブレース模様(左)

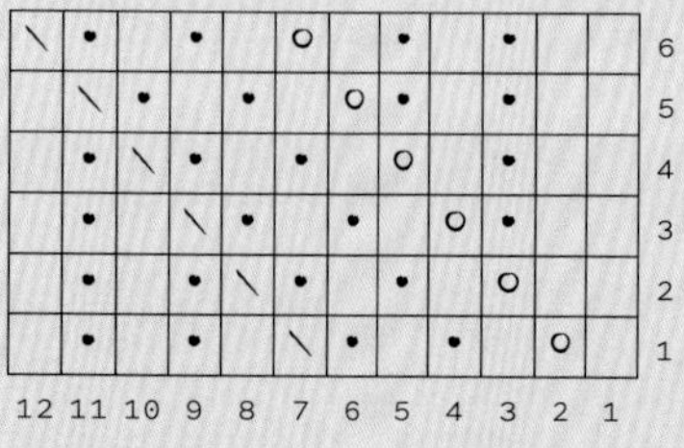

リブレース模様(右)

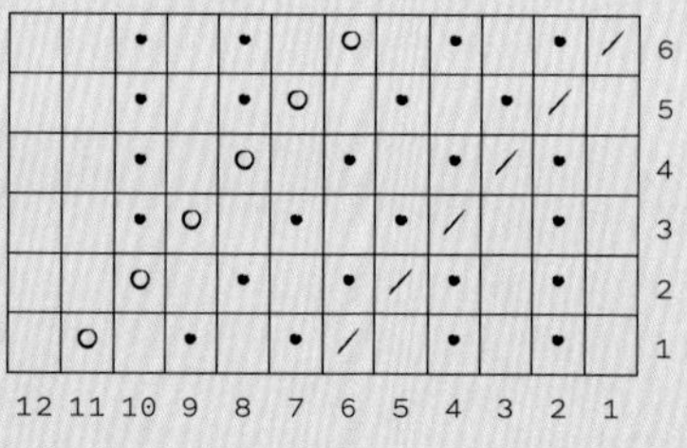

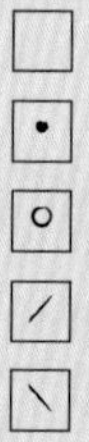

32 CARAPINS

カラピン

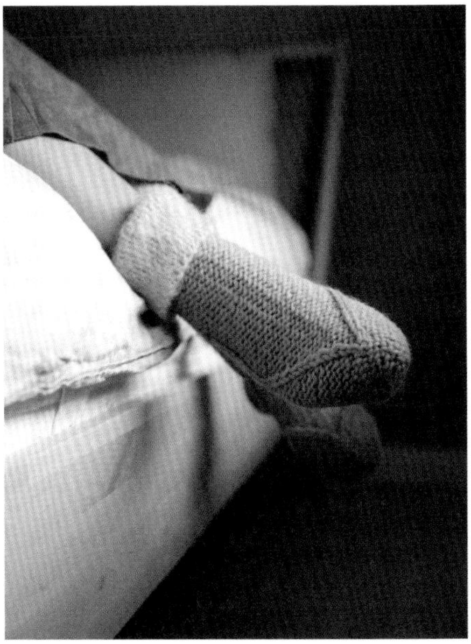

SIZES／サイズ

1 {2}

FINISHED MEASUREMENTS／仕上がり寸法

レッグ長さ（カフ〜かかとまで）：26cm
足底長さ：26 {30.5} cm
※上記は軽く縮絨したあとの寸法です。

MATERIALS／材料

糸：Rosa PomarのCobertor（ウール100%、120m）〈A：801〉1カセ・〈B：803〉1 {2} カセ
針：6mm（US 10／JP 13号）輪針または5本針
その他の用具：ステッチマーカー、とじ針、フリックカーダー（またはペット用ブラシ）

GAUGE／ゲージ

13目×17段（6mm針でメリヤス編み・10cm角、軽く縮絨後）

SPECIAL ABBREVIATIONS／特別な用語

右上1目交差（下側が裏目）：1目をなわ編み針に移して編み地の手前におき、左針から裏目1、なわ編み針から表目1。
左上1目交差（下側が裏目）：1目をなわ編み針に移して編み地の後ろにおき、左針から表目1、なわ編み針から裏目1。

NOTES／メモ

このスリッパはカフから編み始め、伝統的なポルトガル式のヒールとスパイラルトウを採用しています。全体を裏編みするため、表編みより裏編みを簡単に編めるポルトガル式の編み方に挑戦・練習する絶好の機会になります。
軽く縮絨して起毛加工をして仕上げると、内側の表編みの面がふっくらと毛羽立ちます。

LEG／レッグ

好みの作り目の方法でAの糸で32目作る。編み目がねじれないように輪にして、編み始めにマーカーを入れる。
裏編みで17段輪に編む。
Bに持ち替えて裏編みで11段編む。さらに裏編みで8目編み、編み地を返す。

HEEL FLAP／ヒールフラップ

1段め（裏面）：表目を編むように右針を入れてすべり目1、表目15、編み地を返す。
2段め：裏目を編むように右針を入れてすべり目1、裏目15、編み地を返す。
1・2段めを合計8回（16段）編む。

HEEL TURN／ヒールターン

1段め：表目を編むように右針を入れてすべり目1、表目8、ねじり目の右上2目一度、表目1、編み地を返す。
2段め：裏目を編むように右針を入れてすべり目1、裏目3、裏目の左上2目一度、裏目1、編み地を返す。
3段め：表目を編むように右針を入れてすべり目1、表目4、ねじり目の右上2目一度、表目1、編み地を返す。
4段め：裏目を編むように右針を入れてすべり目1、裏目5、裏目の左上2目一度、裏目1、編み地を返す。
5段め：表目を編むように右針を入れてすべり目1、表目6、ねじり目の右上2目一度、表目1、編み地を返す。
6段め：裏目を編むように右針を入れてすべり目1、裏目7、裏目の左上2目一度、裏目1。

GUSSET／マチ

ヒールフラップの左端に沿って裏目で8目拾う。拾うときにはヒールフラップの端目の2本を拾い、表面（裏編みの面）から見えるようにする。PM（マーカーA）、裏目16、PM（マーカーB）、ヒールフラップの右端に沿って、左端と同様に裏目で8目拾う。合計42目になる。段の終わりまで裏編み。ここからは再び輪に編む。

GUSSET SHAPING／マチのシェーピング

1段め：マーカーAとの間に2目残るまで裏編み、左上2目一度、SM、マーカーBまで裏編み、SM、ねじり目の右上2目一度、最後まで裏編み。合計40目になる。
2段め：マーカーAとの間に1目残るまで裏編み、表目1、SM、マーカーBまで裏編み、SM、表目1、最後まで裏編み。
1・2段めをあと4回編む。合計32目になる。

FOOT／フット

次段：マーカーAとの間に1目残るまで裏編み、表目1、SM、マーカーBまで裏編み、SM、表目1、最後まで裏編み。
この段をあと4 {7} 回編む。マーカーA・Bを外す。
ここからは表目を目印とする。
次段：最初の表目まで裏編み、右上1目交差（下側が裏目）。次の表目との間に1目残るまで裏編み、左上1目交差（下側が裏目）。段の終わりまで裏編み。
次段：1段裏編みしながら表目の2目は表編み。
上記の2段をくり返し、表目2目の間に編み目がなくなるまで、合計16段編む。
裏編みで0 {2} 段編む。

TOE／つま先

伝統的な手法（5本針のみ）；
編み目が各針に8目ずつになるように移し替える。RM。*左針に2目残るまで裏編み、裏目の左上2目一度。新しい針を右針とし、最後に編んだ目をこの針に移す*。*～*までをくり返し、各針に2目ずつ残るまで続ける。

マジックループ方式で編む場合；
1段め：*裏目6、裏目の左上2目一度*、*～*を最後までくり返す。4目減。28目になる。
2段め：裏目4、裏目の左上2目一度、*裏目5、裏目の左上2目一度*を3回、裏目1。4目減。24目になる。
3段め：裏目2、裏目の左上2目一度、*裏目4、裏目の左上2目一度*を3回、裏目2。4目減。20目になる。
4段め：裏目の左上2目一度、*裏目3、裏目の左上2目一度*を3回。裏目1、裏目の左上2目一度。5目減。15目になる。
5段め：*裏目2、裏目の左上2目一度*を3回、裏目の左上2目一度、裏目1。4目減。11目になる。
6段め：裏目の左上2目一度、*裏目1、裏目の左上2目一度*を2回、裏目3。3目減。8目になる。

FINISHING／仕上げ

糸を切り、残りの目に糸端を通して絞り止め、最後に糸始末をする。

スリッパの縮絨とカーディングについて
スリッパを縮絨するには温水に浸し、洗剤を入れて（汚れを落とすときのように）勢いよく洗う。
これに代わる方法として（水と労力を節約できるので、こちらの方法のほうがおすすめ）、シャワーを浴びるときに仕上げたスリッパを持って入り、シャワーを浴びながらスリッパを踏み続ける。余分な水分を除去して平干し、もしくは乾燥機に入れる。最後に中表に返し、フリックカーダーでスリッパの表面を起毛させる。

33 KAISLA

葦（リード）

SIZES ／サイズ

1 {2}

FINISHED MEASUREMENTS ／仕上がり寸法

フット周囲：20 {22} cm
レッグ長さ（カフ～かかとの上端まで）：12.5cm
※しっかりフィットするようフット長さは実寸より0.5cm少なく仕上げます。

MATERIALS ／材料

糸：Coop KnitsのSocks Yeah!（スーパーウォッシュメリノ75%・ナイロン25%、212m/50g）2カセ〈105 Danburite〉
針：2.5mm（US 1.5／JP 1号）輪針または5本針
その他の用具：ステッチマーカー、とじ針

GAUGE ／ゲージ

36目×50段（2.5mm針でメリヤス編み・10cm角、ブロッキング後）

NOTES ／メモ

編み方説明では片足分をそれぞれ「ソック1」と「ソック2」と呼びますが、左右は決まっていません。チャートはサイズ別に記載しています。

SOCK ONE ／ソック1

CUFF ／カフ

好みの作り目の方法で72 {84}目作り、編み目がねじれないように輪にする。
段の始めにマーカーを入れる。
1段め：*裏目2、表目3、裏目1 {2}*、*～*を最後までくり返す。
2～7段め：1段めをくり返して編む。
8段め：*チャートA {B} 1段めを編む*、*～*を最後までくり返す。
毎段チャートの次の段を編みながらチャートA {B}の1～22段めまでを2回編み、さらに1～11段めをもう一度編む。合計55段。

HEEL FLAP ／ヒールフラップ

編み地を返す。
ヒールフラップは次の35 {42}目を往復に編む。残りの37 {42}目は甲側の目として休ませておく。
1段め(裏面)：浮き目1、裏目34 {41}。
2段め(表面)：*すべり目1、表目1*、*～*を1 {0}目残るまでくり返し、表目1 {0}。
1・2段めをあと14回編み、1段めをもう一度編む。合計31段。

HEEL TURN ／ヒールターン

1段め(表面)：すべり目1、表目19 {22}、右上2目一度、表目1、編み地を返す。12 {16}目編み残す。
2段め(裏面)：浮き目1、裏目6 {5}、裏目の左上2目一度、裏目1、編み地を返す。12 {16}目編み残す。
3段め：すべり目1、段差との間に1目残るまで表編み、右上2目一度、表目1、編み地を返す。
4段め：浮き目1、段差との間に1目残るまで裏編み、裏目の左上2目一度、裏目1、編み地を返す。
3・4段めをあと5 {7}回編む。
編み残した目をすべて編み終わり、かかとの21 {24}目が残る。

GUSSET ／マチ

ここからは再び輪に編む；
準備段(表面)：すべり目1、表目20 {23}、ヒールフラップの端に沿って(ヒールフラップの端のすべり目から1目ずつ) 16目拾う。甲側の目はチャートA {B}の12段めを3回編む、裏目1 {0}。ヒールフラップの端に沿って16目拾う(ヒールフラップの端のすべり目から1目ずつ)、表目37 {40}(最初に編んだかかとの目と拾い目をもう一度編む)。甲側の始めにマーカーを入れ、ここを新たに段の始めとする。合計90 {98}目になる。
1段め：甲側はチャートA {B}の次の段を編む、裏目1 {0}、右上2目一度、最後に2目残るまで表編み、左上2目一度。2目減。
2段め：甲側はチャートA {B}の次の段を編む、裏目1 {0}、最後まで表編み。

1・2段めをあと8 {6}回編む。甲側37 {42}目、足底側35 {42}目、合計72 {84}目になる。

FOOT ／フット

ここまで編んできた通りに(甲側は模様編み、足底側は表編み)、「仕上がりフット長さ－4.5 {5} cm」になるまで編む。
準備段(サイズ1のみ)：表目1、右上2目一度、表目31、左上2目一度、最後まで表編み。

甲側と足底側が35 {42}目ずつになる。
1段め：表編み。
2段め：表目1、右上2目一度、表目29 {36}、左上2目一度、表目1、PM、表目1、右上2目一度、最後に3目残るまで表編み、左上2目一度、表目1。66 {80}目になる。
3段め：表編み。
4段め：*表目1、右上2目一度、マーカーとの間に3目残るまで表編み、左上2目一度、表目1、SM*、*～*をもう一度編む。4目減。
3・4段めをあと10 {13}回編む。合計44 {56}目減。22 {24}目になる。

SOCK TWO ／ソック2

CUFF ／カフ

好みの作り目の方法で72 {84}目作り、編み目がねじれないように輪にする。
段の始めにマーカーを入れる。
1段め：*裏目2、表目3、裏目1 {2}*、*～*を最後までくり返す。
2～7段め：1段めをくり返して編む。
8段め：*チャートA {B} 12段めを編む*、*～*までを最後までくり返す。
毎段チャートの次の段を編みながらチャートA {B}の12～22段めを編み、1～22段めを2回編む。合計55段。

HEEL FLAP AND TURN ／ヒールフラップとヒールターン

ソック1と同様に編む。

GUSSET ／マチ

次のように再び輪に編む；
準備段(表面)：すべり目1、表目20 {23}、ヒールフラップの端に沿って(ヒールフラップの端のすべり目から1目ずつ) 16目拾う。甲側はチャートA {B} 1段めを3回編む、裏目1 {0}。
ヒールフラップの端に沿って16目拾う(ヒールフラップの端のすべり目から1目ずつ)、表目37 {40}(最初に編んだかかとと拾い目をもう一度編む)。甲側の始めにマーカーを入れ、新たに段の始めとする。合計90 {98}目になる。
1段め：甲側はチャートA {B}の次の段を編む、裏目1 {0}、右上2目一度、最後に2目残るまで表編み、左上2目一度。2目減。
2段め：甲側はチャートA {B}の次の段を編む、裏目1 {0}、最後まで表編み。

1・2段めをあと8 {6}回編む。甲側37 {42}目、足底35 {42}目、合計72 {84}目になる。

FOOT AND TOE ／フットとつま先

ソック1と同様に編む。

FINISHING ／仕上げ

糸端を30.5cm残して糸を切り、甲側と足底側の目をメリヤスはぎではぎ合わせる。
糸始末をして、水通しをして寸法に合わせてブロッキングする。

チャートA（サイズ1）

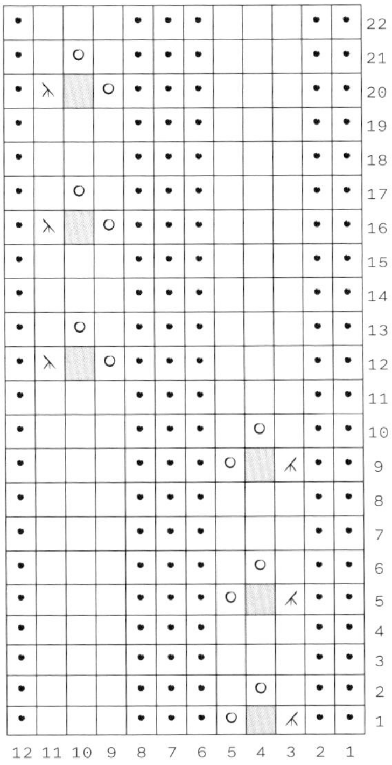

チャートB（サイズ2）

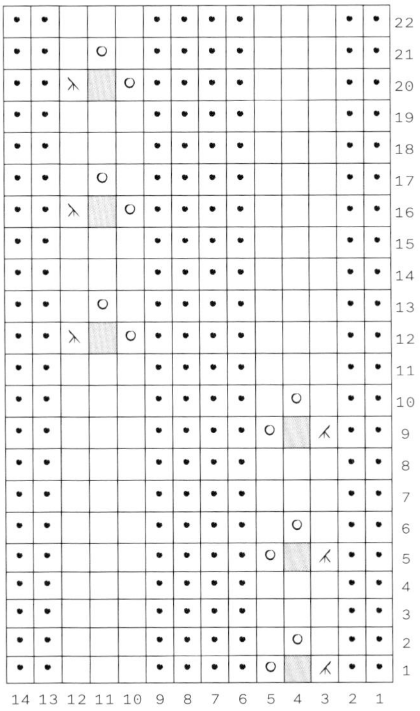

- □ 表目
- • 裏目
- ○ かけ目
- ⋌ 左上3目一度
- ⋋ 右上3目一度
- ▨ 実際にはない目

34 GERSTE

大麦

SIZES／サイズ

1 {2}

FINISHED MEASUREMENTS／仕上がり寸法

フット周囲：19 {20} cm
長さ：調整可

MATERIALS／材料

糸：Woolly Mammoth Fibre Co. のNatural Sock（ブルーフェイスレスター種50%・チェビオット種50%、400m/100g）1カセ〈Burnt Terracotta〉
針：2.25 mm（US 1／JP 0号または1号）の輪針
その他の道具：ブロッキングツール、とじ針、ステッチホルダーまたは別糸、ステッチマーカー

GAUGE／ゲージ

32目×44段（メインステッチパターン・10cm角、ブロッキング後）

SPECIAL ABBREVIATIONS／特別な用語

DS（ダブルステッチ）：ジャーマンショートロウ[German Short Row]の方法で引き返し編みをする際、引き返し位置に作る目。引き返す位置まで編んで編み地を返し、次のどちらかの方法ですべらせた最初の目を引き上げて2目のようにする。2目のようになった目がDS。
①最初の目が表目の場合…糸を手前に移してから表目を右針へすべらせ、糸を右針の上から編み地の後ろへ引っぱる。
②最初の目が裏目の場合…裏目を右針へすべらせ、糸を手前から後ろへ引っぱる。

STITCH PATTERNS／模様編み

ねじり1目ゴム編み（2目の倍数、輪編みの場合）
1段め：*表目のねじり目1、裏目1*、*～*をくり返す。

メインステッチパターン・右足
（サイズ2のフット／サイズ1・2のレッグに使用）
1～4段め：*表目のねじり目1、裏目3*、*～*をくり返す。
5～8段め：*裏目2、表目のねじり目、裏目1*、*～*をくり返す。

メインステッチパターン・右足
（サイズ1のフットに使用）
1～4段め：*表目のねじり目1、裏目3*、*～*を最後に2目残るまでくり返す、表目のねじり目1、裏目1。
5～8段め：*裏目2、表目のねじり目1、裏目1*、*～*を最後に2目残るまでくり返す、裏目2。

メインステッチパターン・左足
（サイズ2のフット／レッグに使用）
1～4段め：*裏目3、表目のねじり目1*、*～*をくり返す。
5～8段め：*裏目1、表目のねじり目1、裏目2*、*～*をくり返す。

メインステッチパターン・左足
（サイズ1のフットに使用）
1～4段め：裏目1、表目のねじり目1、*裏目3、表目のねじり目1*、*～*をくり返す。
5～8段め：裏目2、*裏目1、表目のねじり目、裏目2*、*～*を最後までくり返す。

メインステッチパターン・左足
（サイズ1のレッグに使用）
1～4段め：*裏目1、表目のねじり目1、裏目2*、*～*を最後までくり返す。
5～8段め：*裏目3、表目のねじり目1*、*～*を最後までくり返す。

スリップステッチリブ
（2目の倍数、往復編みの場合）
1段め（表面）：*表目1、すべり目1*、*～*を最後までくり返す。
2段め（裏面）：裏編み。

TOE／つま先

ジュディーズマジックキャストオン[Judy's Magic Cast-On]の方法で16 {16}目作り、編み目がねじれないように輪にする。前半を〈N1〉(足底側)、後半を〈N2〉(甲側)とする。

1段め：表編み。

2段め：〈N1〉表目1、右ねじり増し目1、最後に1目残るまで表編み、左ねじり増し目1、表目1。〈N2〉も〈N1〉と同様に編む。4目増。

2段めをあと2 {3}回編む。28 {32}目になる。

次に1・2段めをあと8 {8}回編む。60 {64}目。

1段めをもう一度編む。

FOOT／フット

〈N1〉該当する指示(左右)の通りにメインステッチパターン(以下、模様編み)を編む。〈N2〉メリヤス編み。

「ヒール」部分に記載している長さまで編む。足底の長さを測定するときには、足裏の親指の先からかかとの後ろ中心までを測る。

HEEL／ヒール

ヒールは「①マチとヒールフラップ」または「②ジャーマンショートロウヒール」のどちらか好みの方法で編む。該当するほうの指示を参照してください。

①「マチとヒールフラップ」の編み方

準備：作り目から測って足底長さが、「希望仕上がり寸法－12 {12.5} cm」になるまで模様編み、5 {7}段めまたは1 {3}段めで編み終える。

GUSSET／マチ

1段め：〈N1〉模様編みを続ける。〈N2〉表目1、右ねじり増し目1、最後に1目残るまで表編み、左ねじり増し目1、表目1。2目増。

2段め：〈N1〉模様編みを続ける。〈N2〉表編み。

1・2段めをあと14 {15}回編む。〈N2〉は60 {64}目になる。

〈N1〉は模様編みの続きを編んだあと、30 {32}目をホルダーまたは別糸に移す、または輪針のコード部分に移して休ませておく。

HEEL TURN／ヒールターン

※ここではジャーマンショートロウ式で引き返し編みの操作を記載していますが、好みの引き返し編みの方法で代用してもかまいません。

引き返し編み1段め(表面)：表目44 {47}、PM、編み地を返す。

引き返し編み2段め(裏面)：SM、DS、裏目27 {29}、PM、編み地を返す。

引き返し編み3段め：SM、DS、前段のDSとの間に1目残るまで表編み、編み地を返す。

引き返し編み4段め：DS、前段のDSとの間に1目残るまで裏編み、編み地を返す。

引き返し編み3・4段めをあと3 {4}回編む。

次段(表面)：DS、DSの足2本に針を入れて1目として編みながら(段消しをしながら)マーカーまで表編み、SM、ねじり目の右上2目一度、編み地を返す。1目減。〈N2〉は59 {63}目になる。

次段(裏面)：浮き目1、SM、DSの足2本に針を入れて1目として編みながら(段消しをしながら)マーカーまで裏編み、SM、裏目の左上2目一度、編み地を返す。1目減。〈N2〉は58 {62}目になる。

HEEL FLAP／ヒールフラップ

ここからは〈N2〉の編み目すべてを使ってヒールフラップを編む。

1段め(表面)：すべり目1、SM、マーカーまでスリップステッチリブ、SM、ねじり目の右上2目一度、編み地を返す。1目減。

2段め(裏面)：浮き目1、SM、マーカーまでスリップステッチリブ、SM、裏目の左上2目一度、編み地を返す。1目減。

1・2段めをくり返し、マチの目をすべて編み、マーカーの外側に1目ずつ残るまで編む。裏面の段で編み終える。〈N2〉は30 {32}目になる。

〈N1〉の目を輪針に戻す。

次段：すべり目1、〈N2〉を表編み。マーカーをすべて外し、「レッグ」のセクションへ進む。

②「ジャーマンショートロウヒール」の編み方

つま先の作り目から足底長さが「希望仕上がり寸法－4.5 {5} cm」になるまで模様編みで編み、3段めまたは7段めで編み終える。

〈N1〉を模様編みで編んだあと、〈N1〉から30 {32}目をホルダーまたは別糸に移す、または輪針のコード部分に移して休ませておく。

かかとは〈N2〉の目だけを往復に編む。

※以下の引き返し編みの方法は、好みの方法で代用してもかまいません。

引き返し編み1段め(表面)：表編み。

引き返し編み2段め(裏面)：DS、裏目29 {31}、編み地を返す。

引き返し編み3段め：DS、表目28 {30}、編み地を返す。

引き返し編み4段め：DS、前段のDSの手前まで裏編み、DSは編まずに編み地を返す。

引き返し編み5段め：DS、前段のDSの手前まで表編み、DSは編まずに編み地を返す。

引き返し編み6段め：DS、前段のDSの手前まで裏編み、DSは編まずに編み地を返す。

引き返し編み5・6段めをあと7 {8}回編む。

かかとの前半で編んでできたDSは、これ以降1目として編む。

引き返し編み1段め(表面)：DS、前段のDSの次の目まで表編み、編み地を返す。

引き返し編み2段め(裏面)：DS、前段のDSの次の目まで裏編み、編み地を返す。
1・2段めをあと7 {8} 回編み、1段めをもう一度編む。
次段(裏面)：浮き目1、〈N2〉の最後まで裏編み、編み地を返す。
次段(表面)：すべり目1、〈N2〉の最後まで表編み、編み地を返す。
〈N1〉の目を輪針に戻す。次に「レッグ」を編む。

LEG／レッグ

※編み地に隙間ができないように、レッグの1段めを編みながら〈N1〉と〈N2〉の間から1目ずつ拾い、次の目と2目一度にして編むことをおすすめします。

ここからは再び輪に編み、左右それぞれの指示に沿って全体を模様編みする。編み始めは前述の指示の続きであれば1段めまたは5段め、それ以外は適宜続きの段から編み始める。〈N1〉と〈N2〉に30 {32} 目ずつ、合計60 {64} 目になる。
模様編みを「レッグの希望仕上がり寸法－4cm」になるまで編み、模様の8段めで編み終える。
※左足のみ：レッグの最終段では最後に1目編み残し、〈N1〉に移して、段の始めの位置を変える。

CUFF／カフ

右足サイズ1 {2}・左足サイズ1のみ
1・2段め：*表目のねじり目1、裏目3*、*～*を最後までくり返す。

左足サイズ2のみ
1・2段め：*裏目2、表目のねじり目1、裏目1*、*～*を最後までくり返す。

サイズ1・2共通
3～15段め：*表目のねじり目1、裏目1*、*～*を最後までくり返す。
1目ゴム編み止め[Invisible Ribbed BO]、または1目ゴム編みに適した好みの方法で止める。

FINISHING／仕上げ

糸始末をしたあと、水通しをして寸法に合わせてブロッキングする。

35 STRING OF HEARTS

ハートのつらなり

SIZES ／**サイズ**

1 {2}

FINISHED MEASUREMENTS ／**仕上がり寸法**

周囲：20 {25} cm
長さ：23.5 {25.5} cm

MATERIALS ／**材料**

糸：TukuwoolのTukuwool Sock（フィンランド産ウール80%・ナイロン20%、160m/50g）2カセ〈Ruso〉
針：3mm（US 2.5／JP 3号）輪針、4mm（US 6／JP 6号）輪針または編み針（作り目用）
その他の道具：ステッチマーカー4個、とじ針、別糸とかぎ針（別鎖用）

GAUGE ／**ゲージ**

24目×35段（3mm針でメリヤス編み・10cm角、ブロッキング後）

NOTES ／**メモ**

フットの長さはチャートの模様を半模様または1模様多く、あるいは少なく編むことで簡単に調整できます。サイズ1から2までの範囲内でサイズ調整をしたい場合は、針の号数を変えて調整することもできます。

CUFF／カフ

4mm針に別糸を編み付ける方法で24目{30}目作る。または24 {30}目拾えるだけの別鎖を編む。

※好みの方法で別糸で作り目をする。

3mm針に持ち替え、往復編みでメリヤス編みを4段編む(別鎖を使用する場合、1段めが別鎖からの拾い目となる)。別糸(別鎖)をほどき、残った24 {30}目を別の針で拾う。

1目ゴム編みの準備段：表編みの面が外側になるように2本の針を左手に持ち、輪針で*手前の針から表目1、後ろの針の目から裏目1*をくり返し、すべての目を編む。48 {60}目になる。

編み目を2等分し、前半を〈N1〉、後半を〈N2〉として、目がねじれないように輪にする。

1目ゴム編みで15段編む。

LEG／レッグ

チャートAを次のように編む；

チャートAの1段めを8 {10}回編む。

1〜12段めを1回編み、続けて1〜6段めをもう一度編む。

次に〈N1〉はチャートB、〈N2〉はチャートAを続けて編むが、最初の段で〈N1〉の最後の目を〈N2〉に移す。〈N1〉は23 {29}目、〈N2〉は25 {31}目になる。

※これにより、〈N1〉はチャートBの7目めで終わることになり、〈N2〉の1目め(移した目)は以後チャートAの目数番号9の目を編む。3段めを編むときには、〈N2〉は「かけ目、表目1、かけ目」で始まり、「かけ目、表目1、かけ目」で終わることになる。

〈N1〉でチャートBを、〈N2〉でチャートAを2回編み、1〜6段めをもう一度編んでからヒールを編み始める。

HEEL／ヒール

〈N1〉の23 {29}目でヒールフラップを往復に編む。

1段め(表面)：すべり目1、最後まで表編み。

2段め(裏面)：浮き目1、裏目1、*浮き目1、裏目2*、*〜*を最後までくり返す。

1・2段めを合計12回編む。

HEEL TURN／ヒールターン

1段め：表目15 {19}、編み地を返す。

2段め：浮き目1、裏目6 {8}、編み地を返す。

3段め：すべり目1、段差との間に1目残るまで表編み、右上2目一度、表目1、編み地を返す。

4段め：浮き目1、段差との間に1目残るまで裏編み、裏目の左上2目一度、裏目1、編み地を返す。

3・4段めをくり返して引き返し編みを続けながら15 {19}目になるまで編む。

表目15 {19}、PM、ヒールフラップの左端に沿って13目拾う、PM、〈N2〉模様編みを続ける、PM、ヒールフラップの右端に沿って13目拾う、PM。

GUSSET／マチ

ここから再び輪に編む。

準備段：表目15 {19}、SM、裏目13、SM、〈N2〉模様編みを続ける。

1段め：SM、マーカーまで裏編み、SM、表目15 {19}、SM、マーカーまで裏編み、SM、〈N2〉模様編みを続ける。

2段め：SM、裏目の右上2目一度、マーカーまで裏編み、SM、表目15 {19}、SM、マーカーとの間に2目残るまで裏編み、裏目の左上2目一度、SM、〈N2〉模様編みを続ける。

1・2段めをくり返し、〈N1〉が25 {31}目(裏目5 {6}目、表目15 {19}目、裏目5 {6}目)になるまで編む。最後の段でマーカーを外す。

FOOT／フット

準備段：裏目5 {6}、表目15 {19}、裏目5 {6}、〈N2〉チャートAの模様編みを続ける。

準備段をくり返し、足底の長さが「希望仕上がり寸法－4.5 {6} cm」になるまで編む。チャートの6段めまたは12段めで編み終える。

〈N1〉・〈N2〉ともに25 {31}目ずつになる。

減目段を編む；

1段め(減目段)：〈N1〉裏目5、右上2目一度、表目が2目残るまで表編み、左上2目一度、裏目5。〈N2〉裏目5、裏目の右上2目一度、最後に7目残るまで裏編み、裏目の左上2目一度、裏目5。

2段め：前段の目なり(表目は表目、裏目は裏目)に編む。

1・2段めをあと5 {8}回編む。〈N1〉・〈N2〉ともに13目ずつになる。

さらに減目を編む；

1段め：〈N1〉裏目5、左上3目一度、裏目5。〈N2〉裏目5、裏目の左上3目一度、裏目5。

2段め：裏目の左上2目一度を最後までくり返す。11目になる。

3段め：裏目の左上2目一度を最後に1目残るまでくり返し、表目1。6目になる。

糸を切り、とじ針で糸端を残った目に通して絞り止めにする。

FINISHING／仕上げ

糸始末をしたあと、水通しをし、寸法に合わせてブロッキングする。

チャートA

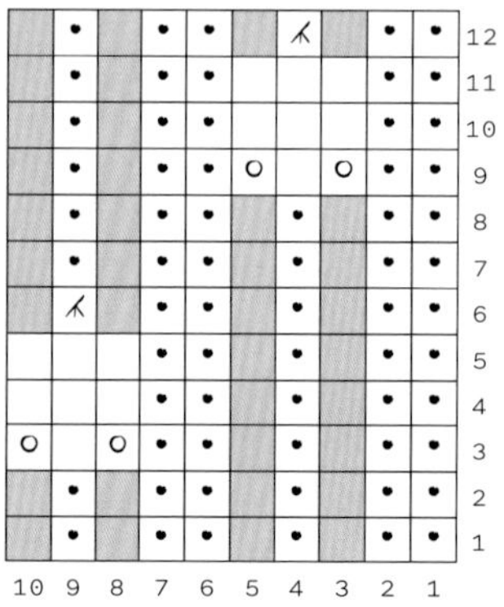

チャートB

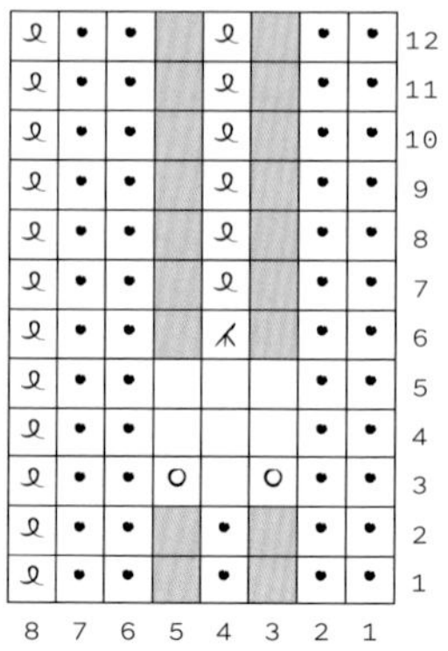

36 LURIK

ストライプ

SIZES／**サイズ**

1 {2}

FINISHED MEASUREMENTS／**仕上がり寸法**

フット／レッグ周囲：21.5 {22.5} cm
足底長さ：約21.5 {22.5} cm

MATERIALS／**材料**

糸：Papiput YarnのTough Sock（スーパーウォッシュメリノ75%・ナイロン25%、400m/100g）1カセ〈Mentawai〉
針：2.5mm（US 1.5／JP 1号）輪針または5本針
その他の道具：ステッチマーカー1個、なわ編み針、ホルダーまたは別糸、とじ針

GAUGE／**ゲージ**

30目×42段（メリヤス編み・10cm角、ブロッキング後）

SPECIAL ABBREVIATIONS／**特別な用語**

DS（ダブルステッチ）：ジャーマンショートロウ[German Short Row]の方法で引き返し編みをする際、引き返し位置に作る目。引き返す位置まで編んで編み地を返し、次のどちらかの方法ですべらせた最初の目を引き上げて2目のようにする。2目のようになった目がDS。
①**RS DS**：表面でDSを作る方法。糸を後ろにおいたまま、右針を左針の1目めに裏目を編むように入れて移し、糸を後ろから手前へ、右針の上を通してしっかりと引っぱりDSを作る。その後糸を右針の下から後ろへ戻し、次の表目を編む。
②**WS DS**：裏面でDSを作る方法。糸を手前にして、右針を左針の1目めに裏目を編むように入れて移し、糸を手前から後ろへ、右針の上を通してしっかりと引っぱりDSを作る。その後糸を右針の下から手前へ戻し、次の裏目を編む。

LEG／レッグ

好みの方法で64 {68} 目作る。
輪針または4本の針に編み目を均等に分け、ねじれないように輪にする。
段の始めにPM（または印を付ける）。
リブ編み：＊裏目1、表目2 {3}、裏目2、[表目2、裏目2] を6回、表目2 {3}、裏目1＊、＊〜＊をもう一度編む。
リブ編みを合計8 {10} 段編む。

RIGHT LEG／レッグ（右）

1〜28段め：裏目1、表目0 {1}、チャート1を編む、表目0 {1}、裏目2、表目0 {1}、チャート2を編む、表目0 {1}、裏目1。
リブ編みを6 {8} 段編み、次の「マチ」へ。

LEFT LEG／レッグ（左）

1〜28段め：裏目1、表目0 {1}、チャート2を編む、表目0 {1}、裏目2、表目0 {1}、チャート1を編む、表目0 {1}、裏目1。
リブ編みを6 {8} 段編み、次の「マチ」へ。

GUSSET／マチ

1段め：裏目1、表目2 {3}、裏目2、[表目2、裏目2] を6回、表目2 {3}、裏目2、左ねじり増し目、最後に1目残るまで目なりに編む、右ねじり増し目、裏目1。
2段め：目なり（表目は表目、裏目は裏目）に編む。
1・2段めを合計10 {11} 回編む。84 {90} 目になる。

HEEL TURN／ヒールターン

編み地を裏面に返す。
「ヒールターン」と「足底」は裏面の編み始めから52 {56} 目（マチから反対側のマチまで）を足底側として、次のようにメリヤス編みで往復に編む。
前半（甲側）の32 {34} 目は針にのせたまま休ませるか、ホルダーや別糸に移して休ませる。
1段め（準備段①・裏面）：WS DS、裏目27 {29}、裏目の左上2目一度、裏目1。編み地を返す。
2段め（準備段②・表面）：すべり目1、表目5 {5}、右上2目一度、表目1。編み地を返す。
3段め（裏面）：浮き目1、段差との間に1目残るまで裏編み、裏目の左上2目一度、裏目1。編み地を返す。
4段め（表面）：すべり目1、段差との間に1目残るまで表編み、右上2目一度、表目1。編み地を返す。
3・4段めをくり返し、足底側の目が42 {44} 目になるまで編む。最後は表面で終わる。

SOLE／足底

足底側の両端でマチの目を減らし、ジャーマンショートロウで引き返し編みをしながら編み進める。
準備段①（裏面）：浮き目1、段差との間に1目残るまで裏編み、裏目の左上2目一度、裏目1。編み地を返す。
準備段②（表面）：すべり目1、段差との間に1目残るまで表編み、右上2目一度、表目1。編み地を返す。
準備段③（裏面）：浮き目1、段差の手前まで裏編み。編み地を返す。
1段め（表面）：RS DS、段差の手前まで表編み。編み地を返す。
2段め（裏面）：WS DS、段差との間に1目残るまで裏編み、前段のDSの足2本と次の目を1目として扱い裏目の左上2目一度、裏目1。編み地を返す。
3段め（表面）：すべり目1、段差との間に1目残るまで表編み、前段のDSの足2本と次の目を1目として扱い右上2目一度、表目1。編み地を返す。
4段め（裏面）：浮き目1、段差の手前まで裏編み。編み地を返す。
1〜4段めをくり返し、34 {36} 目になったら、1〜3段めをもう一度編む。32 {34} 目になる。
次段（裏面）：WS DS、残り1目になるまで裏編み、表目1。32 {34} 目になる。編み地を返す。
次段（表面）：RS DS、段差との間に1目残るまで表編み、前段のDSの足2本を1目として表編み、残り1目まで表編み、最後の目（ヒールターン1段めのDS）の足2本を1目として裏編み。

FOOT／フット

甲側の目を針に戻し、再び輪に編む。
目なりに8 {10} 段編む。このとき残りのDSの足2本は1目として編んで段消しをする。

RIGHT FOOT／フット（右）

1〜28段め：裏目1、表目0 {1}、チャート2を編む、表目0 {1}、裏目2、残り1目まで表編み、裏目1。
甲側はリブ編みを続けながら6 {8} 段編み、次の「つま先」へ。

LEFT FOOT／左フット

1〜28段め：裏目1、表目0 {1}、チャート1を編む、表目0 {1}、裏目2、残り1目まで表編み、裏目1。
甲側はリブ編みを続けながら6 {8} 段編み、次の「つま先」へ。

TOE／つま先

甲側の目はこれまでのようにリブ編みを続ける。
1段め：表目1、右上2目一度、甲側の目が3目残るまでリブ編みを続け、左上2目一度、表目2、右上2目一度、足底側の目が3目残るまで表編み、左上2目一度、表目1。
2段め：減目をせず目なりに編む。
1・2段めをくり返し、甲側と足底側の目数が8 {10} 目ずつになるまで編む。

FINISHING／仕上げ

糸端を約16.5cm残して糸を切る。甲側と足底側の残りの目をメリヤスはぎではぎ合わせる。
糸始末をしたあと、水通しをして寸法に合わせてブロッキングする。

チャート1

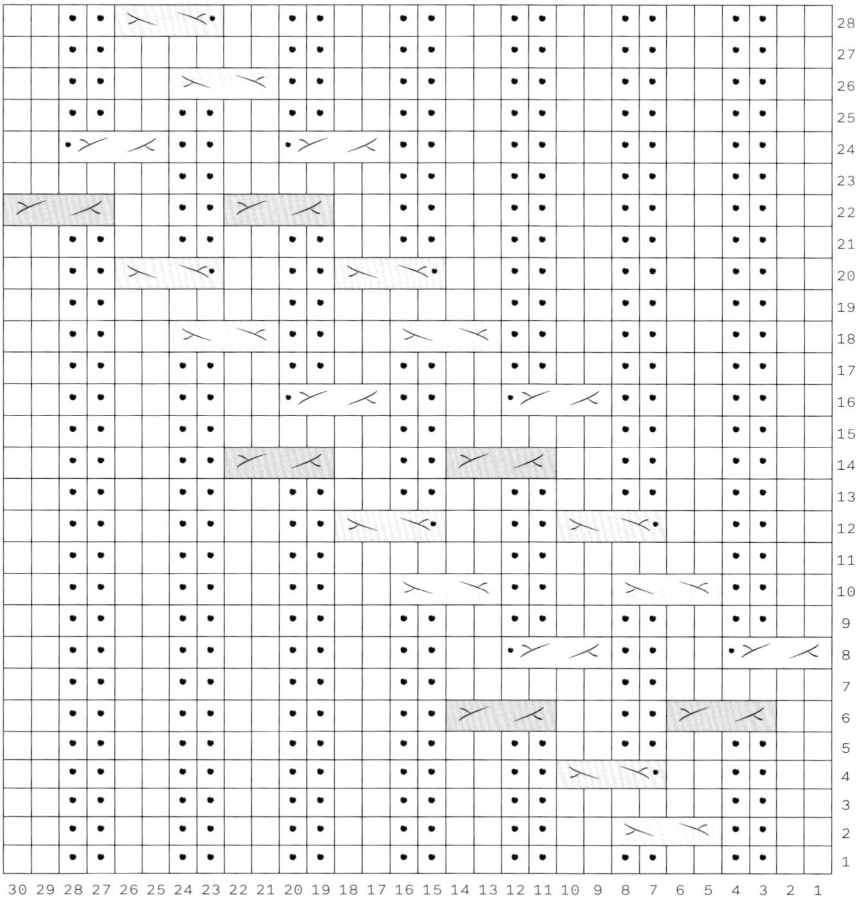

 表目

 裏目

 右上2目交差：2目なわ編み針に移して編み地の手前におき、左針から表目2、なわ編み針から表目2

 右上2目交差（下側が裏目）：2目なわ編み針に移して編み地の手前におき、左針から裏目2、なわ編み針から表目2

 左上2目交差：2目をなわ編み針に移して編み地の後ろにおき、左針から表目2、なわ編み針から表目2

 左上2目交差（下側が裏目）：2目をなわ編み針に移して編み地の後ろにおき、左針から表目2、なわ編み針から裏目2

チャート2

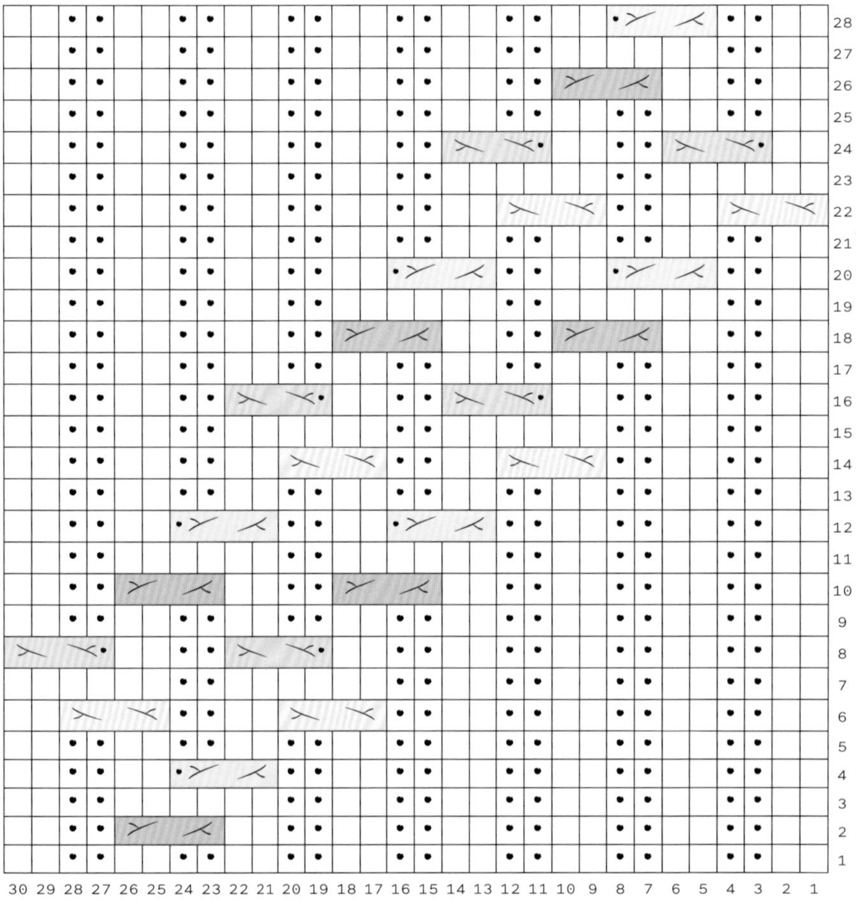

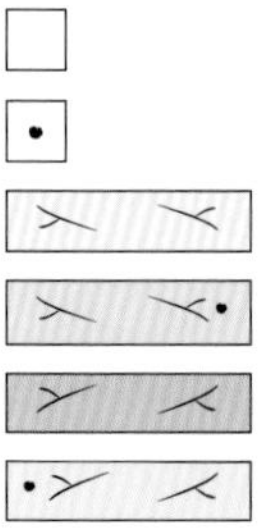

表目

裏目

右上２目交差：2目なわ編み針に移して編み地の手前におき、左針から表目2、なわ編み針から表目2

右上２目交差（下側が裏目）：2目なわ編み針に移して編み地の手前におき、左針から裏目2、なわ編み針から表目2

左上２目交差：2目をなわ編み針に移して編み地の後ろにおき、左針から表目2、なわ編み針から表目2

左上２目交差（下側が裏目）：2目をなわ編み針に移して編み地の後ろにおき、左針から表目2、なわ編み針から裏目2

37 KANERVA

ヘザー

SIZES ／サイズ

1 {2}

FINISHED MEASUREMENTS ／仕上がり寸法

フット周囲：19.5 {21.5} cm
レッグ長さ（かかとの上端まで）：14.5 cm
※しっかりフィットするように、足底の長さは実寸より0.5cm短く仕上げます。

MATERIALS ／材料

糸：Coop KnitsのSocks Yeah!（スーパーウォッシュメリノ75%・ナイロン25%、212m/50g）2カセ〈106 Kunzite〉
針：2.5 mm（US 1.5／JP 1号）輪針または5本針
その他の道具：ステッチマーカー、とじ針

GAUGE ／ゲージ

36目×50段（2.5mm針でメリヤス編み・10cm角、ブロッキング後）

SPECIAL ABBREVIATIONS ／特別な用語

右上1目交差（下側が裏目）：次の目をなわ編み針に移して編み地の手前におき、左針から裏目1、なわ編み針から表目1。
左上1目交差（下側が裏目）：次の目をなわ編み針に移して編み地の後ろにおき、左針から表目1、なわ編み針から裏目1。

CUFF／カフ

好みの方法で70｛77｝目作り、編み目がねじれないように輪にする。
段の始めにPM（または印を付ける)。
1段め：*裏目2、表目2、裏目2、表目のねじり目1*、*～*を段の最後までくり返す。
この段をあと29回編む。合計30段になる。

LEG／レッグ

1段め：チャートAを右から左に読み進めながら1段め(7目)を最後までくり返す。
毎段、チャートの次の段を編み進めながら、チャートAを1回編み、そのあとに19～30段めをもう一度編む。合計42段。
かかとの準備(段の途中まで編む)：表目6｛5｝。

HEEL FLAP／ヒールフラップ

編み地を裏面に返す。ヒールフラップは次の34｛39｝目で裏面から往復に編む。残りの36｛38｝目は甲側の目として針にのせたまま休ませておく。
1段め(裏面)：浮き目1、裏目33｛38｝目。
2段め(表面)：*すべり目1、表目1*をくり返し、0｛1｝目残るまで編み、表目0｛1｝。
1・2段めをあと14回編み、1段めをもう一度編む。ここまでヒールフラップは31段。

HEEL TURN／ヒールターン

1段め(表面)：すべり目1、表目18｛21｝、右上2目一度、表目1、編み地を返す。12｛14｝目編み残す。
2段め(裏面)：浮き目1、裏目5｛6｝、裏目の左上2目一度、裏目1、編み地を返す。12｛14｝目編み残す。
3段め：すべり目1、段差との間に1目残るまで表編み、右上2目一度、表目1、編み地を返す。
4段め：浮き目1、段差との間に1目残るまで裏編み、裏目の左上2目一度、裏目1、編み地を返す。
3・4段めをあと5｛6｝回編む。かかとの目をすべて編めたことになる。かかとの目は20｛23｝目になる。

GUSSET／マチ

表面から再び次のように輪に編む；
準備段：すべり目1、表目19｛22｝目、ヒールフラップの端に沿って16目(すべり目から1目ずつ)拾う。甲側の目は、表目0｛1｝、チャートB1段めの1～8目めを1回、オレンジ枠内を3回、9～15目めを1回、表目0｛1｝。
ヒールフラップの端から16目拾い、表目36｛39｝。ここを新しく段の始めとしてPM（甲側の目の手前)。88｛93｝目になる。
1段め：甲側は模様編みを続け、足底側は右上2目一度、段の最後に2目残るまで表編み、左上2目一度。2目減。
2段め：甲側は模様編みを続け、足底側は最後まで表編み。
1・2段めをあと8｛7｝回編んでマチの減目を続ける。このとき甲側は毎段模様編みの次の段を編む。18｛16｝目減。70｛77｝目になる。

サイズ2のみ
甲側は模様編み、足底側は段の最後に2目残るまで表編み、左上2目一度。1目減。

甲側が36｛38｝目、足底側が34｛38｝目、合計70｛76｝目になる。

FOOT／フット

これまでのように編みながら(甲側は模様編み、足底側は表編み)、マチで甲側を編み始めてからチャートBが3回になるまで編み、さらにチャートBの1～11段めをもう一度編む。
続けて、甲側は模様の11段めを、足底側は表編みをしながら、足底の長さが「希望仕上がり寸法－4.5｛5｝cm」になるまで編む。

準備段・サイズ1のみ：表目1、右上2目一度、甲側の目が3目残るまで模様編み(目なりに編む)、左上2目一度、(足底側を含めて)最後まで表編み。

甲側と足底側は34｛38｝目ずつ、合計68｛76｝目になる。

TOE／つま先

1段め：表目1、右上2目一度、甲側の目が3目残るまで模様編み(目なりに編む)、左上2目一度、表目1、PM、表目1、右上2目一度、最後に3目残るまで表編み、左上2目一度、表目1。64｛72｝目になる。
2段め：表目2、マーカーとの間に2目残るまで模様編み(目なりに編む)、表目2、SM、最後まで表編み。
3段め：表目1、右上2目一度、マーカーとの間に3目残るまで模様編み(目なりに編む)、左上2目一度、表目1、SM、表目1、右上2目一度、マーカーとの間に3目残るまで表編み、左上2目一度、表目1。4目減。
2・3段めをあと9｛11｝回編む。40｛48｝目減。24｛24｝目になる。

FINISHING／仕上げ

糸端を30.5cm残して糸を切る。残った甲側と足底側の目をメリヤスはぎではぎ合わせる。
糸始末をしたあと、水通しをして寸法に合わせてブロッキングする。

チャートA

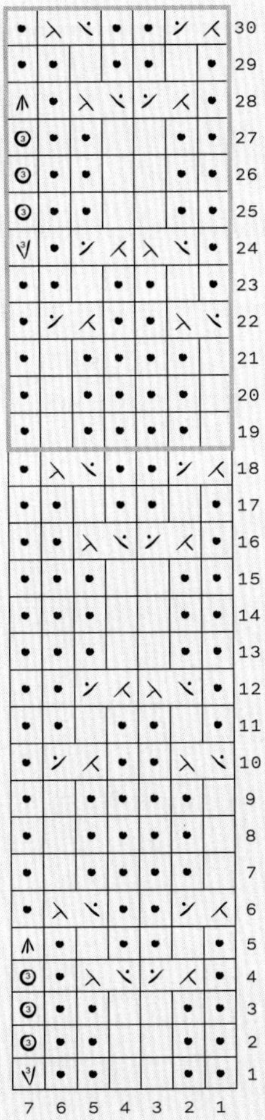

チャートB

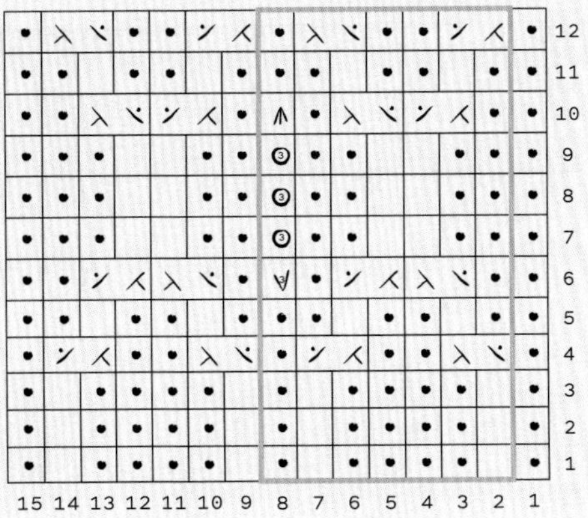

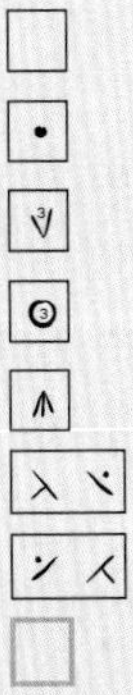

表目

裏目

3目の編み出し増し目：1目に表目、裏目、表目を編む。1目増

表目3

中上3目一度

右上1目交差（下側が裏目）

左上1目交差（下側が裏目）

くり返し範囲

38 HESTIA SLIPPERS

ヘスティアのスリッパ

SIZES／サイズ

1 {2}

FINISHED MEASUREMENTS／仕上がり寸法

足底長さ：20 (22.5) cm
スリッパの幅：10 cm

MATERIALS／材料

糸：
編み糸：De Rerum NaturaのUlysse（メリノウール100%、185m/50g）〈MC：Fusain〉・〈CC：Goéland〉各1カセ
スラム用糸：好みのロービング糸(極太の粗糸。繊維を束にしただけのような状態のもの)適宜
針：3.5 mm（US 4／JP 5号）5本針(パネル部分に使用)、5.5 mm（US 9／JP11号）40cm輪針(足底用)
その他の道具：ステッチマーカー、取り外し可能なマーカー2色(2個)、とじ針

GAUGE／ゲージ

22目×52段(3.5mm針で引き上げ編みの模様・10cm角、ブロッキング後)

SPECIAL ABBREVIATIONS／特別な用語

1段の表引き上げ目：前段のすべり目にかけ目を重ねた目(すべり目・かけ目)を表目に編む。
1段の裏引き上げ目：前段のすべり目にかけ目を重ねた目(すべり目・かけ目)を裏目に編む。
すべり目にかけ目を重ねる(すべり目・かけ目)：糸を手前にして、左針の目に裏目を編むように右針を入れて移す(すべり目)。次の目が表目または表引き上げ目の場合はすべり目に重ねるように糸をかけ、糸を後ろ側において次の目を編む。
次の目が裏目または裏引き上げ目の場合は、すべり目に重ねるように糸をかけて右針に巻き付け、右針の下から手前へ戻して次の目を編む。
2目の編み出し増し目：次の目に右針を入れて表目を編むが左針は抜かず、続けて右針を同じ目にねじり目を編むように入れてもう1目編む。左針から目を外す。1目増。

PATTERN TECHNIQUES／技法について

引き上げ目を編むときには、まず編み目をすべらせると同時にかけ目を重ねます(以降、「すべり目・かけ目」)。すべり目とかけ目を一緒に編むことで、かけ目をすべらせた目に引き寄せます。前段の「すべり目・かけ目」を表目に編むと表引き上げ目[brioche knit (brk)]、裏目に編むと裏引き上げ目[brioche purl (brp)]になります。この3通りの編み目を組み合わせると可能性は無限に広がります。
このパターンは1段の引き上げ編み目、つまりすべり目にかけ目を1回だけ重ねた目で編む模様ですが、同じすべり目にかけ目を複数本かけてそれらをまとめて表目または裏目に編むこともできます。
この作品では、それぞれの段を同じ方向に2回、違う糸を1本ずつ使って編みます。具体的にはMCの糸で1段編んだあと、編み地を返す代わりに両先針または輪針の反対側の針先側へ編み目をスライドし、次の段は同じ面をCCで編みます。2段めを編み終えると糸は2本とも段の終わり側にそろうので、編み地を返し、次の段をMCから編み始めます。

RIGHT PANEL (MAKE TWO) ／ 右側パネル（2枚編む）

3.5mm両先針とMCで12目作る。

TOE ／つま先

1段めCC（表面）：表目1、*裏目1、すべり目・かけ目*を残り1目までくり返し、表目1。スライド。

1段めMC（表面）：2目の編み出し増し目、*表目1、表引き上げ目1*を残り1目までくり返し、2目の編み出し増し目。編み地を返す。（14目）

2段めCC（裏面）：表目1、*すべり目・かけ目、表目1*を残り1目までくり返し、表目1。スライド。

2段めMC（裏面）：2目の編み出し増し目、*裏引き上げ目1、裏目1*を残り1目までくり返し、2目の編み出し増し目。編み地を返す。（16目）

3段めCC（表面）：表目1、*裏目1、すべり目・かけ目*を残り1目までくり返し、表目1。スライド。

3段めMC（表面）：2目の編み出し増し目、PM、*表目1、表引き上げ目1*を残り1目までくり返し、2目の編み出し増し目。編み地を返す。（18目）

4段めCC（裏面）：表目1、*すべり目・かけ目、表目1*をマーカーとの間に1目残るまでくり返し、すべり目・かけ目、SM、裏目1、表目1。スライド。

4段めMC（裏面）：2目の編み出し増し目、*裏引き上げ目1、裏目1*をマーカーとの間に1目残るまでくり返し、裏引き上げ目1、SM、すべり目・かけ目、2目の編み出し増し目。編み地を返す。（20目）

5段めCC（表面）：表目1、*すべり目・かけ目、表引き上げ目1*をマーカーまでくり返し、SM、*裏目1、すべり目・かけ目*を残り1目までくり返し、表目1。スライド。

5段めMC（表面）：2目の編み出し増し目、*裏引き上げ目1、すべり目・かけ目*をマーカーまでくり返し、SM、*表目1、表引き上げ目1*を残り1目までくり返し、2目の編み出し増し目。編み地を返す。2目増。

6段めCC（裏面）：*表目1、すべり目・かけ目*をマーカーまでくり返し、SM、*裏引き上げ目1、すべり目・かけ目*を残り2目までくり返し、裏目1、表目1。スライド。

6段めMC（裏面）：2目の編み出し増し目、*裏引き上げ目1、裏目1*をマーカーとの間に1目残るまでくり返し、裏引き上げ目1、SM、*すべり目・かけ目、表引き上げ目1*を残り2目までくり返し、すべり目・かけ目、2目の編み出し増し目。編み地を返す。2目増。（24目）

7・8段め：5・6段めと同様に編む。（28目）

BODY ／本体

9段めCC（表面）：表目1、*すべり目・かけ目、表引き上げ目1*をマーカーまでくり返し、SM、*裏目1、すべり目・かけ目*を残り1目までくり返し、表目1、スライド。

9段めMC（表面）：浮き目1、*裏引き上げ目1、すべり目・かけ目*をマーカーまでくり返し、SM、*表目1、表引き上げ目1*を残り1目までくり返し、すべり目1。編み地を返す。

10段めCC（裏面）：裏目1、*表目1、すべり目・かけ目*をマーカーまでくり返し、SM、*裏引き上げ目1、すべり目・かけ目*を残り1目までくり返し、裏目1。スライド。

10段めMC（裏面）：浮き目1、*裏目1、裏引き上げ目1*をマーカーまでくり返し、SM、*すべり目・かけ目、表引き上げ目1*を残り1目までくり返し、すべり目1。編み地を返す。

11～20｛11～26｝段め：9・10段めをあと5｛8｝回編む。

減目

21｛27｝段めCC（表面）：表目1、*すべり目・かけ目、表引き上げ目1*をマーカーまでくり返し、SM、*裏目1、すべり目・かけ目*を残り1目までくり返し、表目1。スライド。

21｛27｝段めMC（表面）：浮き目1、*裏引き上げ目1、すべり目・かけ目*をマーカーまでくり返し、SM、左上2目一度、*表目1、表引き上げ目1*を残り1目までくり返し、すべり目1。編み地を返す。1目減。

22｛28｝段めCC（裏面）：裏目1、*表目1、すべり目・かけ目*をマーカーとの間に1目残るまでくり返し、表目1、SM、*裏引き上げ目1、すべり目・かけ目*を残り1目までくり返し、裏目1。スライド。

22｛28｝段めMC（裏面）：浮き目1、*裏目1、裏引き上げ目1*をマーカーとの間に3目残るまでくり返し、裏目1、裏目の左上2目一度、SM、*すべり目・かけ目、表引き上げ目1*を残り1目までくり返し、すべり目1。編み地を返す。1目減。

23｛29｝段めCC（表面）：表目1、*すべり目・かけ目、表引き上げ目1*をマーカーまでくり返し、SM、*裏目1、すべり目・かけ目*を残り1目までくり返し、表目1。スライド。

23｛29｝段めMC（表面）：浮き目1、*裏引き上げ目1、すべり目・かけ目*をマーカーまでくり返し、SM、*表目1、表引き上げ目1*を残り1目までくり返し、すべり目1。編み地を返す。

24｛30｝段めCC（裏面）：裏目1、*表目1、すべり目・かけ目*をマーカーまでくり返し、SM、*裏引き上げ目1、すべり目・かけ目*を残り1目までくり返し、裏目1。スライド。

24｛30｝段めMC（裏面）：浮き目1、*裏目1、裏引き上げ目1*をマーカーまでくり返し、SM、*すべり目・かけ目、表引き上げ目1*を残り1目までくり返し、すべり目1。編み地を返す。（26目）

25～44｛31～50｝段め：21～24｛27～30｝段めをあと5回編む。（16目）

45・46｛51・52｝段め：21・22｛27・28｝段めを編む。（14目）

ANKLE ／足首

47～54｛53～60｝段め：9・10段めを4回くり返す。

MCを使い、好みの方法で14目伏せる。

パネルの作り目側を手前にして、2枚とも左角にマーカーを付ける。

LEFT PANEL (MAKE TWO) ／ 左側パネル（2枚編む）

TOE ／つま先

※作り目から2段めまでは右側パネルと同様に編む。

3段めCC（表面）：表目1、*裏目1、すべり目・かけ目*を残り1目までくり返し、表目1。スライド。

3段めMC（表面）：2目の編み出し増し目、*表目1、表引き上げ目1*を残り1目までくり返し、PM、2目の編み出し増し目。編み地を返す。（18目）

4段めCC（裏面）：表目1、裏目1、SM、*表目1、すべり目・かけ目*を残り2目までくり返し、表目2。スライド。

4段めMC（裏面）：2目の編み出し増し目、すべり目・かけ目、SM、*裏目1、裏引き上げ目1*を残り2目までくり返し、裏目1、2目の編み出し増し目。編み地を返す。（20目）

5段めCC（表面）：表目1、*裏目1、すべり目・かけ目*をマーカーまでくり返し、SM、*表引き上げ目1、すべり目・かけ目*を残り1目までくり返し、表目1。スライド。

5段めMC（表面）：2目の編み出し増し目、*表目1、表引き上げ目1*をマーカーまでくり返し、SM、*すべり目・かけ目、裏引き上げ目1*を残り1目までくり返し、2目の編み出し増し目。編み地を返す。2目増。

6段めCC（裏面）：表目1、裏目1、*すべり目・かけ目、裏引き上げ目1*をマーカーまでくり返し、SM、*表目1、すべり目・かけ目*を残り2目までくり返し、表目2。スライド。

6段めMC（裏面）：2目の編み出し増し目、*すべり目・かけ目、表引き上げ目1*をマーカーとの間に1目残るまでくり返し、すべり目・かけ目、SM、*裏目1、裏引き上げ目1*を残り2目までくり返し、裏目1、2目の編み出し増し目。編み地を返す。2目増。(24目)

7・8段め：5・6段めと同様に編む。(28目)

BODY／本体

9段めCC（表面）：表目1、*裏目1、すべり目・かけ目*をマーカーまでくり返し、SM、*表引き上げ目1、すべり目・かけ目*を残り1目までくり返し表目1。スライド。

9段めMC（表面）：すべり目1、*表目1、表引き上げ目1*をマーカーまでくり返し、SM、*すべり目・かけ目、裏引き上げ目1*を残り1目までくり返し、浮き目1。編み地を返す。

10段めCC（裏面）：裏目1、*すべり目・かけ目、裏引き上げ目1*をマーカーまでくり返し、SM、*表目1、すべり目・かけ目*を最後に1目残るまでくり返し、裏目1。スライド。

10段めMC（裏面）：すべり目1、*表引き上げ目1、すべり目・かけ目*をマーカーまでくり返し、SM、*裏目1、裏引き上げ目1*を残り1目までくり返し、浮き目1。編み地を返す。

11～20段め{11～26段め}：9・10段めをあと5{8}回編む。

減目

21{27}段めCC（表面）：表目1、*裏目1、すべり目・かけ目*をマーカーまでくり返し、SM、*表引き上げ目1、すべり目・かけ目*を残り1目までくり返し、表目1。スライド。

21{27}段めMC（表面）：すべり目1、*表目1、表引き上げ目1*をマーカーとの間に2目残るまでくり返し、[表目を編むように1目右針に移し、裏目を編むように1目右針に移し、2目を左針に戻してねじり目を編むように2目を一度に編む]、SM、*すべり目・かけ目、裏引き上げ目1*を最後に1目残るまでくり返し、浮き目1。編み地を返す。1目減。

22{28}段めCC（裏面）：裏目1、*すべり目・かけ目、裏引き上げ目1*をマーカーまでくり返し、SM、*すべり目・かけ目、表目1*を残り2目までくり返し、すべり目・かけ目、裏目1。スライド。

22{28}段めMC（裏面）：すべり目1、*表引き上げ目1、すべり目・かけ目*をマーカーまでくり返し、SM、[裏目を編むように1目右針に移し、表目を編むように1目右針に移し、2目を左針に戻して表目の左上2目一度に編む]、*裏引き上げ目1、裏目1*を最後に2目残るまでくり返し、裏引き上げ目1、浮き目1。編み地を返す。1目減。

23{29}段めCC（表面）：表目1、*裏目1、すべり目・かけ目*をマーカーまでくり返し、SM、*表引き上げ目1、すべり目・かけ目*を残り1目までくり返し、表目1。スライド。

23{29}段めMC（表面）：すべり目1、*表目1、表引き上げ目1*をマーカーまでくり返し、SM、*すべり目・かけ目、裏引き上げ目1*を残り1目までくり返し、浮き目1。編み地を返す。

24{30}段めCC（裏面）：裏目1、*すべり目・かけ目、裏引き上げ目1*をマーカーまでくり返し、SM、*表目1、すべり目・かけ目*を残り1目までくり返し、裏目1。スライド。

24{30}段めMC（裏面）：すべり目1、*表引き上げ目1、すべり目・かけ目*をマーカーまでくり返し、SM、*裏目1、裏引き上げ目1*を残り1目までくり返し、浮き目1。編み地を返す。(26目)

25～44{31～50}段め：21～24{27～30}段めをあと5回くり返す。(16目)

45・46{51・52}段め：21・22{27・28}段めを編む。(14目)

ANKLE／足首

※右側パネルの足首と同様に編む(くり返すのは左側パネルの9・10段め)。

以下は左側パネル、右側パネル共通。

4枚のパネルが同寸になるようにピン打ちしてスチームを当てる。左右のパネルを1枚ずつ中表に合わせ、編み終わり側の端同士をはぎ合わせ、糸始末をする。パネルのつま先同士を重ね合わせ、作り目側に付けたマーカー同士を合わせる。片足は右側パネルが上に、もう片方は左側パネルが上になるように重ね、マーカーの位置をそろえてピンで止める。パネル同士が重なり合い始める位置に取り外し可能なマーカーを付け、あとで縫いとめるときの目印とする。

THRUMS／スラム（織り糸）

足底にスラムを編み込んで裏面側をボアのような厚地にするため、足底を編み始める前にスラムを用意する。ロービングを幅1.5cm、長さ10cm程度に丁寧にちぎって軽く撚りをかけたものを、片足22{23}本ずつ作る。

スラムを編み込む際は、次の目に表目を編むように右針を入れ、右針先にスラムの真ん中をあて、編み糸もかけて2本一緒に表目を編む。スラムの両端は裏面に残す。次段でこの目を編むときには、スラムと編み糸を合わせて1目として編む。

SOLE／足裏（左右共通）

スリッパの上側を下に向け、かかとから編む。

5.5mmの40cm輪針でMCを2本取りにして、次のように目を拾う；

右側パネルに沿って取り外し可能なマーカーまで18{21}目、つま先からは2枚重ねの状態で26目、左側パネルの端から18{21}目。合計62{68}目になる。段の始めにPM。引き返し編みをし、4段めからは輪に編む；

1段め(表面)：裏編み。編み地を返す。

2段め(引き返し編み1段め・表面)：表目49{52}。編み地を返す。

3段め(引き返し編み2段め・裏面)：表目36。編み地を返す。

4段め(表面)：表目6、*左上2目一度、表目2*を6回、表目19{22}。6目減。

5段め(表面)：*表目5、スラム(用意したスラム1本を編み込む。以下同)*を9{10}回、表目2。

6段め(表面)：*裏目5、表目1*を9{10}回、裏目2。

7段め(表面)：左上2目一度を3回、表目13{16}、*表目1、左上2目一度*を6回、表目13{16}、左上2目一度を3回。12目減。

8段め(表面)：裏編み。

9段め(表面)：スラム、表目4{5}、スラム、表目5{6}、スラム、表目4{5}、[スラム、表目3]を2回、スラム、表目4{5}、スラム、表目5{6}、スラム、表目4{5}、スラム、表目3。

10段め(表面)：表目1、裏目4{5}、表目1、裏目5{6}、表目1、裏目4{5}、[表目1、裏目3]を2回、表目1、裏目4{5}、表目1、裏目5{6}、表目1、裏目4{5}、表目1、裏目3。

11段め(表面)：左上2目一度、表目6{7}、スラム、表目4{5}、スラム、表目2{3}、左上2目一度を6回、表目3{4}、スラム、表目5{6}、スラム、表目4{5}、左上2目一度。8目減。

12段め(表面)：裏目7{8}、表目1、裏目4{5}、表目1、裏目11{13}、表目1、裏目5{6}、表目1、裏目5{6}。36{42}目になる。

糸端を約89cm残して糸を切る。

残った目を前半と後半で均等に分けてメリヤスはぎではぎ合わせる。

FINISHING／仕上げ

糸始末をする。ブロッキングはスリッパの外側を霧吹きで湿らせたあと中表に返し、仕上がり寸法に合わせてピン打ちして乾かす。こうすることでスラムのふくらみを損なうことなく、形に合わせてブロッキングできる。

39 CASUAL LACE

カジュアルレース

SIZES／サイズ

1 {2}

FINISHED MEASUREMENTS／仕上がり寸法

レッグ周囲：24 {27} cm
長さ：調整可

MATERIALS／材料

糸：Rosa PomarのBrusca（ポルトガル産のファインウール100%［サロニア種50%・メリノブランコ種とメリノプレト種50%］、125m/50g）2 {3} 玉〈B〉
針：3mm（US 2.5／JP 3号）・3.25mm（US 3／JP 4号・）3.5mm（US 4／JP 5号）の5本針または輪針
※マジックループ式で編む場合
その他の道具：ステッチマーカー2個、とじ針

GAUGE／ゲージ

21目×32段（3.5mm針でメリヤス編み・10cm角、ブロッキング後）
20目×32段（3.5mm針でレース模様・10cm角、ブロッキング後）

SPECIAL ABBREVIATIONS／特別な用語

右上3目一度：次の目に表目を編むように右針を入れて移し、次の2目を左上2目一度に編み、右針に移した目を編んだ目にかぶせる。2目減。
DS（ダブルステッチ）：ジャーマンショートロウ［German Short Row］の方法で引き返し編みをする際、引き返し位置に作る目。引き返す位置まで編んで編み地を返し、次のどちらかの方法ですべらせた最初の目を引き上げて2目のようにする。2目のようになった目がDS。
①最初の目が表目の場合…糸を手前に移してから表目を右針へすべらせ、糸を右針の上から編み地の後ろへ引っぱる。
②最初の目が裏目の場合…裏目を右針へすべらせ、糸を手前から後ろへ引っぱる。

CUFF／カフ

3.25mm針で好みの作り目の方法を使い48{54}目作り、輪にする。段の始めにマーカーを入れる。
1段め：*表目1、裏目1*を最後までくり返す。
上記の段をくり返し、1目ゴム編みでカフが4.5cmになるまで編む。
3.5mm針に持ち替える。

LEG／レッグ

レース模様①を25段編む。
3.25mm針に持ち替えてさらに20段編む。3mm針に持ち替え、さらに20段編む(合計65段)。もしくは好みの長さまで編み、最後はレース模様の5段めを編む。
この時点でレッグは作り目から約25cmの長さになる。

サイズ1のみ
次段：*裏目3、表目3*を3回編み、裏目3、表目1、PM、表目2、*裏目3、表目3*、*〜*を最後に6目残るまでくり返し、裏目3、表目2、最後の1目を右針に移し、RM。右針に移した目を左針に戻し、PM。マーカー間の目数は23目と25目になる。
次段：マーカーまで表編み、SM、レース模様②の7段めを最後まで編む、SM。
次段：マーカーまで表編み、SM、レース模様②の次の段を最後まで編む、SM。
最後の段をあと2回編む。
「ヒール」へ。

サイズ2のみ
次段：*裏目3、表目3*を4回編み、PM、裏目3、*表目3、裏目3*を最後に3目残るまでくり返し、最後の3目を右針に移す。RM、3目を左針に戻し、PM。マーカーの間の目数は27目ずつになる。
次段：マーカーまで表編み、SM、レース模様②の1段めを最後まで編む、SM。
次段：マーカーまで表編み、SM、レース模様②の次の段を最後まで編む、SM。
最後の段をあと2回編む。
「ヒール」へ。

HEEL／ヒール

段の始まりから次のマーカーまでの23{27}目で往復に編む。
引き返し編み1段め(表面)：マーカーまで表編み、編み地を返す。
引き返し編み2段め(裏面)：DS、段の始めのマーカーまで裏編み、編み地を返す。
引き返し編み3段め(表面)：DS、前段のDSまで表編み、編み地を返す。
引き返し編み4段め(裏面)：DS、前段のDSまで裏編み、編み地を返す。
引き返し編み3・4段めをあと5{7}回編む。
次段(表面)：DS、(DSの足2本を一度に表目に編んで段消しをしながら)マーカーまで表編み、SM、レース模様②の続きを最後まで編む。※1段輪に編む。
引き返し編み①(表面)：(DSの足2本を一度に表目に編んで段消しをしながら)表目17{19}、編み地を返す。
引き返し編み②(裏面)：DS、裏目10、編み地を返す。
引き返し編み③(表面)：DS、前段のDSまで(DSも含む)表編み、表目1、編み地を返す。
引き返し編み④(裏面)：DS、前段のDSまで(DSを含む)裏編み、裏目1、編み地を返す。
引き返し編み③・④をあと5{7}回編む。
次段：DS、前段のDSまで(DSを含む)表編み、SM、レース模様②の続きを最後まで編む。※1段輪に編む。

FOOT／フット

ここから再び輪に編む。
次段：(DSの足2本を一度に表目に編んで段消しをしながら)マーカーまで表編み、SM、レース模様②の続きを最後まで編む、SM。
次段：マーカーまで表編み、SM、レース模様②の続きを最後まで編む、SM。
最後の段を足底の長さが19.5cmになるまで、もしくは「足底の希望仕上がり寸法−5{6}cm」になるまで編む。

TOE／つま先

サイズ1のみ
1段め(減目段)：左上2目一度、マーカーとの間に2目残るまで表編み、右上2目一度、SM、表目1、左上2目一度、マーカーとの間に3目残るまで表編み、右上2目一度、表目1、SM。4目減。
2・3段め：最後まで表編み。
4段め(減目段)：1段めと同様に編む。
5段め：最後まで表編み。
4・5段めをあと3回、1段めをあと5回編む。
糸を切り、とじ針で糸端を残った8目に通して絞り止めにする。

サイズ2のみ
1段め(減目段)：表目1、左上2目一度、マーカーとの間に2目残るまで表編み、右上2目一度、SM、表目1、左上2目一度、マーカーとの間に2目残るまで表編み、右上2目一度、SM。4目減。
2・3段め：最後まで表編み。
4段め(減目段)：1段めと同様に編む。
5段め：最後まで表編み。
4・5段めをあと4回、1段めをあと6回編む。
糸を切り、とじ針で糸端を残った目6に通して絞り止めにする。

FINISHING／仕上げ

糸始末をしたあと、水通しをし、寸法に合わせてブロッキングする。

レース模様①

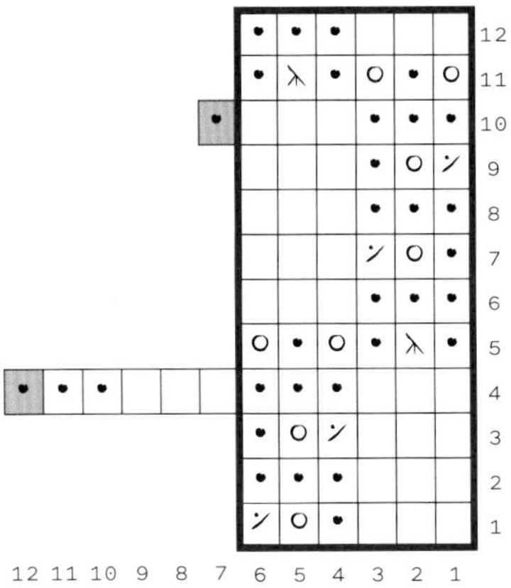

レース模様②（サイズ2用）

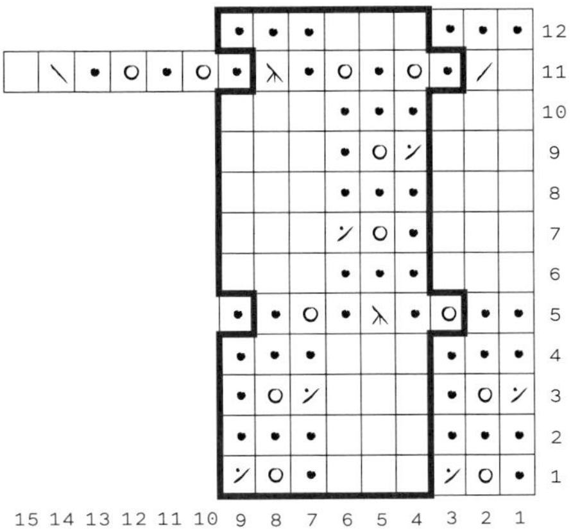

レース模様②（サイズ1用）

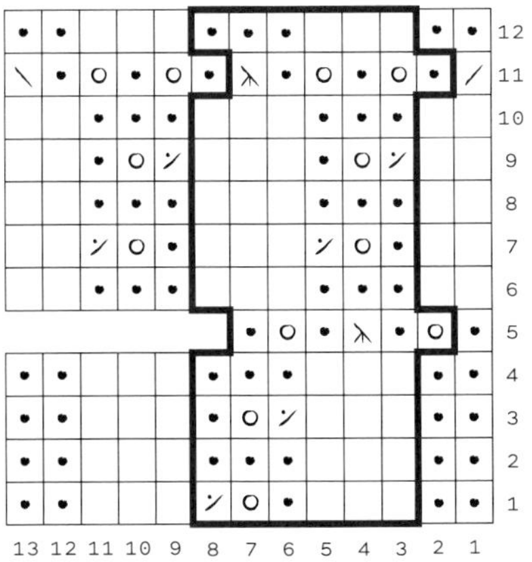

- 表目
- かけ目
- 裏目
- 左上2目一度
- 右上2目一度
- 裏目の左上2目一度
- 右上3目一度
- くり返し範囲
- 段をまたぐ目

40

52

Erika López — Anja Heumann — Elena Potemkina — Karen Borrel — Paula Pereira —
Helen Stewart — Mona Schmidt — Becky Sørensen — Diana Clinch — Isabell Kraemer —
Katrine Birkenwasser — Marion Em — Nataliya Sinelshchikova

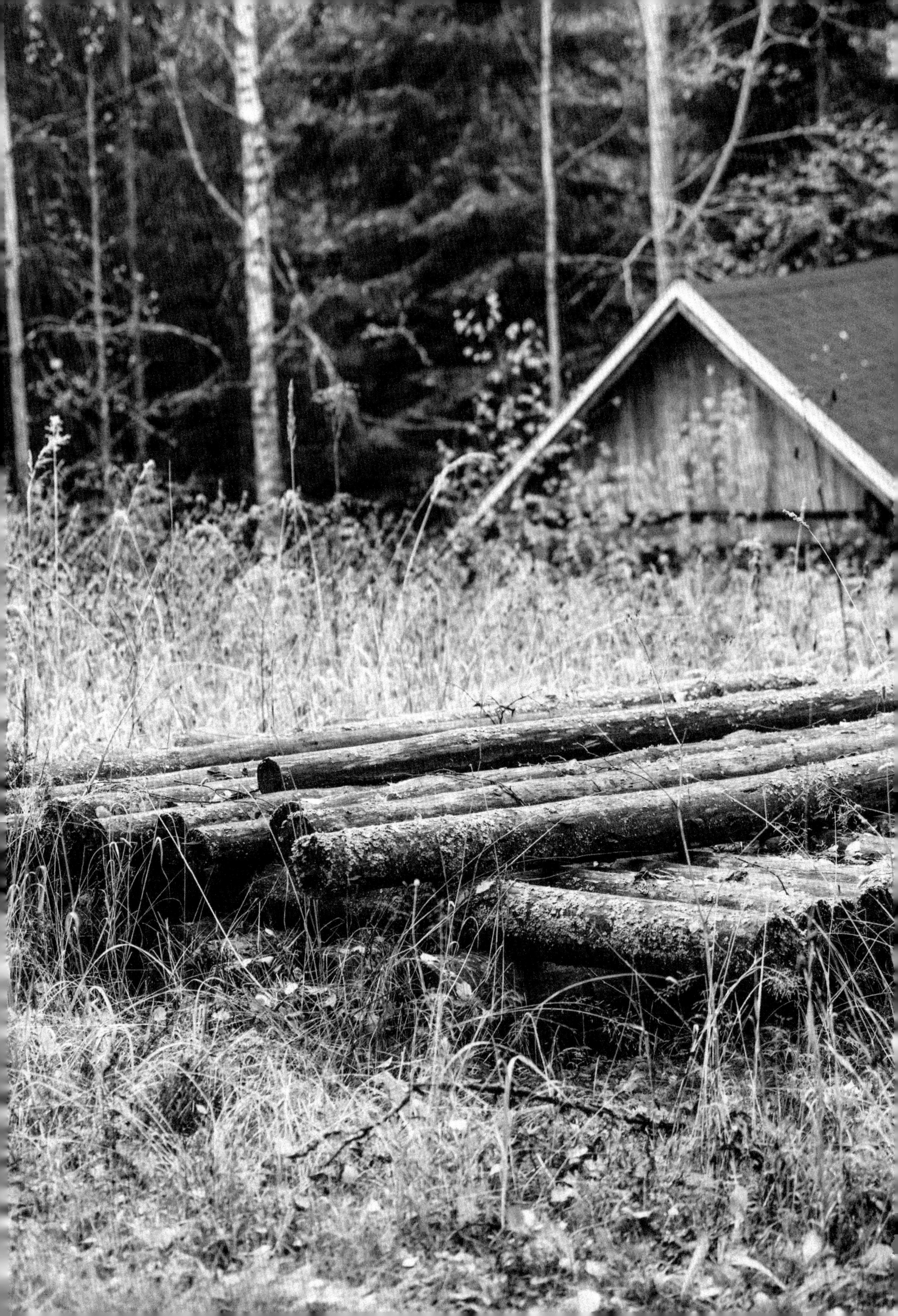

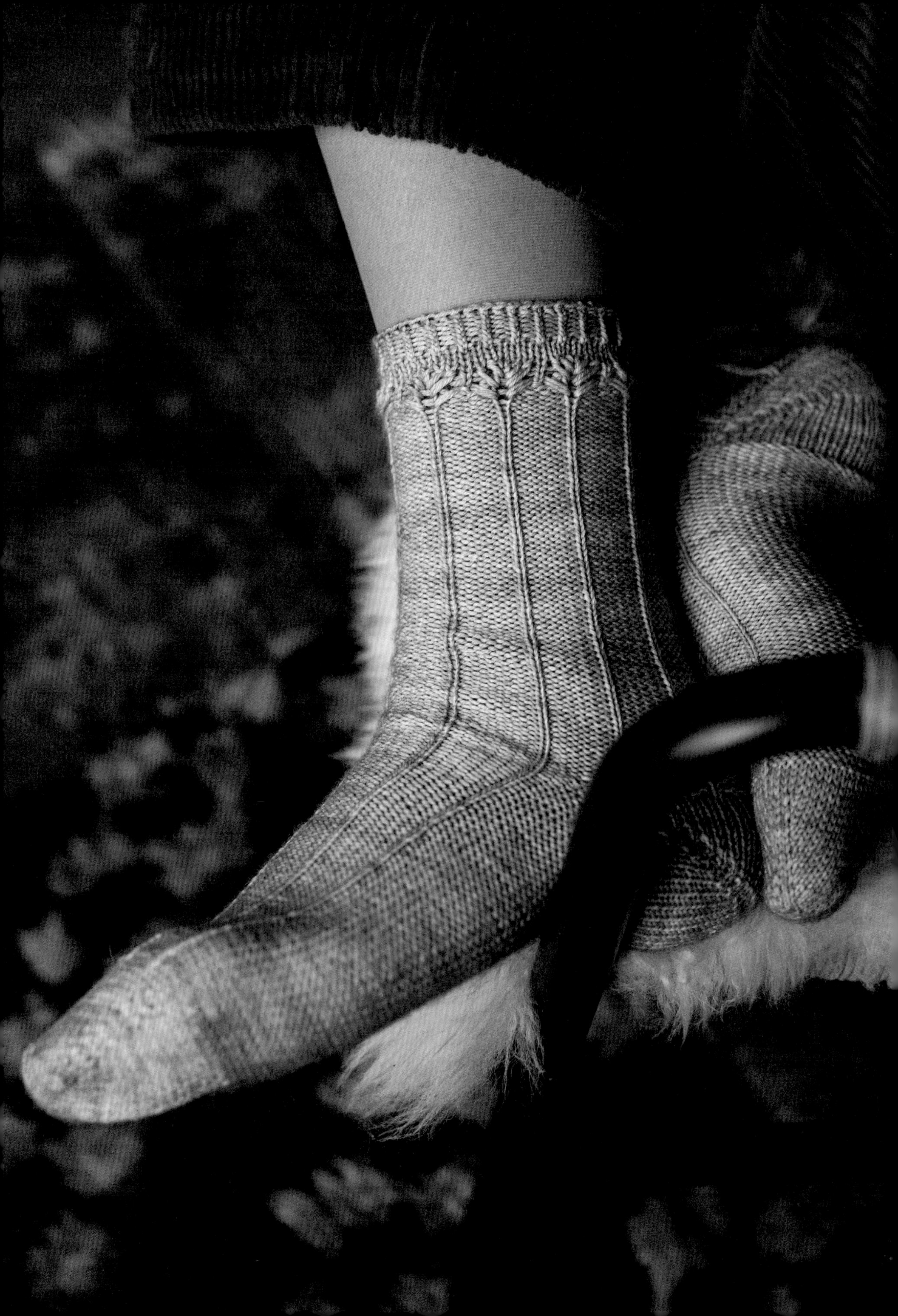

40 GARIA

ガリア

SIZES／サイズ

1 {2}

FINISHED MEASUREMENTS／仕上がり寸法

レッグ／フット周囲：19 {20.5} cm
足底長さ：23 {26} cmまたは好みの長さ
レッグ(カフ含む)：22.5 {25.5} cmまたは好みの長さ

MATERIALS／材料

糸：Greta and the FibersのRaval（スーパーファインメリノ75%・ナイロン25%、400m/100g）1カセ〈912 Moonlight〉
針：2.25mm（US 1／JP 0号またはJP1号）輪針
その他の道具：ステッチマーカー2個、とじ針

GAUGE／ゲージ

32目×44段(模様編み・10cm角、ブロッキング後)

SPECIAL ABBREVIATIONS／特別な用語

中上3目一度：右針を次の2目に(左上2目一度を編むように)入れて右針に移し、表目1、移した2目を編んだ目にかぶせる。2目減。
DS（ダブルステッチ）：ジャーマンショートロウ[German Short Row]の方法で引き返し編みをする際、引き返し位置に作る目。引き返す位置まで編んで編み地を返し、次のどちらかの方法ですべらせた最初の目を引き上げて2目のようにする。2目のようになった目がDS。
①最初の目が表目の場合…糸を手前に移してから表目を右針へすべらせ、糸を右針の上から編み地の後ろへ引っぱる。
②最初の目が裏目の場合…裏目を右針へすべらせ、糸を手前から後ろへ引っぱる。

STITCH PATTERNS／模様編み

スパイクレット(小穂(しょうすい))モチーフ：長く引き出す目は模様のくり返し部分の真ん中の目から、1、2、3段めで4、3、2段下の目から引き出す。P.203のチャートも参照。
1段め：*裏目1、右針先を次の表目(3目先)の4段下の目に入れて糸を長めに引き出す(引き出し編み目)、裏目2、表目1、裏目2、針先を先ほどと同じ表目から引き出し編み目*、*～*を最後までくり返し、最後の引き抜き編み目を(段の終わりのマーカーのあとで)左針に移す。
2段め：*中上3目一度、右針先を次の表目(3目先)の3段下の目に引き出し編み目、裏目2、表目1、裏目2、先ほどと同じ目に引き出し編み目*、*～*を最後までくり返す。
3段め：*表目1、すべり目1、裏目1、右針先を次の表目(2目先)の2段下の目に引き出し編み目、裏目1、表目1、裏目1、先ほどと同じ目に引き出し編み目、裏目1、すべり目1*、*～*までを最後までくり返す。
4段め：*表目1、左上2目一度を2回、表目1、ねじり目の左上2目一度を2回*、*～*を最後までくり返す。
5～8段め：表編み。

NOTE ／メモ

この靴下は、かかとには引き返し編みを使用し、足底には編み地の表編みの面を内側にする「プリンセスソール」を採用しています。編みやすさを考え、表裏を逆にして編み進めるようデザインしました。つま先は表編みでシェーピングしたあと、編み地を中表に返します。切り替え位置はDSを作ることで極力目立ちにくくしています。履き口のモチーフを編み始める前に再び靴下を表に返し、小穂モチーフを「引き出し編み目」で編みます。

TOE ／つま先

ジュディーズマジックキャストオン[Judy's Magic Cast On]の方法で20 {22}目(各針に10 {11}目ずつ)作り、前半(甲側)を〈N1〉、後半(足底側)を〈N2〉として輪に編む。

1段め：表編み。

2段め：〈N1〉表目1、左ねじり増し目、1目残るまで表編み、右ねじり増し目、表目1。〈N2〉〈N1〉と同様に編む。4目増。合計24 {26}目。

2段めをあと2 {3}回編む。各針に16 {19}目ずつ、合計32 {38}目になる。

1・2段めをあと7 {7}回編む。

各針に30 {33}目ずつ、合計60 {66}目になる。

最後に1段めをあと3 {3}回編む。

FOOT ／フット

編み地を中表に返す。1段の編み方向は前段までとは逆になる。段の始めにPM。

裏面を見ながら左針側にある編み糸で、次のようにDSを作る；

糸を手前にして、左針の1目めに裏目を編むように右針先を入れて右針に移し、糸を右針の上から後ろ側へ引っぱる。これでDSができる。続けて次のように輪に編む。

サイズ1(右足のみ)

〈N1〉DS、表目1、*裏目1、表目5*、*～*を合計4回編み、裏目1、表目3。〈N2〉表編み。

サイズ1(左足のみ)

〈N1〉DS、表目2、*裏目1、表目5*、*～*を合計4回編み、裏目1、表目2。〈N2〉表編み。

サイズ2のみ(両足共通)

〈N1〉DS、*裏目1、表目5*、*～*を合計5回編み、裏目1、表目1。〈N2〉表編み。

次段以降は前段と同様に輪に編む(右足は表目2 {1}、左足は表目3 {1}で編み始める)。次段の最初では、DSを1目として表目を編む。このときはゆるまないようややきつめに編む。

つま先からの長さが「足底の仕上がり寸法－5cm」、または約18 {21} cmになるまで編む。

※レッグをフットと同じ段数編むので、フットで何段編んだかを書き留めておく。

HEEL ／ヒール

かかとは〈N2〉の30 {33}目を往復に編む。

※かかとはジャーマンショートロウの引き返し編みでシェーピングします。DSを編むときには1目として扱い、適宜表目または裏目に編みます。

準備段：〈N1〉目なり(表目は表目、裏目は裏目)に編み、編み終えたら休ませる。

ここから〈N2〉は次のように往復に編む；

1段め(裏面)：浮き目、裏目28 {31}、編み地を返す。

2段め(表面)：DS、表目27 {30}、編み地を返す。

3段め(裏面)：DS、裏目26 {29}、編み地を返す。

2・3段めをくり返し、毎段1目ずつ編み残す(1目ずつ編む目数が少なくなる)。最後は3段め(裏面)を「DS、裏目10 {11}」と編んで終え、編み地を返さずに続けて次のように編む；

最後の3段め(裏面)の続き：PM、〈N2〉の最後まで裏編み(DSを1目として編む)、編み地を返す。

次段からはかかとの後半のシェーピングをする。

4段め(表面)：DS、次のDSの手前まで表編み、PM、〈N2〉の最後まで表編み(DSを1目として編む)、編み地を返す。

5段め(裏面)：DS、2個めのマーカーまで裏編み、RM、裏目1、編み地を返す。

6段め(表面)：DS、マーカーまで表編み、RM、表目1、編み地を返す。

7段め(裏面)：DS、前段のDSまで裏編み、DSも裏目に編む、裏目1、編み地を返す。

8段め(表面)：DS、前段のDSまで表編み、DSも表目に編む、表目1、編み地を返す。

7・8段めをくり返して毎段1目ずつ編み進め(1目ずつ編む目数が多くなる)、〈N2〉の左右の端にDSが2目ずつ残るまで編む。7段めを最後に編んだあとは編み地を返さず、次のように続けて編む；

最後の7段め(裏面)の続き：裏目2(DSを1目として編む)、編み地を返す。

準備段1(表面)：すべり目1、表目29 {32}(反対側のDSも1目として編む)、編み地を返す。

準備段2(裏面)：浮き目1、裏目29 {32}。

次段からは再び輪に編む。引き続き靴下は中表のまま(裏面を見ながら)、〈N1〉の甲側はリブ編みを続け、〈N2〉のレッグ後部もリブ編みで編む。

次段：〈N1〉*2段下の目と目の間の渡り糸に左針先を後ろから入れて持ち上げ、渡り糸を次の針の1目めと一緒に編み(こうすることでかかとと本体部分の間の隙間を防ぐ)、しっかり引く。前段までの編み方で最後まで編む*。*～*をもう一度編む。

以降は次のリブ編みを編む；

サイズ1(右足のみ)

〈N1〉表目2、*裏目1、表目5*、*～*を最後に4目残るまでくり返し、裏目1、表目3。〈N2〉〈N1〉と同様に編む。

サイズ1(左足のみ)

〈N1〉表目3、*裏目1、表目5*、*～*を最後に3目残るまでくり返し、裏目1、表目2。〈N2〉〈N1〉と同様に編む。

サイズ2のみ(両足共通)

〈N1〉表目1、*裏目1、表目5*、*～*を最後に2目残るまでくり返し、裏目1、表目1。〈N2〉表目4、*裏目1、表目5*、*～*を最後に5目残るまでくり返し、裏目1、表目4。

LEG／レッグ

前段までと同様に、フットと同じ段数(フットでひかえておいた段数)まであと6段、もしくは「好みの仕上がり寸法−3cm」になるまで編む。
※以降、小穂モチーフを編むために針の目を移し替える操作があります。このため両足を同時に編み進めている場合は、ここで片方を休ませて、片足ずつに分けることをおすすめします。

段の始めから；
サイズ1(右足のみ)
準備段1：表目2、裏目1、靴下全体を表に返す。次段以降は最後まで表面を見て編む。
準備段2：DS、裏目2（ここで段の終わりとなる。マーカーはそのままにしておく)。
次段以降：小穂モチーフのチャートに沿って）1〜8段めを編む。1段めでは前段のDSを1目として編む。

サイズ1（左足のみ）
準備段1：表目3、裏目1、靴下全体を表に返す。次段以降は最後まで表面を見て編む。
準備段2：DS、裏目2、PM（この位置が新しい段の始まりとなる)。
次段以降：小穂モチーフのチャートに沿って）1〜8段めを編む。1段めでは前段のDSを1目として編む。

サイズ2（両足共通）
準備段：表目1、裏目1、編み地を返す。
次段以降：小穂モチーフのチャートに沿って）1〜8段めを編む。

CUFF／カフ

1〜6段め：*表目のねじり目1、裏目1*を段の最後までくり返す。
すべての目を下記のロシアンバインドオフ[Russian Bind-Off]もしくは好みの伸縮性のある止め方で止める。

ロシアンバインドオフ

表目1、*表目1、右針から左針へ2目移し、移した目をねじり目で2目一度に編む*、最後まで*〜*をくり返し、すべての目を編む。

FINISHING／仕上げ

糸始末をしたあと、水通しをして寸法に合わせてブロッキングする。

小穂モチーフ

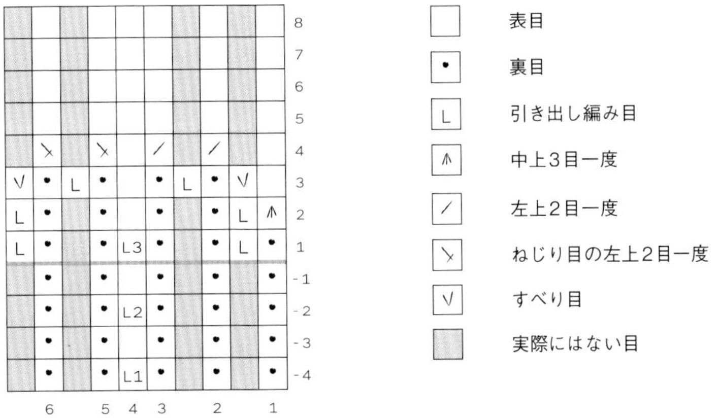

※L1は1段め、L2は2段め、L3は3段めで引き出し編み目を編む際に右針を入れる位置を示しています。

41 ERIKA

エリカ

SIZES ／サイズ

1 {2}

FINISHED MEASUREMENTS ／仕上がり寸法

レッグ長さ：11.5 cm (12.5) cm.
足首周囲：19 (20) cm
足底長さ：調整可

MATERIALS ／材料

糸：The Fibre Co.のCumbria Fingering（メリノウール60%・マッシャムウール30%・モヘア10%、300m/100g）1カセ〈Scafell Pike〉
針：2.5 mm (US 1.5／JP 1号) 輪針または5本針
その他の道具：ステッチマーカー3〜5個、とじ針

GAUGE ／ゲージ

34目×44段（メリヤス編み・10cm角、ブロッキング後）

STITCH PATTERNS ／模様編み

レース模様 (25目)：レース模様は25目で3部構成です（チャートA、B、C）。A→B→Cの順に続けて編みます。チャートBのリーフ模様は1模様18 {20} 段、左右に入るチャートA・Cの細い模様は1模様8段です。

NOTES ／メモ

サイズによってレース模様が若干異なります。必ず編み方を読んでから編み始めてください。

CUFF ／カフ

指でかける作り目［Long-Tail Cast-On］で64 {68} 目作り、輪にする。
輪針でマジックループ方式に編む場合は編み目を2等分し、各針に32 {34} 目ずつ、前半と後半に分けて編む。5本針で編む場合は4等分し、4本の針に16 {17} 目ずつに分ける。
段の始めにマーカーを入れる。
*表目1、裏目1*を段の最後までくり返す。
上記の手順でゴム編みを合計15段、またはカフが3.5cmになるまで編む。

LEG ／レッグ

1段め：表目32 {34}、表目4、PM、次の25目でレース模様を編む（チャートA→B→Cの順に編む）、PM、表目3 {5}。
1段めの要領で、以後マーカー間の25目はレース模様を編む。
レース模様の3つのパーツをそれぞれくり返しながらチャートBの2回分、合計36 {40} 段編む。サイズごとの段数を間違えないように注意する。

HEEL FLAP ／ヒールフラップ

かかとは前半の32 {34} 目で往復に編む。残りの目は休ませておく。
1段め（表面）：表編み。
2段め（裏面）：表目1、裏目30 {32}、表目1。
1・2段めを15 {16} 回、合計30 {32} 段編む。最後は裏面の段で編み終える。
かかとのどちらの面にもガーター編みの畝が15 {16} 本できる。

TURNING HEEL ／ヒールターン

ヒールフラップの32 {34}目を次のように往復に編む；

1段め(表面)：すべり目1、表目18 {20}、右上2目一度、表目1、編み地を返す。

2段め(裏面)：すべり目1。裏目7 {9}、裏目の左上2目一度、裏目1、編み地を返す。

3段め：すべり目1、段差との間に1目残るまで表編み、右上2目一度、表目1、編み地を返す。

4段め：すべり目1、段差との間に1目残るまで裏編み、裏目の左上2目一度、裏目1、編み地を返す。

3・4段めをくり返し、1・2段めで左右に編み残したすべての目を編む。最後は裏面の段で編み終える。

残り20 {22}目になる。表目10 {11}編んでかかとの真ん中に移動する。

FOOT ／フット

ここからは再び輪に編む。1段めのヒールフラップの端では、ガーター編みの「コブ」を拾いながら編む。拾い目と甲側の目の間にはマーカーを入れ、甲側と足底側の境目の印を付ける。

1段め：かかとの残りの10 {11}目を表編み、ガーター編みの端目から15 {16}目拾う、さらにヒールフラップとレッグの間から1目拾い、PM、表目4、SM、次の25目でレース模様の続きを編む、SM、表目3 {5}、PM、レッグとヒールフラップの間から1目拾い、さらにガーター編みの端目から15 {16}目拾い、表目10 {11}、PM。最後に入れたかかと中心のマーカーが、段の始まりとなる。合計84 {90}目になる。

2段め：最初のマーカーとの間に3目残るまで表編み、左上2目一度、表目1、SM、表目4、SM、次の25目でレース模様を編み、SM、表目3 {5}、SM、表目1、右上2目一度、最後まで表編み、SM。2目減。

3段め：足底側の目はすべて表編み。甲側の目はレース編みを続ける。

2・3段めをあと9 {10}回編む。64 {68}目になる。

続けて「レッグ」セクションと同様に編み(表目は表目、マーカーの間の25目はレース模様を編む)、チャートBの5回分になるまで編む。

足底の長さはおおよそ「仕上がり寸法－5cm」となる。もう少し長くしたい場合は、好みの長さになるまで18段めをくり返す。

TOE ／つま先

ここからはレース模様は編まず、次のように編む；

1段め：最初のマーカーとの間に3目残るまで表編み、左上2目一度、表目1、SM、表目1、右上2目一度、次のマーカーとの間に3目残るまで表編み(途中でレース模様のマーカーは外す)、左上2目一度、表目1、SM、表目1、右上2目一度、段の最後まで表編み。4目減。

2段め：表編み。

1・2段めを合計10 {11}回編む。24目になる。

FINISHING ／仕上げ

段の始めから6目表編みし、甲側と足底側の目を2本の針に均等に12目ずつ分ける。分けた目をメリヤスはぎではぎ合わせる。糸始末をしたあと、水通しをし、寸法に合わせてブロッキングする。

チャートA

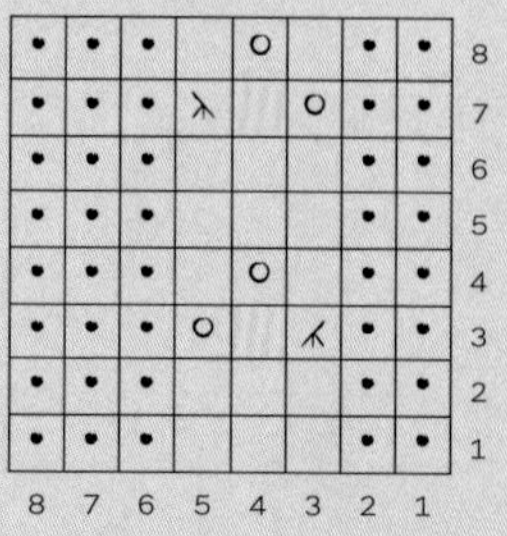

チャートB

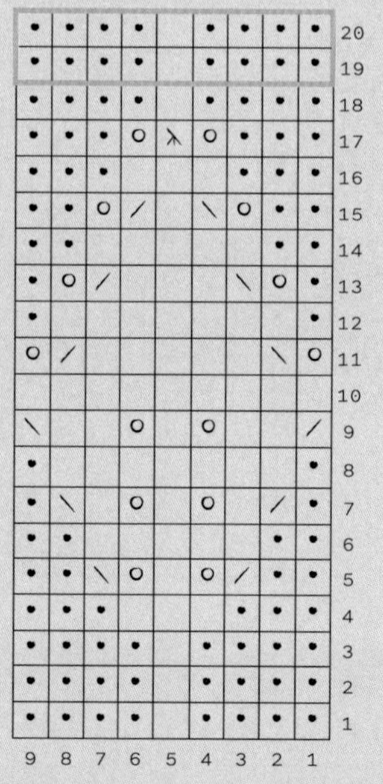

チャートC

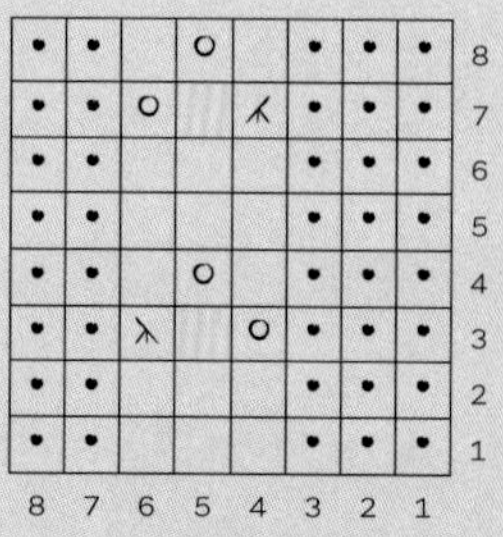

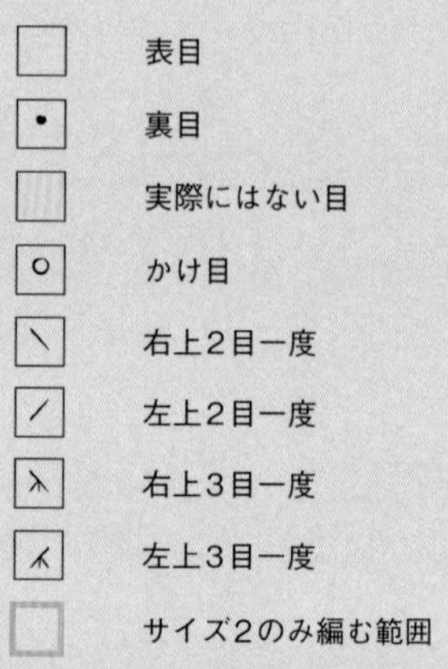

42 FIZALIS

フィザリス

SIZES／サイズ

1 {2}

FINISHED MEASUREMENTS／仕上がり寸法

足首周囲：21.5 {26.5} cm
レッグ長さ（カフ～かかとの上端まで）：15.5 {19} cmまたは好みの長さ

MATERIALS／材料

糸：Schachenmayr RegiaのPremium Merino Yak（ウール58%・ポリアミド28%・ヤク14%、400m/100g）1カセ〈Mint Meliert〉
針：2.5mm（US 1.5／JP 1号）輪針
その他の道具：取り外し可能なマーカー2個、なわ編み針、かぎ針、とじ針、別糸

GAUGE／ゲージ

30目×44段（メリヤス編み・10cm角、ブロッキング後）

SPECIAL ABBREVIATIONS／特別な用語

ねじり目の右上2目一度：次の目に裏目を編むように右針を入れて移し、その次の目には表目を編むように右針を入れて移す。両方の目をそのまま左針に戻し、2目一緒にねじり目のように編む。
ねじり目の左上2目一度：次の目に裏目を編むように右針を入れて移し、その次の目を裏目のねじり目を編むように左後ろから右針を入れて移し、両方の目をそのまま左針に戻し2目一緒に表目に編む。
左目に通すノット（3目）：左針の最初の2目を飛ばして3目めに裏目を編むように右針を入れ、最初の2目にかぶせて針から外す。そのまま「表目1、かけ目、表目1」と編む。
3回巻きのノット：表目2、裏目1、表目2。このように編んだ5目をなわ編み針に移し、編み糸をこの5目に反時計回りに3回巻いたあと、5目を右針に移す。

CAST-ON ／作り目

次のようにして1目ゴム編みの作り目［Tubular Cast-On method］の方法で目を作る；
別糸とかぎ針で別鎖の作り目（あとでほどける作り目）を32｛40｝目作る。別鎖のすべての裏山に右針を入れて輪針を通し、輪針にかかった目を16｛20｝目ずつに分ける。編み糸に持ち替える。
1段め：*表目1、かけ目*を段の最後までくり返す。合計64｛80｝目になる。編み目がねじれないように輪にする。
2段め：*表目1、浮き目1*を段の最後までくり返す。
3段め：*すべり目1、裏目1*を段の最後までくり返す。
2段めをもう一度編み、別鎖をほどく。

CUFF ／カフ

1段め：*表目1、裏目1*を最後までくり返す。
上記の段をあと2回編む。
次段からはチャートA1｛A2｝を編む（1段につきチャート4回分編む）。チャートの1〜12｛1〜16｝段めを1回編む。

LEG ／レッグ

チャートB1｛B2｝を1回編む。レッグの長さを伸ばしたい場合はチャートB1｛B2｝の25〜48｛31〜60｝段めをもう一度編む。

HEEL FLAP ／ヒールフラップ

ヒールフラップは後半の33｛41｝目を往復に編み、残りの31｛39｝目は甲側の目として休ませる。最初に編み地を返す。
準備段：すべり目1、*裏目のねじり目1、表目1*、*〜*までを最後に2目残るまでくり返し、裏目のねじり目1、裏目1。
1段め（表面）：すべり目1、*表目のねじり目1、裏目1*、*〜*までを最後に2目残るまでくり返し、表目のねじり目1、表目1。
2段め（裏面）：浮き目1、*裏目のねじり目1、表1*、*〜*を最後に2目残るまでくり返し、裏目のねじり目1、裏目1。
1・2段めをあと13回。裏面の段で編み終える。

TURN HEEL ／ヒールターン

続けてヒールフラップの33｛41｝目を次のように編む；
1段め（表面）：表目19｛25｝、右上2目一度、表目1、編み地を返す。
2段め（裏面）：すべり目1、裏目6｛10｝、裏目の左上2目一度、裏目1、編み地を返す。
3段め（表面）：すべり目1、段差との間に1目残るまで表編み、右上2目一度、表目1、編み地を返す。
4段め（裏面）：すべり目1、段差との間に1目残るまで裏編み、裏目の左上2目一度、裏目1、編み地を返す。
3・4段めをくり返し、21｛27｝目になるまで編む。両端に編み残した目が1目ずつになる。次段は裏面で最後に編んだ目から編み始める。

GUSSET ／マチ

※甲側はチャートB1｛B2｝の代わりにチャートCを編むこともできます。チャートB1｛B2｝で編む場合、目数が31｛39｝目になっているため、毎段2回めの最後の目は編みません。
準備段：すべり目1、表目17｛23｝、右上2目一度、ヒールフラップの端から15目拾う、最後の拾い目で針を入れた目の1段下の目に右針を入れ拾い目1、PM、チャートB1の25段め｛チャートB2の31段め｝もしくはチャートCで甲側の31｛39｝目を編む、PM、次のヒールフラップの端目の1段下の目に右針を入れ拾い目1、ヒールフラップの端から15目拾う、左上2目一度、表目9｛11｝、マーカーを付けて新たに足底中心を段の始めとする。合計82｛96｝目になる。
1段め：マーカーとの間に1目残るまで表編み、裏目1、SM、次の31｛39｝目でチャートB1｛B2｝もしくはチャートCを編む、SM、裏目1、表目25｛27｝。
2段め：マーカーとの間に3目残るまで表編み、右上2目一度、裏目1、SM、次の31｛39｝目をチャートに沿って編む、SM、裏目1、左上2目一度、最後まで表編み。
3段め：マーカーとの間に1目残るまで表編み、裏目1、SM、次の31｛39｝目をチャートに沿って編む、SM、裏目1、最後まで表編み。
2・3段めをくり返し、足底側が31｛39｝目になるまで編む。甲側・足底側に31｛39｝目ずつ、合計62｛78｝目になる。
段の始めのマーカーを外す。表目14｛19｝、裏目1。この位置が新しい段の始めとなる。

FOOT ／フット

1段め：引き続き甲側はチャートB1｛B2｝またはチャートCを編む、SM、裏目1、最後に1目残るまで表編み、裏目1。
この段の手順をくり返し編み、足底の長さがおおよそ「希望仕上がり寸法－3.5｛5｝cm」になるまで編む。
チャートB1の48段め｛チャートB2の60段め｝またはチャートCで編み終える。

TOE ／つま先

1段め（減目段）：ねじり目の右上2目一度、チャートCのリブ編みをマーカーとの間に2目残るまで編み、ねじり目の左上2目一度、SM、裏目1、右上2目一度、最後に3目残るまで表編み、左上2目一度、裏目1。4目減。
2段め：マーカーまで目なり（ねじり目はねじり目、裏目は裏目）に編み、SM、裏目1、最後に1目残るまで表編み、裏目1。
1・2段めをくり返し、34｛42｝目になったら、1段めだけをくり返し26｛30｝目になるまで編む。

FINISHING ／仕上げ

糸端を30.5cm残して糸を切る。メリヤスはぎで残った目をはぎ合わせる。
糸始末をしたあと、水通しをし、寸法に合わせてブロッキングする。

チャートA1

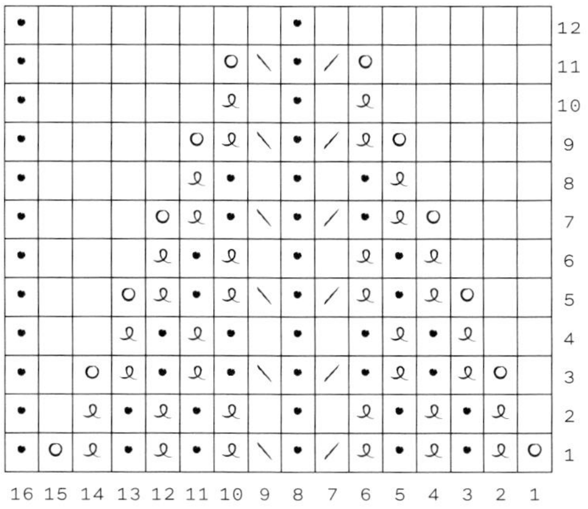

表目
裏目
かけ目
ねじり目
左上2目一度
右上2目一度
サイズ2のみ編む範囲

チャートA2

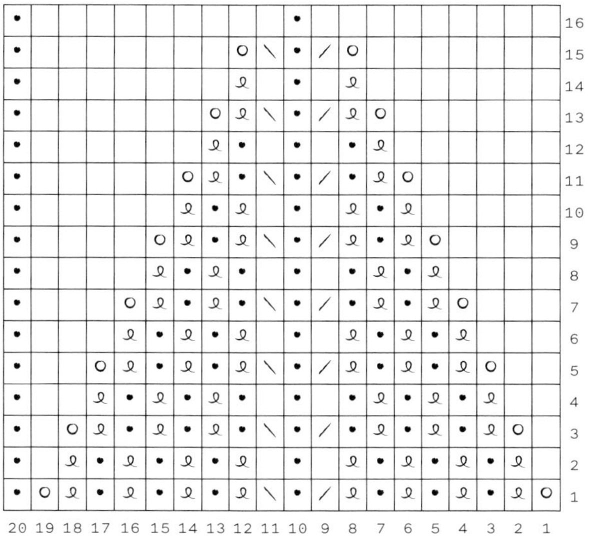

チャートC

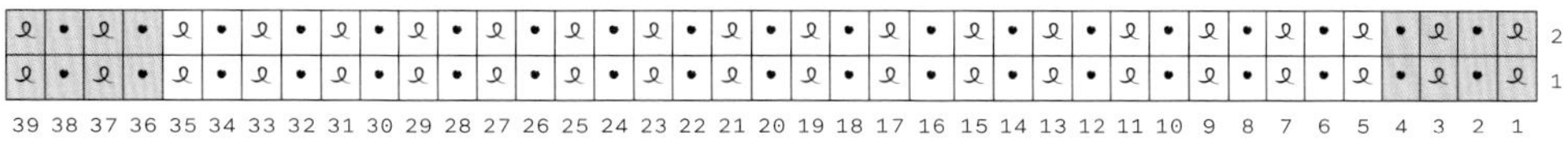

チャートB1

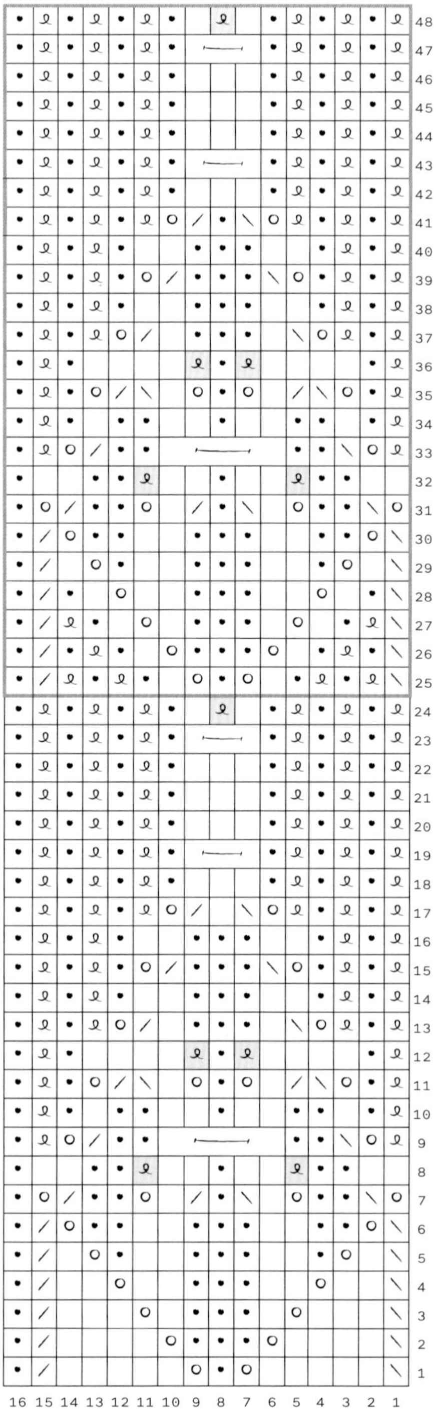

表目

右上2目一度

裏目

左上2目一度

かけ目

ねじり目

裏目のねじり目

左目に通すノット

3回巻きのノット

くり返し範囲

チャートB2

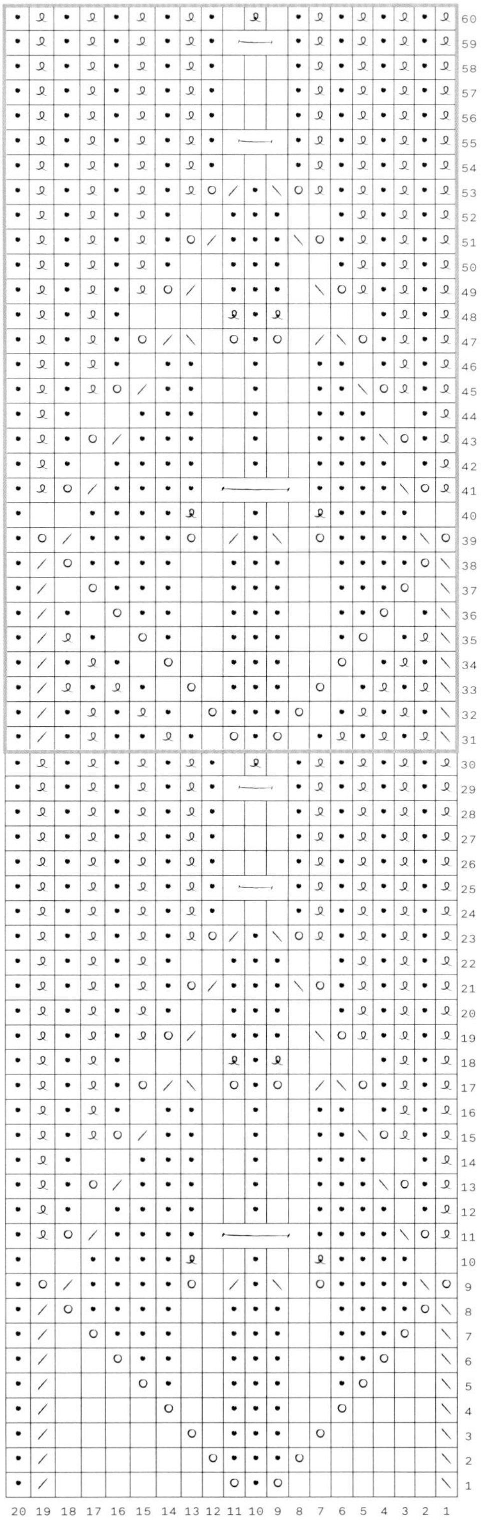

43 OONA

ウーナ

SIZES／サイズ

1 {2}

FINISHED MEASUREMENTS／仕上がり寸法

フット周囲：19 (21)cm
レッグ長さ（カフ〜ヒール底まで）：約23.5 {25} cm
足底長さ：調整可

MATERIALS／材料

糸：Malabrigo YarnのSock（メリノウール100%、402m/100g）1カセ〈Sand Bank〉
針：2.5mm (US 1.5／JP 1号) 5本針または輪針
その他の道具：ステッチマーカー3個、とじ針

GAUGE／ゲージ

34目×44段（メリヤス編み・10cm角、ブロッキング後）

NOTES／メモ

輪編みのスタイル（5本針、輪針を2本、輪針1本でマジックループ式）に関係なく編めるように、編み目を2等分し、前半の目でかかと・足底側を、後半の目で甲側を編む説明としています。

CUFF ／カフ

ジャーマンツイステッドキャストオン［German Twisted Cast-On］の方法で64 {72} 目作り、PM、編み目がねじれないように輪にする。
編み目を32 {36} 目ずつに分ける。
1段め： *表目1、裏目1*をくり返す。
1段めの1目ゴム編みをあと14段編む。

LEG ／レッグ

レース模様のチャートを合計7 {8} 回(56 {64} 段) 編み、8段めを編んで終わる。

HEEL ／ヒール

HEEL FLAP ／ヒールフラップ

かかとは前半の32 {36} 目で往復に編む。後半の32 {36} 目は甲側の目として休ませておく。
1段め(表面)： 表目3、*表目を編むように右針を入れてすべり目1、表目1*、*〜*を最後に3目残るまでくり返す、表目3。
2段め(裏面)： 表目3、最後に3目残るまで裏編み、表目3。
3段め： 表目3、*表目1、表目を編むように右針を入れてすべり目1*、*〜*を最後に3目残るまでくり返す、表目3。
4段め： 表目3、最後に3目残るまで裏編み、表目3。
1〜4段めをあと7回くり返す(合計32段)、最後は4段めを編んで終わる。

TURN HEEL ／ヒールターン

次のように引き返し編みをしながらかかとの形を作る；
引き返し編み1段め(表面)： 表目19 {21}、右上2目一度、表目1、編み地を返す。
引き返し編み2段め(裏面)： すべり目1、裏目7、裏目の左上2目一度、裏目1、編み地を返す。
引き返し編み3段め： 表目を編むように右針を入れてすべり目1、段差との間に1目残るまで表編み、(段差の前後の目を) 右上2目一度、表目1、編み地を返す。
引き返し編み4段め： すべり目1、段差との間に1目残るまで裏編み、(段差の前後の目を) 裏目の左上2目一度、裏目1、編み地を返す。
引き返し編み3・4段めをくり返しすべての目を編む。20 {22} 目になる。

SHAPE GUSSET ／マチのシェーピング

再び次のように輪に編む；
表目20 {22}、ヒールフラップの左端に沿って16目拾う、PM、甲側の32 {36} 目はチャートの1段めから再開し、PM、ヒールフラップの右端に沿って16目拾う、表目10 {11}、PM。この位置(足底の中心)が新しい段の始まりとなる。足底が52 {54} 目、甲側が32 {36} 目となる。
1段め： 表編み、甲側は模様編みを続ける。
2段め： 甲側のマーカーとの間に3目残るまで表編み、左上2目一度、表目1、SM、甲側はチャートの続きを編み、SM、表目1、右上2目一度、最後まで表編み。2目減。
1・2段めをくり返し、足底の目が32 {36} 目になるまで編む。合計64 {72} 目になる。

FOOT ／フット

まっすぐに編み、甲側は模様編みを続けながら足底の長さが「希望仕上がり寸法－4.5 {5} cm」になるまで編む。

TOE ／つま先

1段め： 段の始めのマーカーを外し、次のマーカーまで表編み、SM、このマーカーを新たな段の始まりとして1段表編み。
2段め(減目段)： *表目1、右上2目一度、マーカーとの間に3目残るまで表編み、左上2目一度、表目1*、*〜*をもう一度編む。4目減。
1・2段めを合計8 {10} 回編み、甲側・足底側各16目、合計32目になる。
次に2段めを4 {3} 回編み、甲側・足底側各8 {10} 目、合計16 {20} 目になる。
糸端を20.5cm残して糸を切り、糸端でメリヤスはぎをしてつま先をはぎ合わせる。

FINISHING ／仕上げ

糸始末をしたあと、水通しをして寸法に合わせてブロッキングする。

レース模様

	9	8	7	6	5	4	3	2	1	
	•								•	8
	•	○	／				＼	○	•	7
	•								•	6
	•	／	○				○	＼	•	5
	•								•	4
	•	＼	○				○	／	•	3
	•								•	2
	•	○	＼				／	○	•	1

□ 表目
• 裏目
○ かけ目
／ 左上2目一度
＼ 右上2目一度
（灰色の枠・6列目） サイズ2のみ編む目

44 3 LEAVES

3枚の葉っぱ

SIZES／サイズ

1 {2}

FINISHED MEASUREMENTS／仕上がり寸法

フット周囲：20 {22.5} cm
足底長さ：調整可

MATERIALS／材料

糸：Julie AsselinのNomade（スーパーウォッシュメリノ80%・ナイロン20%、糸長457m/115g）1カセ〈Biscotti〉
針：2.0mm（US 0／JP 0号）輪針（カフ用）、2.5mm（US 1.5／JP 1号）輪針（本体用）
その他の道具：取り外し可能なタイプのマーカー、なわ編み針（あれば便利）、ホルダーまたは別糸、とじ針

GAUGE／ゲージ

32目×44段（2.5mm針でメリヤス編み・10cm角、ブロッキング後）
32目×45段（2.5mm針でチャートの模様編み・10cm角、ブロッキング後）

SPECIAL ABBREVIATIONS／特別な用語

ねじり目の右上1目交差：左針の2目めに編み地の後ろから表目のねじり目1、1目めに表目のねじり目1を編み、どちらも左針から外す。もしくは、1目をなわ編み針に移して手前におき、左針から表目のねじり目1、なわ編み針から表目のねじり目1。
ねじり目の左上1目交差：左針の2目めに編み地の手前から表目のねじり目1、1目めに表目のねじり目1を編み、どちらも左針から外す。もしくは、1目をなわ編み針に移して後ろにおき、左針から表目のねじり目1、なわ編み針から表目のねじり目1。
ねじり目の右上1目交差（下側が裏目）：左針の2目めに編み地の後ろから裏目1、1目めに表目のねじり目1を編み、どちらも左針から外す。もしくは、1目をなわ編み針に移して手前におき、左針から裏目1、なわ編み針から表目のねじり目1。
ねじり目の左上1目交差（下側が裏目）：左針の2目めに編み地の手前から表目のねじり目1、1目めに裏目を編み、どちらも左針から外す。もしくは、1目をなわ編み針に移して後ろにおき、左針から表目のねじり目1、なわ編み針から裏目1。
W&T（ラップアンドターン）：引き返し編みの方法のひとつで、引き返す位置の目に編み糸を巻き付ける。表編みの段では最終目に右針を裏目を編むように入れて移し、針の間から糸を手前に移し、右針に移した目を左針に戻して編み地を返す。裏編みの段では最終目に右針を裏目を編むように入れて移し、針の間から糸を後ろに移し、右針に移した目を左針に戻して編み地を返す。

TOE／つま先

2.5mm針でジュディーズマジックキャストオン[Judy's Magic Cast-On method]の方法で24目(各針に12目ずつ)作る。段の始めにPM。
前半(足底側)を〈N1〉、後半(甲側)を〈N2〉として輪に編む。
1段め：表編み(このとき〈N2〉の目がねじれて針にかかっている場合はねじれを解消しながら編む)。
2段め(増し目段)：〈N1〉*表目1、右ねじり増し目、残り1目まで表目、左ねじり増し目、表目1*。〈N2〉*～*をもう一度編む。4目増。
1・2段めをあと9 {11} 回編む。40 {48} 目増。〈N1〉・〈N2〉ともにに32 {36} 目、合計64 {72} 目。

FOOT／フット

チャートに沿って次のように編む；

RIGHT FOOT／右足

1段め：〈N1〉表目4 {6}、PM、右足用チャートの24目を編む、PM、表目4 {6}。〈N2〉表編み。
2段め：〈N1〉表目4 {6}、SM、右足用チャートの24目を編む、SM、表目4 {6}〈N2〉表編み。
同様にしてチャートの3～8段めを編む。続けて次の18段(チャートの9～26段め)をくり返し、作り目からの長さが「好みの足底仕上がり寸法－9.5 {10.5} cm」になるまで編む。

GUSSET／マチ

次段：〈N1〉表目4 {6}、SM、右足用チャートの続きを24目編む、SM、表目4 {6}。〈N2〉表目1、右ねじり増し目、1目残るまで表編み、左ねじり増し目、表目1。2目増。
次段：〈N1〉表目4 {6}、SM、右足用チャートの続きを24目編む、SM、表目4 {6}。〈N2〉表編み。
チャートに沿って上記の2段をあと11 {12} 回編む。24 {26} 段で24 {26} 目増。〈N1〉は32 {36} 目、〈N2〉は56 {62} 目、合計88 {98} 目となる。

HEEL TURN／ヒールターン

次段：〈N1〉表目4 {6}、SM、右足用チャートの24目を編む、SM、表目4 {6}。
ここからは〈N2〉の目だけで次のように往復に編む；
引き返し編み1段め(表面)：表目42 {47}、W&T。
引き返し編み2段め(裏面)：裏目28 {32}、W&T。
引き返し編み3段め：ラップした目との間に1目残るまで表編み、W&T。
引き返し編み4段め：ラップした目との間に1目残るまで裏編み、W&T。
引き返し編み3・4段めをあと6 {7} 回くり返す。
真ん中に14 {16} 目、その左右にラップを巻いた目が8 {9} 目ずつ、そしてマチの目が13 {14} 目ずつとなる。
表編みをしてマチの端まで移動する。ラップの糸は拾い、その次の目と一緒に表目のねじり目を編む(段消し)。編み地は返さず続けて次段を編む。
次段(表面)：〈N1〉表目4 {6}、SM、右足用チャートの24目を編む、SM、表目4 {6}。〈N2〉ラップの糸は拾い、手前の目と一緒に表目に編みながら(段消しながら)、最後まで表編み。編み地は返さない。

DECREASE GUSSET／マチの減目

次段(表面)：〈N1〉表目4 {6}、SM、右足用チャートの24目を編む、SM、表目4 {6}。〈N2〉表目42 {46} 目、右上2目一度、編み地を返す。1目減。
引き返し編み1段め(裏面)：浮き目1、裏目28 {30}、裏目の2目一度、編み地を返す。1目減。
引き返し編み2段め(表面)：すべり目1、表目28 {30}、右上2目一度、編み地を返す。1目減。
上記の引き返し編みの2段をあと11 {12} 回編む。最後の段は編み地を返さず、次段以降は輪に編む。〈N2〉は31 {35} 目になる。
次段：〈N1〉表目4 {6}、SM、右足用チャートの24目を編む、SM、表目4 {6}。〈N2〉左上2目一度、最後まで表編み。1目減。
〈N1〉には32 {36} 目、〈N2〉には30 {34} 目、合計62 {70} 目になる。

LEG／レッグ

次段：〈N1〉表目4 {6}、SM、右足用チャートの24目を編む、SM、表目4 {6}。〈N2〉表編み。
上記の段をくり返し、チャートの模様のくり返し部分(9～26段め)を5回(90段)編む。最後はチャートの最後のセクション(27～40段め)を編む。

CUFF／カフ

2.0mm針に持ち替えて次のように編む；
次段：〈N1〉*表目のねじり目1、裏目1*、*～*をマーカーまでくり返し、SM、右足用チャートの41段めの24目を編む、SM、*裏目1、表目のねじり目1*、*～*を最後までくり返す。〈N2〉*裏目1、表目のねじり目1*、*～*を7回くり返し、裏目1、右ねじり増し目、*裏目1、表目のねじり目1*、*～*を最後までくり返す。1目増。〈N1〉には32 {36} 目、〈N2〉には31 {35} 目、合計63 {71} 目になる。
次段：〈N1〉*表目のねじり目1、裏目1*、*～*をマーカーまでくり返し、SM、右足用チャートの41段めの24目を編む、SM、*裏目1、表目のねじり目1*、*～*を最後までくり返す。〈N2〉裏目1、*表目のねじり目1、裏目1*、*～*を最後までくり返す。
前段のようにカフが4cmになるまで編む。すべての目を目なりに伏せ止めする。

左足は、右足と同じ手順で左足用チャートに沿って編む。

FINISHING／仕上げ

糸始末をしたあと、水通しをし、寸法に合わせてブロッキングする。

左足用チャート（N1側）

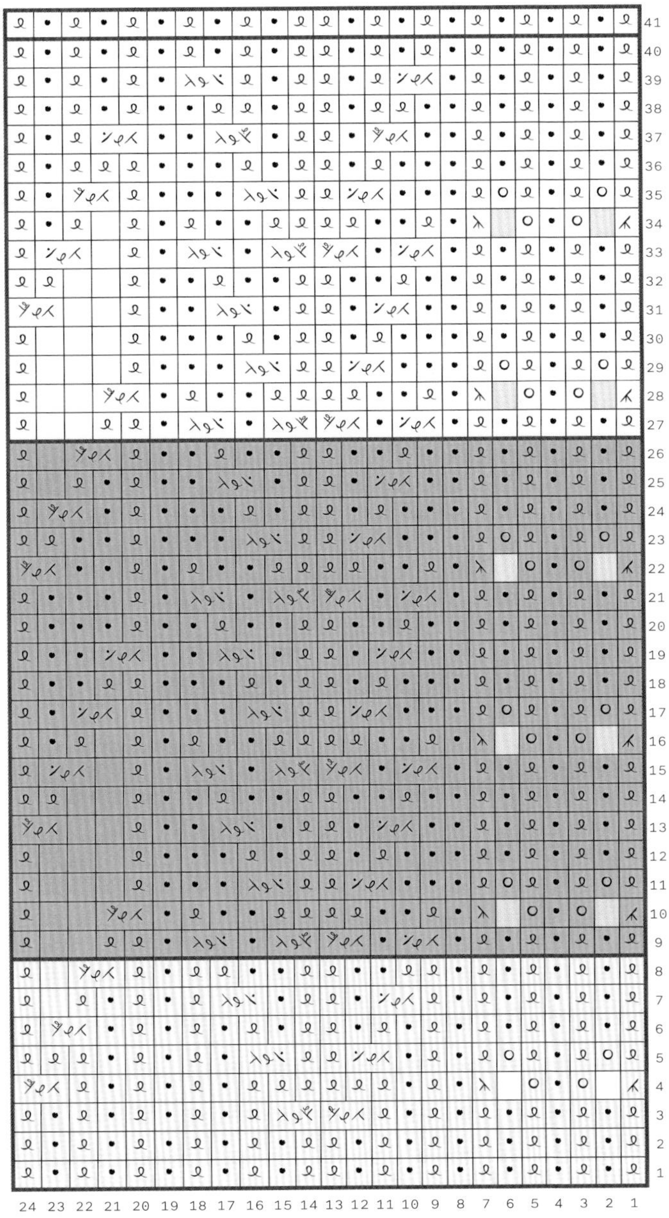

CHART NOTES／チャートメモ

模様編みの各セクションはチャート上で色分けしています；

1～8段め：編み始めの模様＝1回編む／合計8段

9～26段め：くり返しの模様

27～40段め：編み終わりの模様＝1回編む／合計14段

41段め：カフのリブ編み＝毎段2回ずつ、4cmになるまで編む

- 表目
- 裏目
- ねじり目
- ねじり目の左上1目交差（下側が裏目）
- ねじり目の右上1目交差（下側が裏目）
- ねじり目の左上1目交差
- ねじり目の右上1目交差
- 実際にはない目
- かけ目
- 左上3目一度
- 右上3目一度
- 編み始めの模様（1～8段め）
- くり返しの模様（9～26段め）
- 編み終わりの模様（27～40段め）
- カフのリブ編み（41段め）

右足用チャート（N1側）

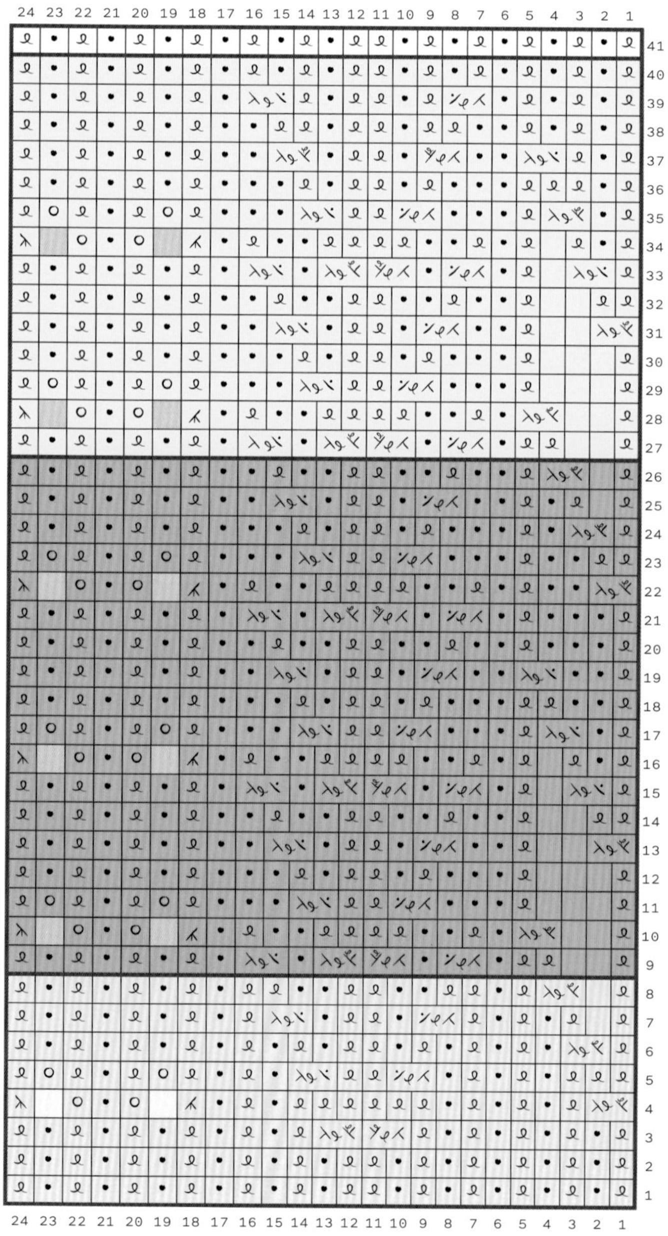

- 表目
- 裏目
- ねじり目
- ねじり目の左上1目交差（下側が裏目）
- ねじり目の右上1目交差（下側が裏目）
- ねじり目の左上1目交差
- ねじり目の右上1目交差
- 実際にはない目
- かけ目
- 左上3目一度
- 右上3目一度
- 編み始めの模様（1～8段め）
- くり返しの模様（9～26段め）
- 編み終わりの模様（27～40段め）
- カフのリブ編み（41段め）

45 SNIPPET

スニペット

SIZES／サイズ

1 {2}

FINISHED MEASUREMENTS／仕上がり寸法

レッグ長さ（カフ～かかとの上端まで）：15.5 cm
レッグ／フット周囲：20 {22.5} cm

MATERIALS／材料

糸：The Wool BarnのCashmere Sock 4ply（スーパーファインエキストラメリノ80%・カシミヤ10%・ナイロン10%、350m/100g）1カセ〈Walnut〉
針：2.25 mm（US 1／JP 0号またはJP 1号）輪針または5本針
その他の道具：ステッチマーカー1個、とじ針

GAUGE／ゲージ

32目×48段（メリヤス編み・10cm角、ブロッキング後）

SPECIAL ABBREVIATIONS／特別な用語

左目に通すノット：右針先を左針の3目めに入れて持ち上げ、右端の2目にかぶせて針から外す。かぶせた2目に「表目1、かけ目、表目1」と編む。
右上3目一度：左針の1目めに表目を編むように右針を入れて移し、次の2目を左上2目一度、右針に移した目を編んだ目にかぶせる。2目減。

CUFF／カフ

指でかける作り目［Long-Tail cast on method］またはニッテッドキャストオン［Knitted cast on method］で64 {72}目作る。
編み目を前半の33 {37}目〈N1〉と後半の31 {35}目〈N2〉に分けて、編み目がねじれないように輪にする。
1段め：*裏目1、表目のねじり目1*、*～*を最後までくり返す。
この段をあと14回もしくはリブ編みが約3cmになるまで編む。

LEG／レッグ

1～31段め：〈N1〉は甲側の目としてスニペット模様（サイズ1はチャートのオレンジ枠内の33目、サイズ2はチャートの端から端まで37目）を編む。〈N2〉はかかと側として、表編み。
32～59段め：4～31段めをもう一度編む。
60段め：表目2 {4}、裏目2、左目に通すノット、裏目2、表目15、裏目2、左目に通すノット、裏目2、表目2 {4}、段の最後まで表編み。

HEEL FLAP／ヒールフラップ

編み地を裏面に返す。
準備段（裏面）：浮き目1、裏目30 {34}。
ヒールフラップは上記の31 {35}目で往復に編み、残りの33 {37}目はコード上で休ませておく。
以降、編む目を〈N1〉、休ませている目を〈N2〉とする。
〈N1〉1段め（表面）：*すべり目1、表目1*を最後に1目残るまでくり返し、表目1。
〈N1〉2段め（裏面）：浮き目1、裏目30 {34}。
上記2段をあと14 {16}回編む。

HEEL TURN／ヒールターン

次段（表面）：すべり目1、表目17 {21}、右上2目一度、表目1、編み地を返す。

サイズ1のみ
次段（裏面）：浮き目1、裏目6、裏目の左上2目一度、裏目1、編み地を返す。
次段（表面）：すべり目1、表目7、右上2目一度、表目1、編み地を返す。
次段（裏面）：浮き目1、裏目8、裏目の左上2目一度、裏目1、編み地を返す。
次段（表面）：すべり目1、表目9、右上2目一度、表目1、編み地を返す。

サイズ1・2共通

次段（裏面）：浮き目1、裏目10、裏目の左上2目一度、裏目1、編み地を返す。

次段（表面）：すべり目1、表目11、右上2目一度、表目1、編み地を返す。

次段（裏面）：浮き目1、裏目12、裏目の左上2目一度、裏目1、編み地を返す。

次段（表面）：すべり目1、表目13、右上2目一度、表目1、編み地を返す。

次段（裏面）：浮き目1、裏目14、裏目の左上2目一度、裏目1、編み地を返す。

次段（表面）：すべり目1、表目15、右上2目一度、表目1、編み地を返す。

次段（裏面）：浮き目1、裏目16、裏目の左上2目一度、裏目1、編み地を返す。

サイズ2のみ

次段（表面）：すべり目1、表目17、右上2目一度、表目1、編み地を返す。

次段（裏面）：浮き目1、裏目18、裏目の左上2目一度、裏目1、編み地を返す。

次段（表面）：すべり目1、表目19、右上2目一度、表目1、編み地を返す。

次段（裏面）：浮き目1、裏目20、裏目の左上2目一度、裏目1、編み地を返す。

GUSSET／マチ

再び輪に編む。〈N2〉が甲側となる。甲側はフットチャートまたは下記の文章パターンの通りに編む；

1段め：〈N1〉すべり目1、表目18 {22}、ヒールフラップ端のすべり目から15 {17}目とマチの角から1目拾う。16 {18}目増。〈N2〉表目2 {4}、裏目2、表目3、裏目2、表目15、裏目2、表目3、裏目2、表目2 {4}。〈N1〉マチの角から1目、ヒールフラップ端のすべり目から15 {17}目拾う。16 {18}目増。

段の最後にPM。〈N1〉は51 {59}目、〈N2〉は33 {37}目になる。

2段め：〈N1〉表目19 {23}、表目のねじり目14 {16}、左上2目一度。〈N2〉表目2 {4}、裏目2、表目3、裏目2、表目15、裏目2、表目3、裏目2、表目2 {4}。〈N1〉右上2目一度、表目のねじり目14 {16}。

3段め：〈N1〉表編み。〈N2〉表目2 {4}、裏目2、表目3、裏目2、表目15、裏目2、表目3、裏目2、表目2 {4}。〈N1〉最後まで表編み。

4段め：〈N1〉2目残るまで表編み、左上2目一度。〈N2〉表目2 {4}、裏目2、左目に通すノット、裏目2、表目15、裏目2、左目に通すノット、裏目2、表目2 {4}。〈N1〉右上2目一度、最後まで表編み。

5段め：3段めと同様に編む。

6段め：〈N1〉2目残るまで表編み、左上2目一度。〈N2〉表目2 {4}、裏目2、表目3、裏目2、表目15、裏目2、表目3、裏目2、表目2 {4}。〈N1〉右上2目一度、最後まで表編み。

7～18 {7～22} 段め：3～6段めをあと3 {4}回編む。66 {74}目になる。

19・20 {23・24} 段め：3～4段めをもう一度回編む。64 {72}目になる。

21 {25} 段め：3段めと同様に編む。

FOOT／フット

1段め：〈N1〉表編み。〈N2〉表目2 {4}、裏目2、表目3、裏目2、表目15、裏目2、表目3、裏目2、表目2 {4}。〈N1〉最後まで表編み。

2段め：1段めと同様に編む。

3段め：〈N1〉表編み。〈N2〉表目2 {4}、裏目2、左目に通すノット、裏目2、表目15、裏目2、左目に通すノット、裏目2、表目2 {4}。〈N1〉最後まで表編み。

4段め：1段めと同様に編む。

1～4段めをくり返し、足底の長さが「希望仕上がり寸法－4.5 {5} cm」になるまで編む。

TOE／つま先

準備段：段の終わりのマーカーを外す。〈N1〉の終わりまで表編み。この位置が新しい段の始めとなる。

1段め：〈N2〉に1目残るまで編み、残った1目は〈N1〉に移す。〈N2〉と〈N1〉の目数が均等になる。段の最後まで表編み。

2段め：〈N2〉表目1、右上2目一度、3目残るまで表編み、左上2目一度、表目1。〈N1〉〈N2〉と同様に編む。

3段め：表編み。

2・3段めをくり返し、20 {24}目になるまで編む。

FINISHING／仕上げ

糸端を30.5cm残して糸を切り、甲側と足底側の目をメリヤスはぎではぎ合わせる。糸始末をしたあと、水通しをし、寸法に合わせてブロッキングする。

表目
裏目
かけ目
ねじり目
左上2目一度
右上2目一度
右上3目一度
左目に通すノット
サイズ1の範囲

スニペット模様

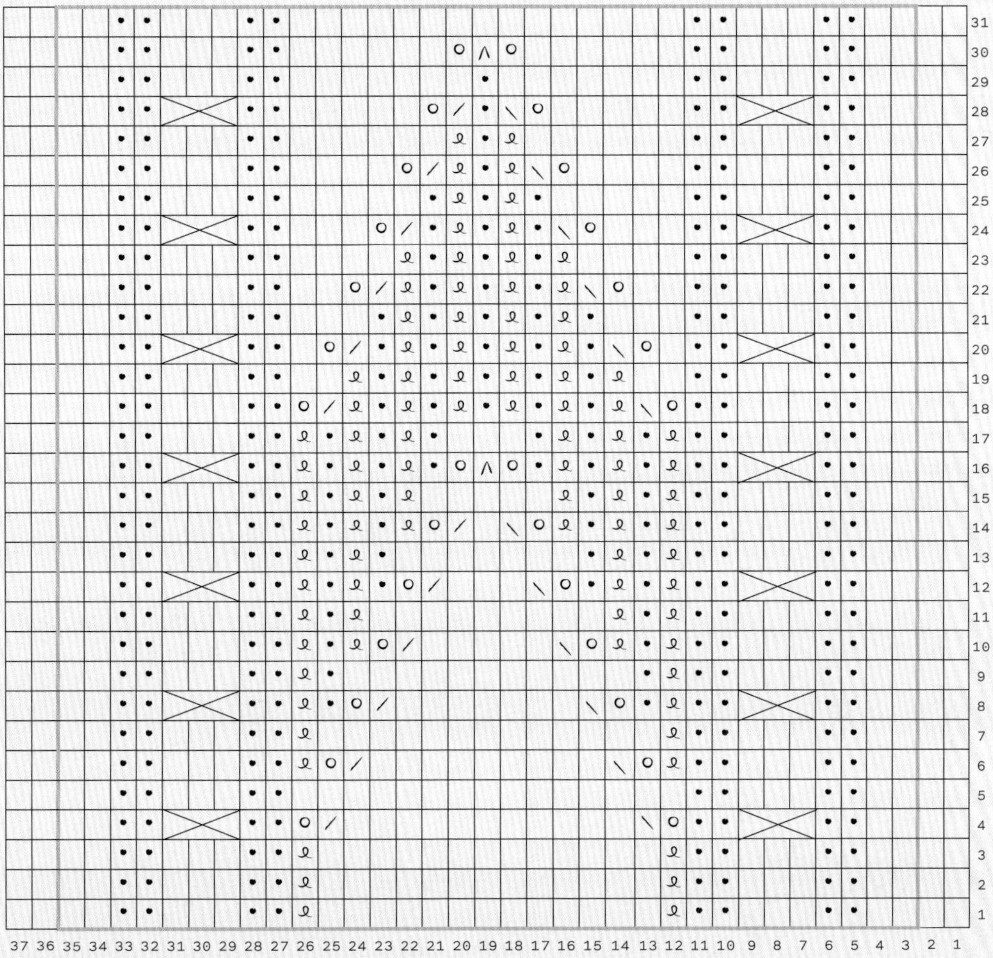

フットチャート

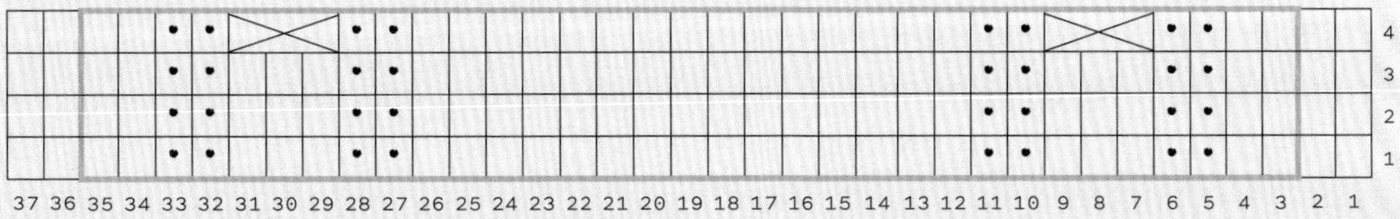

46 CANDLE FLAME

ロウソクのともしび

SIZES／サイズ

1 {2}

FINISHED MEASUREMENTS／仕上がり寸法

レッグ周囲：約19 {21.5} cm
足底長さ：約20 {24} cm

MATERIALS／材料

糸：Schachenmayr RegiaのPremium Merino Yak（ウール58%・ポリアミド28%・ヤク14%、400m／100g）1カセ〈#7510 Beige Meliert〉
針：2.25mm（US 1／JP 0号またはJP 1号）5本針
その他の道具：とじ針、取り外し可能なステッチマーカー（あれば便利）

GAUGE／ゲージ

32目×44段（メリヤス編み・10cm角、ブロッキング後）

SPECIAL ABBREVIATIONS／特別な用語

左上1目交差：左針の2目めに編み地の手前から表目を編んだあと1目めに表目を編み、2目とも左針から外す。

LEG ／レッグ

好みの方法で60 {68} 目作り、次のように4本の針に編み目を分ける；
※〈N1〉＝1本め、〈N2〉＝2本め、〈N3〉＝3本め、〈N4〉＝4本め
〈N1〉に16 {18} 目、〈N2〉に14 {16} 目、〈N3〉に16 {18} 目、〈N4〉に14 {16} 目。
このように分けることで各針の最後は表目2または裏目2で編み終わる。
編み目がねじれないように輪にする。

キャンドルフレーム模様
1・2段め：*表目2、裏目2*、*〜*を最後までくり返す。
3段め：*左上1目交差、裏目2*、*〜*を最後までくり返す。
4段め：*表目2、裏目2*、*〜*を最後までくり返す。
1〜4段めをあと5回編む（このくり返しはカフのリブを編むためのものなので、模様には含めない）。
5・6段め：*裏目2、表目2*、*〜*を最後までくり返す。
7段め：*裏目2、左上1目交差*、*〜*を最後までくり返す。
8段め：*裏目2、表目2*、*〜*を最後までくり返す。
1〜8段めをあと2 {3} 回編む。レッグの長さを伸ばしたい場合は、この部分を長めに編む。

次段からは前半の30 {34} 目はキャンドルフレーム模様の8段を編み続け（レッグ後ろ側になる）、後半の30 {34} 目（甲側になる）はレッグチャートの模様を編む。
次段以降：前半の目はキャンドルフレーム模様を編み、後半の目はレッグチャートの5 {1} 段めから編み始める。
サイズ1はチャートのオレンジ枠内（3〜32目めまで）を編み、サイズ2はチャートの端から端（1〜34目めまで）を編む。レッグチャートを最後まで（サイズ1は36段めまで、サイズ2は40段めまで）編む。

HEEL ／ヒール

ヒール（ヒールフラップとヒールターン）は前半の30 {34} 目を往復に編む。

HEEL FLAP ／ヒールフラップ

1段め（表面）：すべり目1、*表目1、すべり目1*、*〜*を最後に1目残るまでくり返し、表目1。
2段め（裏面）：すべり目1、最後まで裏編み。
1・2段めをあと14回編む。ヒールフラップは合計30段になる。

TURN HEEL ／ヒールターン

1段め（表面）：すべり目1、表目16 {18}、ねじり目の左上2目一度、表目1、編み地を返す。
2段め（裏面）：すべり目1、裏目5、裏目の左上2目一度、裏目1、編み地を返す。
3段め：すべり目1、表目6、ねじり目の左上2目一度、表目1、編み地を返す。
この要領で毎段減目まで1目ずつ多く編みながら、18 {20} 目になるまで編む。
最後は裏面の段で編み終える。

GUSSET ／マチ

拾い目の段（表面）：〈N1〉すべり目1、ヒールの最後まで表目17 {19}、ヒールフラップの端から15目拾う。次の30 {34} 目でフットチャートの1段めを編む。〈N4〉の針で、ヒールフラップの端から15目拾う、この段の最初に編んだ9 {10} 目を表目、PM。ここを新たな段の始めとして、再び輪に編む。
合計78 {84} 目を4本の針に次のように分け直す：〈N1〉24 {25} 目・〈N2〉15 {17} 目・〈N3〉15 {17} 目・〈N4〉24 {25} 目。

※次の減目段以降の編み方：マチの減目は〈N1〉と〈N4〉で行う。〈N2〉と〈N3〉（甲側）の30 {34} 目は拾い目の段から続けてフットチャートを28段め {32段め} まで編み、フットチャートを編み終えたらレッグチャートの5〜36 {1〜40} 段めを編む。
減目段：〈N1〉最後に2目残るまで表編み、左上2目一度。〈N2〉・〈N3〉フットチャートの模様編みを続ける。〈N4〉右上2目一度、表目22 {23}。
次段：目なりに編む。
上記の2段をあと8 {7} 回編む。各針の目数が15 {17} 目になる。

これ以降は足底側をメリヤス編み、甲側を模様編みしながら編み続け、必要に応じてフットが好みの長さになるまで編む。

SHAPE TOE ／つま先のシェーピング

1段め：*〈N1〉最後に3目残るまで表編み、左上2目一度、表目1。〈N2〉表目1、右上2目一度、最後まで表編み*。〈N3〉・〈N4〉*〜*までをくり返す。56 {64} 目になる。
2段め：表編み。
1・2段めをあと6 {8} 回編む。32目になる。
1段めを4回編む。16目になる。
〈N1〉の4目を表編み、糸端を20cm残して糸を切る。

FINISHING ／仕上げ

〈N4〉の目を〈N1〉に、〈N2〉の目を〈N3〉に移す。〈N1〉と〈N3〉が平行になるように持ち、メリヤスはぎではぎ合わせる。
糸始末をしたあと、水通しをし、寸法に合わせてブロッキングする。

フットチャート

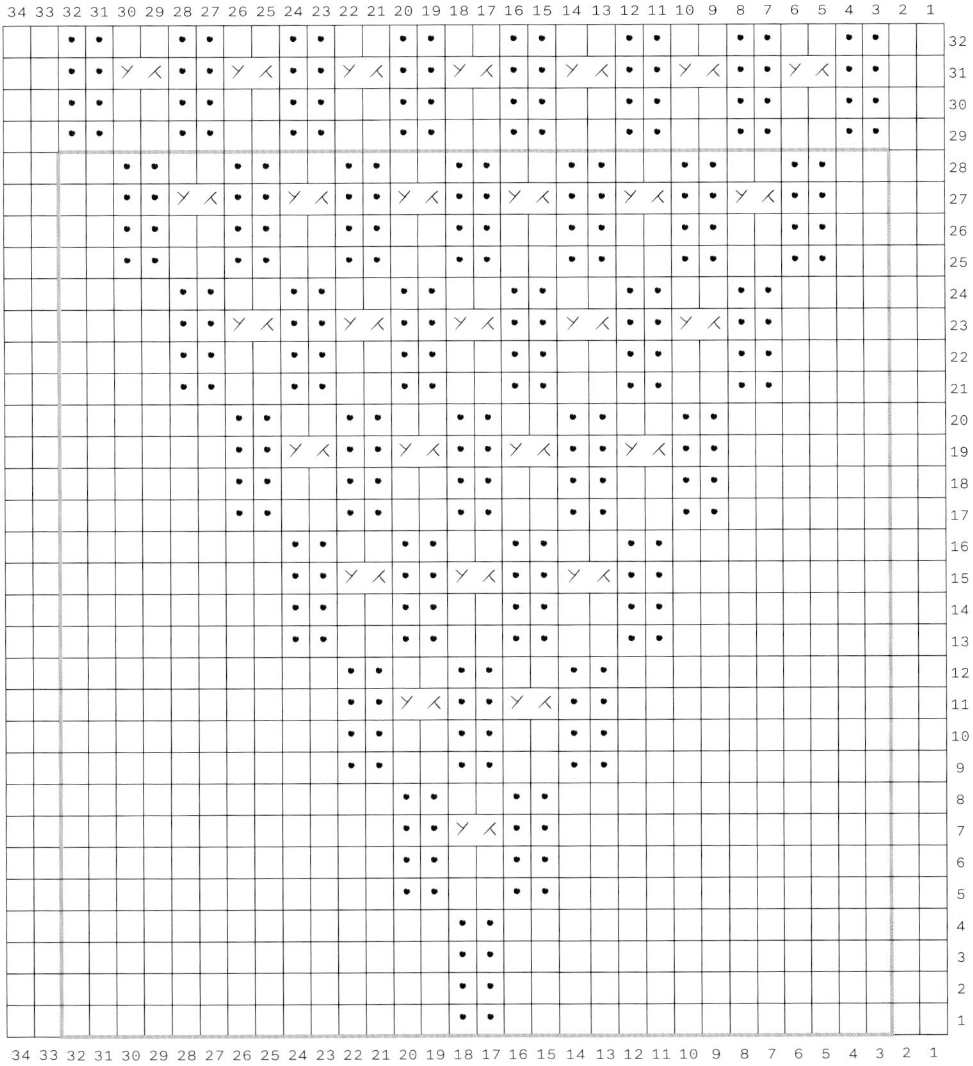

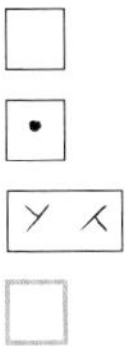
表目

裏目

左上1目交差

サイズ1の範囲

レッグチャート

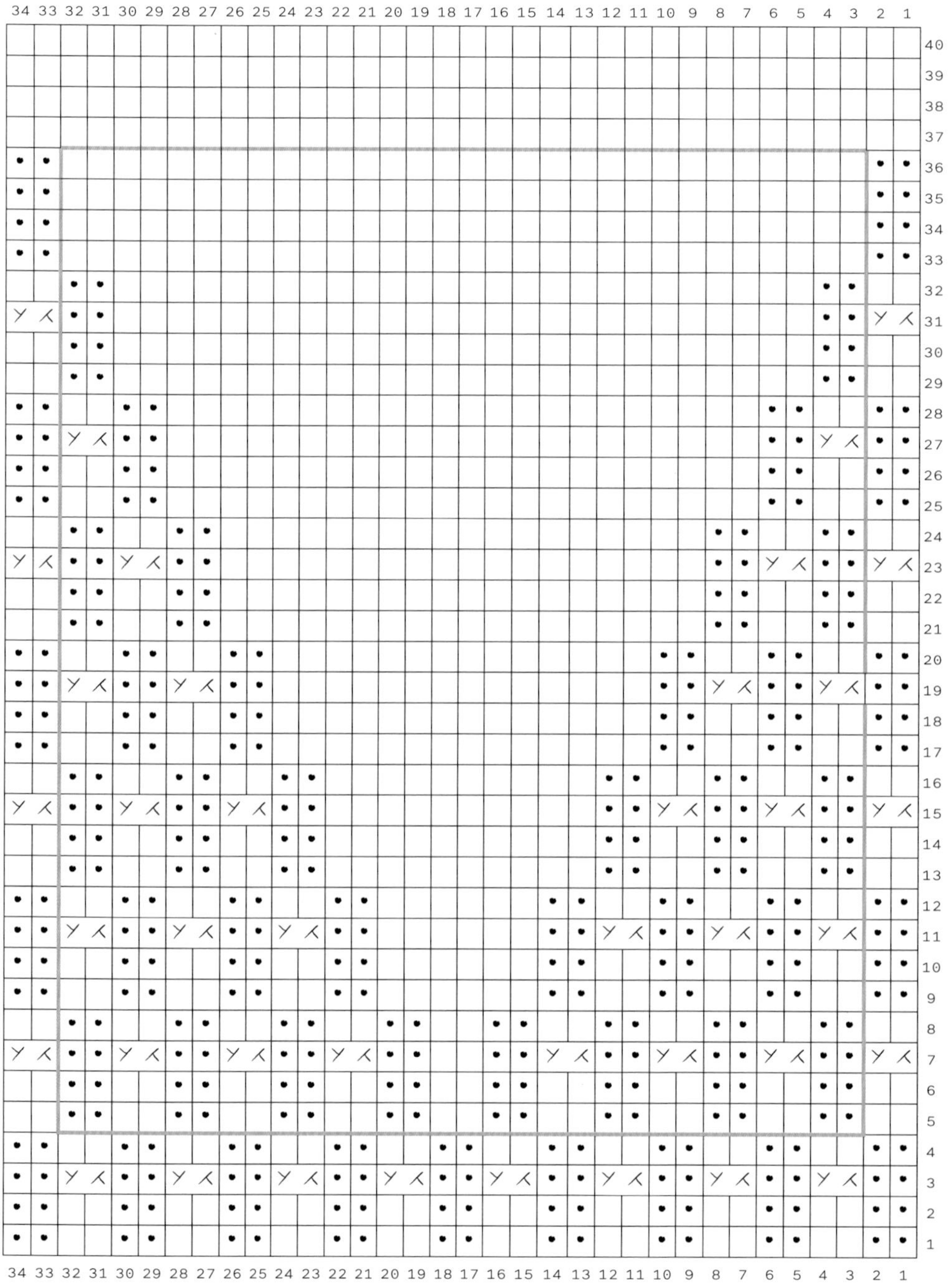

47 ALICJA

アリス

SIZES／サイズ

1 {2}

FINISHED MEASUREMENTS／仕上がり寸法

フット周囲：18.5 {21.5} cm
長さ：22 {23.5} cm（調整可）

MATERIALS／材料

糸：
地色（MC）：Martin's LabのZelazna 3-ply（ゼラズナウール100%、225m/105g）1カセ
配色（CC1・CC2）：Ovis et CeteraのShetland Fingering（シェットランドウール100%、200m/50g）ミニカセ各1カセ〈CC 1：Cream・CC2：Cabin〉
針：2.75mm（US 2／JP 2号）の輪針
その他の道具：とじ針、かぎ針（引き抜き止め用）

GAUGE／ゲージ

23目×33段（メリヤス編み・10cm角、ブロッキング後）

SPECIAL ABBREVIATIONS／特別な用語

ボッブル：次の1目に「表目1、かけ目、表目1」を編む（2目増）。編み地を返す。裏目3、編み地を返す。表目を編むように右針を一度に2目に入れて（左上2目一度を編むように）移し、次の目を表編み、右針に移した2目を編んだ目にかぶせる。次の段ではボッブルがゆるまないようにきつめに編む。
DS（ダブルステッチ）：ジャーマンショートロウ［German Short Row］の方法で引き返し編みをする際、引き返し位置に作る目。引き返す位置まで編んで編み地を返し、次のどちらかの方法ですべらせた最初の目を引き上げて2目のようにする。2目のようになった目がDS。
①最初の目が表目の場合…糸を手前に移してから表目を右針へすべらせ、糸を右針の上から編み地の後ろへ引っぱる。
②最初の目が裏目の場合…裏目を右針へすべらせ、糸を手前から後ろへ引っぱる。

TOE ／つま先

MCでジュディーズマジックキャストオン[Judy's Magic Cast On]の方法で26 {30}目（各針に13 {15}目ずつ）作る。前半（甲側）を〈N1〉、後半（足底側）を〈N2〉として輪に編む。
作り目が1段めとなる。
2段め：表編み。
3段め：〈N1〉 *表目1、右ねじり増し目、最後に1目残るまで表編み、左ねじり増し目、表目1*。〈N2〉 *～*をくり返す。4目増。
2・3段めをあと3 {4}回編む。42 {50}目になる。
10 {12} 段め：表目10 {12}、ボッブル、段の最後まで表編み。
11・13・15 {13・15・17} 段め：最後まで表編み。
12 {14} 段め：表目8 {10}、ボッブル、表目3、ボッブル、段の最後まで表編み。
14 {16} 段め：表目6 {8}、ボッブル、表目7、ボッブル、段の最後まで表編み。
16 {18} 段め：表目4 {6}、ボッブル、表目11、ボッブル、段の最後まで表編み。
17～26 {19～28} 段め：表編み。
次段：表目9 {11}、伏せ目3、最後まで表編み。39 {47}になる。
〈N1〉は3目の伏せ目の両側に9 {11}目ずつになる。次段からは往復に編む。
次段：伏せ目まで表編み、編み地を返す。裏目の伏せ目1、段の始めまで裏編みで戻り、そのまま裏編みを続けて〈N2〉から〈N1〉へ、伏せ目の反対側まで編む。編み地を返す。38 {46}目になる。
ここからは甲側の伏せ目部分（以降、履き口）を段の境目とし、往復に編む。
伏せ目段1（表面）：表目で伏せ目1、履き口の反対側まで表編み、編み地を返す。37 {45}目になる。
伏せ目段2（裏面）：裏目で伏せ目1、履き口まで裏編み、編み地を返す。36 {44}目になる。
伏せ目段1と同様にもう一度編む。35 {43}目になる。

FOOT ／フット

1段め（裏面）：浮き目1、履き口まで裏編み、編み地を返す。
2段め（表面）：すべり目1、履き口まで表編み、編み地を返す。
1・2段めをくり返し、足底の長さが「希望仕上がり寸法－4.5 {5} cm」になるまで編む（長さは足底の実寸より1.5cm小さく仕上げるようにする）。最後は裏面の段で編み終える。

HEEL ／ヒール

すべり目1、表目6 {8}。
ここからは足底の〈N2〉（次の21 {25}目）だけで引き返し編みをしながらかかとを編んでいく。
引き返し編み1段め：すべり目1、〈N2〉を最後まで表編み、編み地を返す。
引き返し編み2段め：DS、〈N2〉を最後まで裏編み、編み地を返す。
引き返し編み3段め：DS、前段のDSの手前まで表編み、編み地を返す。
引き返し編み4段め：DS、前段のDSの手前まで裏編み、編み地を返す。
引き返し編み3・4段めをあと5 {6}回編む。編み地を返したあと、表面でもう一度DS。〈N2〉の両端にDSが7 {8}目ずつ、真ん中には7 {9}目残る。
5段め：最初のDSの手前まで表編み、DSを1目として（2本の足を一緒に）表編み、次のDSも同様に編み、編み地を返す。
6段め：DS、次のDSの手前まで裏編み、DSを1目として（2本の足を一緒に）裏編み、次のDSも同様に編み、編み地を返す。
7段め：DS、次のDSの手前まで表編み、DSを1目として表編み、次のDSも同様に編み、編み地を返す。
8段め：DS、次のDSの手前まで裏編み、DSを1目として裏編み、次のDSも同様に編み、編み地を返す。
DSが8段めの最初のDSだけになるまで7・8段めをくり返す。編み地を返したあと、表面でもう一度DS。左右の端にDSが1目ずつになる。

サイズ2のみ
以後、甲側は左右の8目ずつ、かかとは中央の27目とする。

CLOSING THE HEEL ／かかとと甲側を合わせる

次段（表面）：かかとを残り1目まで表編み、最後のDSも1目として表編み、続けて左にある甲側〈N1〉の目もすべて表編みして編み地を返す。
次段：浮き目1、甲側の目からかかとの最後の目（DS）まで裏編みし、DSも1目として裏編み、続けて左側にある甲側〈N1〉の目もすべて裏編みして編み地を返す。

甲側とかかとをはぐ

①すべり目1、甲側を表目6 {7}。ここまでに編んだ目を右針ごと裏返し、かかとと中表に合わせる。2本の針をそろえて左手に持ち（針先が右側にくる）、予備の棒針かかぎ針を使って甲側の目とかかとの目を引き抜きはぎではぎ合わせる。最後に残る1目は右針に移す。
② ①の最後で右針に移した1目から続けてかかとの端まで表編み。ここまでに編んだ目を右針ごと裏返し、甲側の7 {8}目と中表に合わせる。2本の針をそろえて左手に持ち、予備の棒針かかぎ針を使ってかかとの目と甲側の目を引き抜きはぎではぎ合わせる。最後に残る1目は右針に移す。合計9 {13}目になる。

SHAPE BACK OF HEEL ／かかと後部のシェーピング

右針に1目あり、全体は中表になっている状態から、次段以降を編む。
1段め：裏編み、編み地を返す。
2段め：DS、表編み、編み地を返す。
3段め：DS、前段のDSまで裏編み、編み地を返す。
4段め：DS、前段のDSまで表編み、編み地を返す。
5段め：DS、裏編み、DSも1目として裏編み。
表目を編みながら伏せ止め。このときDSは1目として扱う。

FINISHING ／仕上げ

糸始末をし、丁寧に水通しをしてブロッキングしたあと、次の仕上げの加工をする。

DUPLICATE STITCHING ∕
メリヤス刺繍

メリヤス刺繍は配色糸を使って編み上がった編み地を刺繍で飾る技法です。編み目に重なるように刺すことで編み付けたように見せます。この技法でチャートのつま先とかかとの配色部分を刺します。チャートのどの部分から始めるかを決めて、糸を61cmの長さに切ります。糸をとじ針に通します。

① 編み地の裏面（スリッパの内側）から「V」字型の編み目の根元部分に針を出す（1目めを刺すときは糸端をあとで糸始末できるよう長めに残す）。

② 最初に針を出した編み目の上の目の2本の足の根元に、針を右から左に通して糸を引く。引きすぎないように注意して最初の目の「V」の右側に重ねる。

③ 針先を①で最初に針を出した位置に戻し、裏面に出す。糸を引きすぎないよう注意して裏側に引き出す。引きすぎると編み地がつれるの要注意。

①～③をくり返して縦方向に刺す。つま先で横方向に刺すときには、縦方向ではなく、横方向に1目ずらして①～③をくり返す（こうすると編み地の裏面に糸が渡る）。

一連の手順で最も大事なのは、糸の引き加減を一定に保つこと。

STITCHING AROUND THE FOOT OPENING ∕
履き口まわりの飾りステッチ

CC1、CC2をそれぞれ約61cmの長さに切っておき、1本ずつ、その都度とじ針に通して使う。

始点を決めて端から0.5cmほど内側で針先を裏面から表面に向けて刺す。糸を引き出すが、糸端をあとで糸始末できるよう長めに残す。先ほど刺した位置から0.5cmほど離して再び針先を内側から外側に向けて刺す。この手順をくり返し、針はつねに裏から表へと刺しながらループを縁に巻き付けるように1周ぐるりと刺す。2色めでも同様に刺す。

TASSEL ∕ タッセル

タッセルを作るには、まず2.5cm角に切った厚紙を用意する。

CC2を15cm切り分けておく。糸玉からCC2を厚紙に8回巻く。厚紙をゆっくりと抜き取り、切り分けておいた糸を巻いた糸の輪に通してしっかりと結び、さらに根元に数回巻き付けて結ぶ。糸端は残しておく。反対側のループをしっかりと引っぱった状態でループを切り開いてフリンジにし、端を切りそろえる。

同じ手順でふたつめのタッセルを作る。残した糸端をとじ針に通してスリッパの真ん中（チャートのタッセル付け位置）に、履き口のステッチと同じ方法で縫い付ける。長さを自由に調整し、糸始末する。

	編み目
	CC1（メリヤス刺繍）
	CC2（メリヤス刺繍）
	履き口（編み目はない）
◉	ボッブル
◆	タッセル付け位置
	実際にはない目
	かかとをはぐまでにくり返す範囲

サイズ1用（甲側）

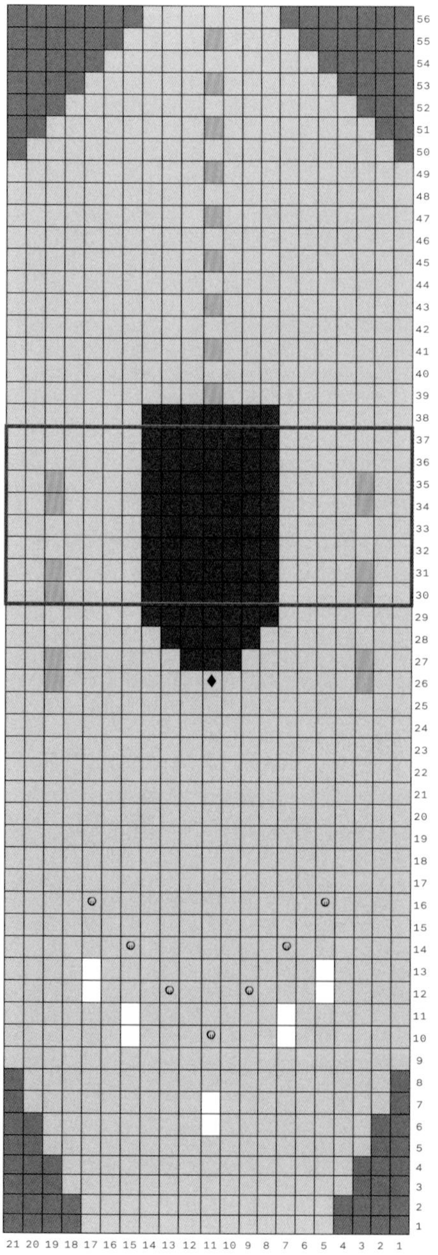

サイズ2用（甲側）

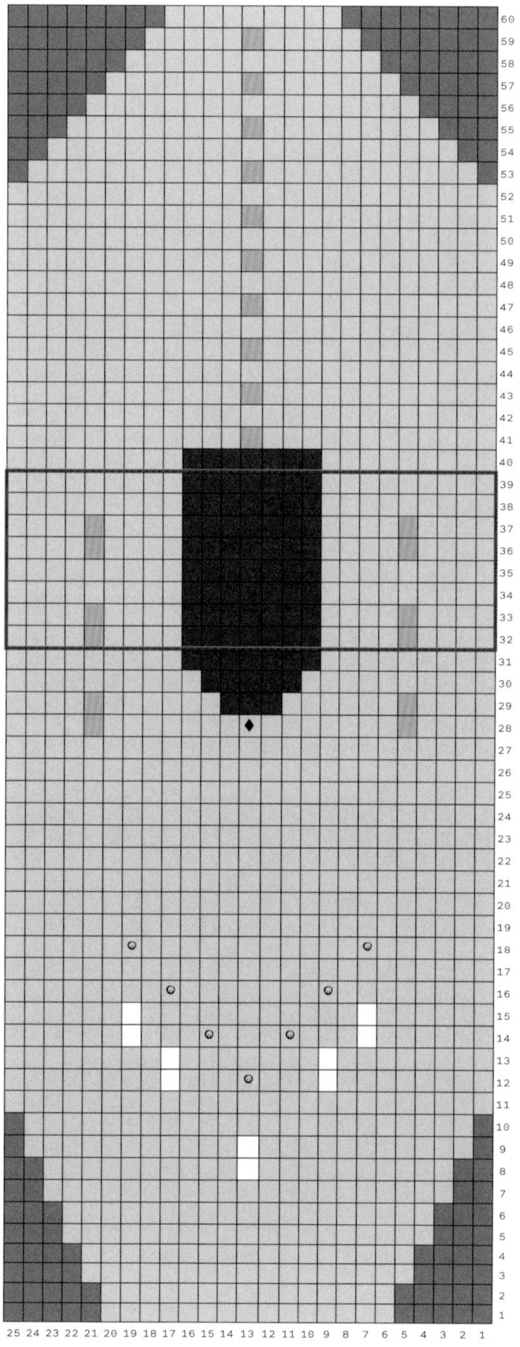

48 TRIBUTARY

支流

SIZES／サイズ

1 {2}

FINISHED MEASUREMENTS／仕上がり寸法

フット／レッグ周囲：21.5 {23.5} cm
足底長さ：調整可

MATERIALS／材料

糸：Sweet FiberのSuper Sweet Sock（メリノ80%・ナイロン20%、糸長379m/115g）1カセ〈Chartreuse〉
針：2.75mm（US 2／JP 2号）の輪針または5本針
その他の道具：なわ編み針、とじ針

GAUGE／ゲージ

30目×48段（メリヤス編み・10cm角、ブロッキング後）

SPECIAL ABBREVIATIONS／特別な用語

2目の編み出し増し目：次の目に右針を入れて表目を編むが左針は抜かず、続けて右針を同じ目にねじり目を編むように入れてもう1目編む。左針から目を外す。1目増。
W&T（ラップアンドターン）：引き返し編みの方法のひとつで、引き返す位置の目に編み糸を巻き付ける。表編みの段では最終目に右針を裏目を編むように入れて移し、針の間から糸を手前に移し、右針に移した目を左針に戻して編み地を返す。裏編みの段では最終目に右針を裏目を編むように入れて移し、針の間から糸を後ろに移し、右針に移した目を左針に戻して編み地を返す。
右上4目交差（間に裏目1目）：5目をなわ編み針に移して編み地の手前におき、左針から表目4、なわ編み針の左端から1目を左針に戻し裏目1、なわ編み針から表目4。

TOE／つま先

ジュディーズマジックキャストオン[Judy's Magic Cast On]の方法で20 {20}目作り、前半10目(足底側)を〈N1〉、後半10目(甲側)を〈N2〉として輪に編む。

1段め：〈N1〉2目の編み出し増し目、2目残るまで表編み、2目の編み出し増し目、表目1。〈N2〉も〈N1〉と同様に編む。4目増。

1段めをくり返し、合計40 {40}目になるまで編む(1段めをあと4回くり返す)。

6段めと以降の偶数段：表編み。

7段め：1段めと同様に編む。

6・7段めをくり返し、合計64 {68}目になるまで編む。

次段：2目の編み出し増し目、0 {2}目残るまで表編み、{(以下はサイズ2のみ) 2目の編み出し増し目、表目1}。合計65 {70}目になる。

表編みで8 {6}段編む。

FOOT／フット

〈N1〉は35 {37}目、〈N2〉は30 {33}目になるように編み目を分ける。

1〜40段め：〈N1〉チャートに沿って編む。〈N2〉表編み。

上記の手順で足底の長さが「希望仕上がり寸法－7.5cm」になるまで編む。

FOOT ROUND INCREASES／フットの増し目

増し目段：〈N1〉模様編みを続ける。〈N2〉2目の編み出し増し目、2目残るまで表編み、2目の編み出し増し目、表目1。2目増。

2段ごとに増し目段を編みながら、甲側では模様編みを続け30目(マチとして左右に15目ずつ)増えるまで編む。合計95 {100}目になる。

HEEL TURN／ヒールターン

〈N1〉35 {37}目は模様編みを続ける。〈N2〉の最初と最後の各15目(マチ)をホルダーに休ませ、針には30 {33}目残る。糸を切る。ここから〈N2〉の残り30 {33}目を次のように往復に編む；

1段め(表面)：糸を付け直し、表目27 {30}、W&T。

2段め(裏面)：すべり目1、裏目24 {27}、W&T。

3段め(表面)：すべり目1、表目22 {25}、W&T。

4段め(裏面)：すべり目1、裏目20 {23}、W&T。

5段め(表面)：すべり目1、表目18 {21}、W&T。

6段め(裏面)：すべり目1、裏目16 {19}、W&T。

7段め(表面)：すべり目1、表目14 {17}、W&T。

8段め(裏面)：すべり目1、裏目12 {15}、W&T。

9段め(表面)：すべり目1、表目10 {13}、W&T。

10段め(裏面)：すべり目1、裏目8 {11}、W&T。

11段め(表面)：かかとの最後の目まで表編みしながらラップの付いた目はラップの糸を拾い、ラップした目と2目一度のようにして表編み(段消し)しながら1目残るまで編む。ホルダーに移した15目を左針に戻し、(残した目とマチの1目めを)右上2目一度、編み地を返す。

12段め(裏面)：すべり目1、裏編みしながらラップの付いた目はラップの糸を拾い、ラップした目と2目一度のようにして裏編み(段消し)しながら1目残るまで編む。ホルダーに移した15目を左針に戻し、(残した目とマチの1目めを)裏目の左上2目一度、編み地を返す。

次段からは以下のようにかかとの30 {33}目を模様編みし、段の最後にマチの目を1目ずつ減らす；

ヒールフラップ1段め(表面)：すべり目1、*表目1、すべり目1*、*〜*を1 {2}目残るまでくり返し、表目0 {1}、右上2目一度。編み地を返す。

ヒールフラップ2段め(裏面)：すべり目1、1目残るまで裏編み、裏目の左上2目一度、編み地を返す。

1・2段めをくり返してマチの目をかかとに取り込んでいく。マチの目の残りが左右各1目になったら裏面の段で編み終える。

編み地を返し、〈N2〉の目をすべて表編み(マチの残り1目まで編む)。

LEG／レッグ

再び輪に編む。

〈N1〉模様編みの続きを編む。〈N2〉左上2目一度、表目1 {2}、2目残るまで表編み、左上2目一度。

〈N1〉は35 {37}目、〈N2〉は30 {33}目になる。

〈N1〉模様編み。〈N2〉表目2 {1}、裏目1、*表目4、裏目1*、*〜*を2 {1}目残るまでくり返し、表目2 {1}。

レッグが「好みのレッグ長さ－4cm」になるまで上記のように編む。

CUFF／カフ

1段め：左上2目一度{表目1}、裏目1、*表目1、裏目1*、*〜*を最後までくり返す。

2段め：*表目1、裏目1*、*〜*を最後までくり返す。

カフが4cm、または好みの長さになるまで2段めをくり返す。

ジェニーズサプライジングリーストレッチーバインドオフ[Jeny's Surprisingly Stretchy Bind-Off]の方法で目を止める。

FINISHING／仕上げ

糸始末をしたあと、水通しをして寸法に合わせてブロッキングする。

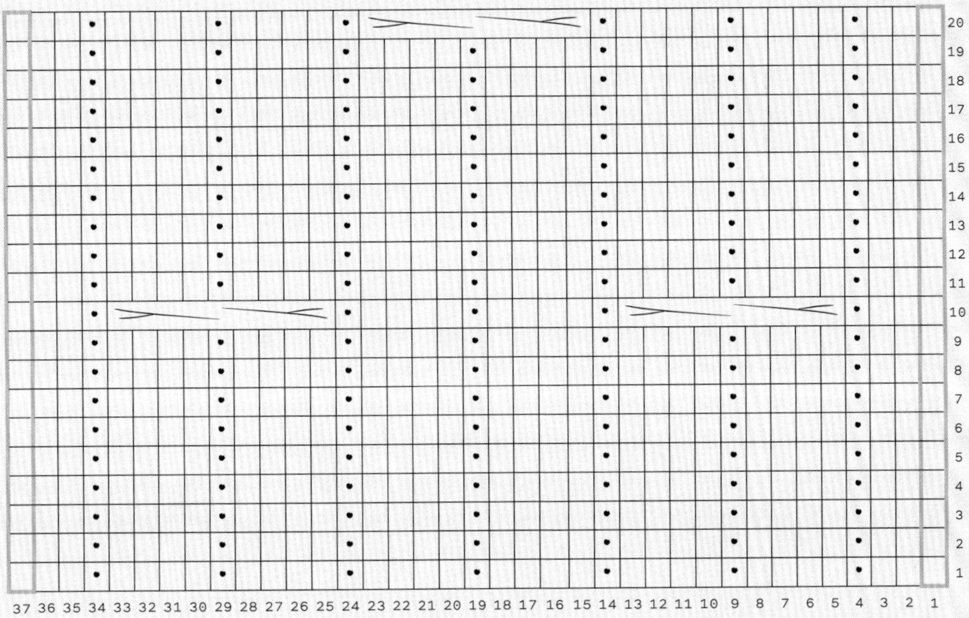

表目

裏目

右上4目交差（間に裏目1目）

サイズ2のみ編む目

49 CINDY'S CHOICE

シンディのチョイス

SIZES ／サイズ

1 {2}

FINISHED MEASUREMENTS ／仕上がり寸法

レッグ上部の周囲：30 {34} cm
長さ：調整可

MATERIALS ／材料

糸：
地色（MC）：RauwerkのHeavy DK（バイエルンメリノウール100%、220m/100 g）2カセ〈Kies〉
配色（CC）：RauwerkのNaturally Dyed DK（バイエルンメリノウール100%、糸長220m／100g）1カセ〈Henna gold〉
針：3.75mm（US 5／JP 5号またはJP 6号）と4mm（US 6／JP 6号）5本針または輪針（マジックループ式に編む場合）
その他の道具：ステッチマーカー、とじ針、ブロッキング用具

GAUGE ／ゲージ

20目×32段（4mm針でメリヤス編み・10cm角、ブロッキング後）

SPECIAL ABBREVIATIONS ／特別な用語

DS（ダブルステッチ）：ジャーマンショートロウ[German Short Row]の方法で引き返し編みをする際、引き返し位置に作る目。引き返す位置まで編んで編み地を返し、次のどちらかの方法ですべらせた最初の目を引き上げて2目のようにする。2目のようになった目がDS。
①最初の目が表目の場合…糸を手前に移してから表目を右針へすべらせ、糸を右針の上から編み地の後ろへ引っぱる。
②最初の目が裏目の場合…裏目を右針へすべらせ、糸を手前から後ろへ引っぱる。

CUFF ／カフ

MCと3.75mm針で、好みの方法で60 {68} 目作る。PM、編み目がねじれないように輪にする。

1段め：*表目1、裏目1*、*～*を最後までくり返す。

上記の手順で1目ゴム編みを作り目から7cmになるまで編む。

4mm針に持ち替える。

LEG ／レッグ

表編みで1段編む。

CCを付け、チャートの1～21段めまで編む。CCを切り、MCでレッグ部分の長さが9.5cmになるまで編む。

次段：表目15 {17}、PM、最後まで表編み。

減目段：マーカーとの間に2目残るまで表編み、右上2目一度、SM、表目1、左上2目一度、最後まで表編み。2目減。

表編みで5段編む。

上記の6段をあと4回編む。50 {58} 目になる。

減目段：マーカーとの間に2目残るまで表編み、右上2目一度、SM、表目1、左上2目一度、最後まで表編み。2目減。

表編みで3段編む。

上記の4段をあと1 {3} 回編む。46 {50} 目になる。

次段：マーカーまで表編み、RM、最後に3 {4} 目残るまで表編み、PM（段の始まりの新しい位置）、表目3 {4}、いままで段の始めを示していたマーカーを外す。

メリヤス編みを輪に編みながら作り目から約35.5cmもしくは好みの長さになるまで編む。

HEEL ／ヒール

23 {25} 目で往復に編む。

引き返し編み1段め（表面）：表目23 {25}、編み地を返す。

引き返し編み2段め（裏面）：DS、段の始めのマーカーまで裏編み、編み地を返す。

引き返し編み3段め（表面）：DS、前段のDSの手前まで表編み、編み地を返す。

引き返し編み4段め（裏面）：DS、前段のDSの手前まで裏編み、編み地を返す。

引き返し編み3・4段めをあと5 {6} 回編む。

段消し段1（表面）：DS、マーカーまで表編み（DSも表目に編む）。編み地は返さず、次の2段は輪に編む。

段消し段2：最後まで表編み（DSも表目に編む）。

次段：最後まで表編み。編み地は返さず、続けて次段を編む。

引き返し編み1段め（表面）：表目17 {18}、編み地を返す。

引き返し編み2段め（裏面）：DS、裏目10、編み地を返す。

引き返し編み3段め（表面）：DS、前段のDSの手前まで表編み、DSを表目に編む、表目1、編み地を返す。

引き返し編み4段め（裏面）：DS、前段のDSまで裏編み、DSを裏目に編む、裏目1、編み地を返す。

引き返し編み3・4段めをあと5 {6} 回編む。

次段（表面）：DS、マーカーまで表編み（途中のDSも表目に編む）。

FOOT ／フット

再び輪に編む。

次段（表面）：最後まで表編み（途中のDSも表目に編む）。

メリヤス編みで足底の長さが19.5cm、もしくは「希望仕上がり寸法－5 {5.5} cm」になるまで編む。

MCを切り、CCを付けて1段表編み。

TOE ／つま先

1段め（減目段）：表目1、左上2目一度、表目18 {20}、右上2目一度、PM、表目1、左上2目一度、表目18 {20}、右上2目一度。4目減。

2・3段め：表編み。

4段め（減目段）：表目1、左上2目一度、マーカーとの間に2目残るまで表編み、右上2目一度、SM、表目1、左上2目一度、2目残るまで表編み、右上2目一度。4目減。

5段め：表編み。

4・5段めをあと3 {4} 回編む。

4段めをあと5回編む。

糸を切り、糸端を残りの6目に通して絞り止めにする。

FINISHING ／仕上げ

糸始末をしたあと、水通しをし、寸法に合わせてブロッキングする。

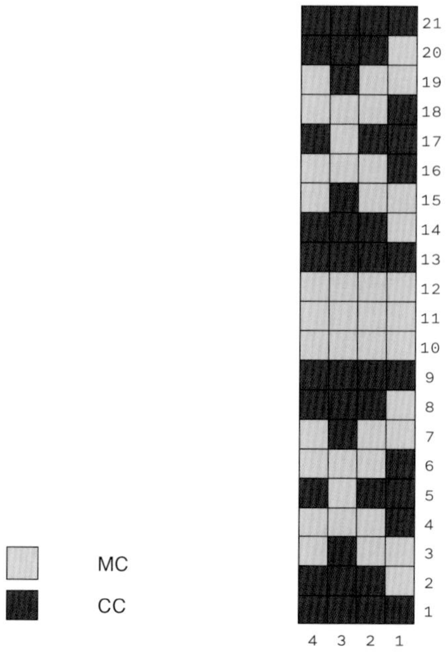

50 SUOKATU

スオカトォ

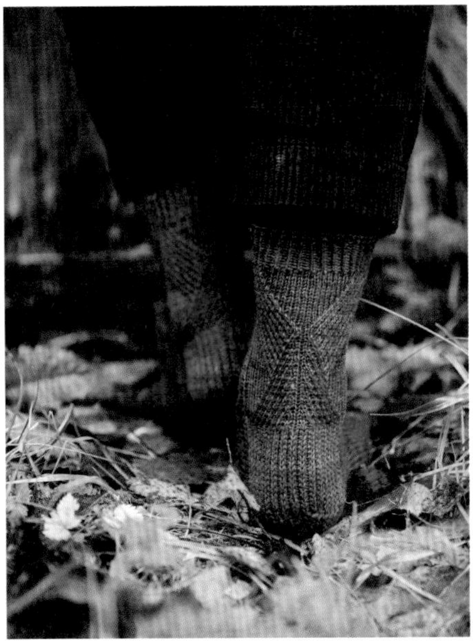

SIZES／サイズ

1 {2}

FINISHED MEASUREMENTS／仕上がり寸法

フット周囲：17.5 {19} cm
足底長さ：23 {25.5} cm

MATERIALS／材料

糸：Kässäkerho Pom PomのBFL Sock（ブルーフェイスレスター種75%・ナイロン25%、425m/100 g）1カセ〈Muste〉
針：2.5mm（US 1.5／JP 1号）の輪針または5本針
その他の道具：ステッチマーカー2個、とじ針

GAUGE／ゲージ

32目×48段（メリヤス編み・10cm角、ブロッキング後）

SPECIAL ABBREVIATIONS／特別な用語

変わり左増し目：糸を後ろにして次の目に裏目を編むように右針を入れて移し、左針先を移した目の1段下の目の左足に後ろから入れて持ち上げる。持ち上げた目を表目のねじり目の要領で編む。1目増。
変わり右増し目：糸を後ろにして、右針先を次の目の1段下の目の右足に後ろから入れて持ち上げ、左針に移す。持ち上げた目を表目の要領で編む。左針の目（持ち上げた目の上の目）は糸を後ろにして右針に移す。1目増。
ねじり目の変わり右上1目交差：左針の2目めを編み地の後ろからねじり目に編み、1目めと2目めを一緒にねじり目に編む。2目を左針から外す。
変わり左上1目交差：左針の2目を左上2目一度に編むが左針からは外さず、1目めにもう一度表目を編む。2目を左針から外す。

TOE／つま先

ジュディーズマジックキャストオン[Judy's Magic Cast On]の方法で30目作り、前半の目(甲側)を〈N1〉、後半の目(足底側)を〈N2〉として15目ずつに分ける。
段の始めにマーカーを入れて輪にする。
1段め：すべて表編み。
2段め(増し目段)：〈N1〉表目1、左ねじり増し目、1目残るまで表編み、右ねじり増し目、表目1。〈N2〉も〈N1〉と同様に編む。4目増。
3段め：表編み。
2・3段めをくり返し、〈N1〉・〈N2〉に31{33}目ずつ、合計62{66}目になるまで編む。
次段：〈N1〉表目1、左ねじり増し目、1目残るまで表編み、右ねじり増し目、表目1。〈N2〉表編み。
〈N1〉は33{35}目、〈N2〉は31{33}目、合計64{68}目になる。

FOOT／フット

準備段：1段表編み。
次段からチャートのケーブル模様を編み始める。
次段：〈N1〉各自のサイズのチャートの1段めを編む。〈N2〉表編み。
上記の要領で、チャートを1段ずつ編み進めながらフット長さが作り目から14{16}cmになるまで、もしくは「足底の希望仕上がり寸法－9{9.5}cm」になるまで編む。
ここまで編めたらマチを編み始める。
1段め：〈N1〉チャートに沿って編む。〈N2〉表目1、左ねじり増し目1、最後に1目残るまで表編み、右ねじり増し目、表目1。
2・3段め：〈N1〉チャートに沿って編む。〈N2〉表編み。
1～3段めまでをくり返し、〈N2〉(足底側)が51{55}目になるまで編む。
〈N1〉を足底側の手前まで編む。
ここから〈N2〉でヒールターンとヒールフラップを往復に編む。
※両方の足を同時に編み進めている場合は、これ以降片足ずつ編む。

EXTENSION／ヒールターン

表目16{17}、PM、右上2目一度、表目17{19}、PM。
編み地を返し、裏目の左上2目一度、マーカーの手前まで裏編み、編み地を返す、右上2目一度、マーカーの手前まで表編み。
*～*をくり返し、マーカーとマーカーの間が7{9}目になるまで編む。裏編みの段で終わり、編み地を返す。
7{9}目を表編みする。

FLAP／ヒールフラップ

ここからはかかとの後ろ側をレッグに向かって編む。このため、まず先に編んだ「くさび型」の部分から目を拾う。
マーカーを外し13{13}目拾う。
編み地を返し、すべり目1、かかとを裏編みで戻る、(マーカーまで編んだらマーカーを外し)裏目で13{13}目拾う。
この時点でヒールフラップの目が33{35}目、そしてフラップの左右にマチの目が16{17}目ずつになる。以降、マチの目を取り込みながらかかとを編む。
1段め：編み地を返す。表目を編むように右針を入れすべり目1、*表目1、すべり目1*をマチとの間に2目残るまでくり返し、表目1、(フラップの1目とマチの1目を)右上2目一度。
2段め：編み地を返す。裏目を編むように右針を入れすべり目1、マチとの間に1目残るまで裏編み、(フラップの1目とマチの1目を)裏目の左上2目一度。
1・2段めをマチの目をすべて編むまでくり返し、最後は裏編みの段で編み終える。
次段：編み地を返す。表目を編むように右針を入れすべり目1、最後に1目残るまで表編み。
足底側の最後の目と甲側の最初の目の間で次のように編んで3目増す；
変わり左増し目、左ねじり増し目、変わり右増し目。合計69{73}目になる。

LEG／レッグ

再び輪に編む。
次段：甲側は最後に1目残るまで模様編みの続きを編む。
甲側の最後の1目と足底側の最初の目の間で次のように3目増す；
変わり左増し目、右ねじり増し目、変わり右増し目。
次の33{35}目はチャートの甲側と同じ段を編み、最後は「裏目1、表目1、裏目1」。72{76}目になる。
次段以降：甲側と足底側を通してチャートの模様を編み、甲側と足底側の間の3目は「裏目1、表目1、裏目1」。
レッグ長さが約10cmになるまで編み、最後はチャートの60{64}段めで編み終える。レッグの長さは4段単位で加減することで調整できる。

CUFF／カフ

リブ編みの段：*表目のねじり目1、裏目1*を最後までくり返す。
カフが2.5cmになるまでリブ編みを続ける。
ジェニーズサプライジングリーストレッチーバインドオフ[Jeny's Surprisingly Stretchy Bind-Off]などの伸縮性のある方法で止める。

FINISHING／仕上げ

糸始末をしたあと、水通しをして寸法に合わせてブロッキングする。

ケーブル模様（サイズ1用）

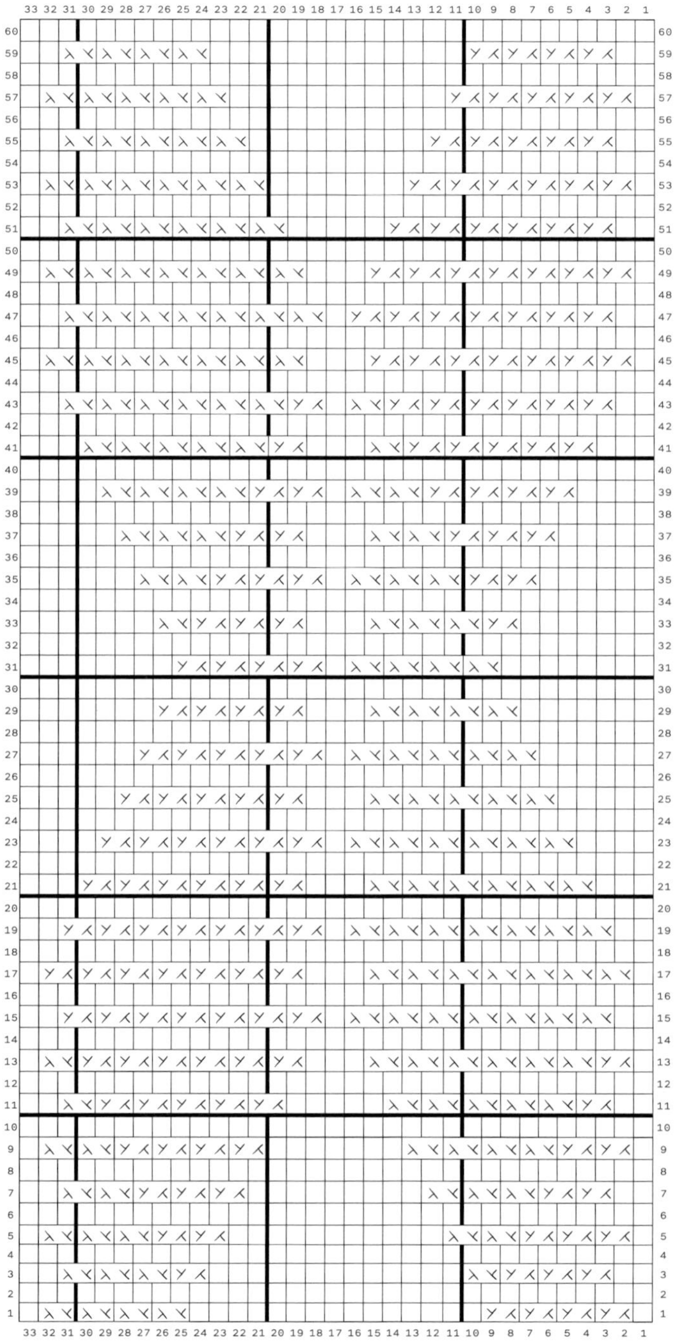

- □ 表目
- ねじり目の変わり右上1目交差
- 変わり左上1目交差

ケーブル模様（サイズ2用）

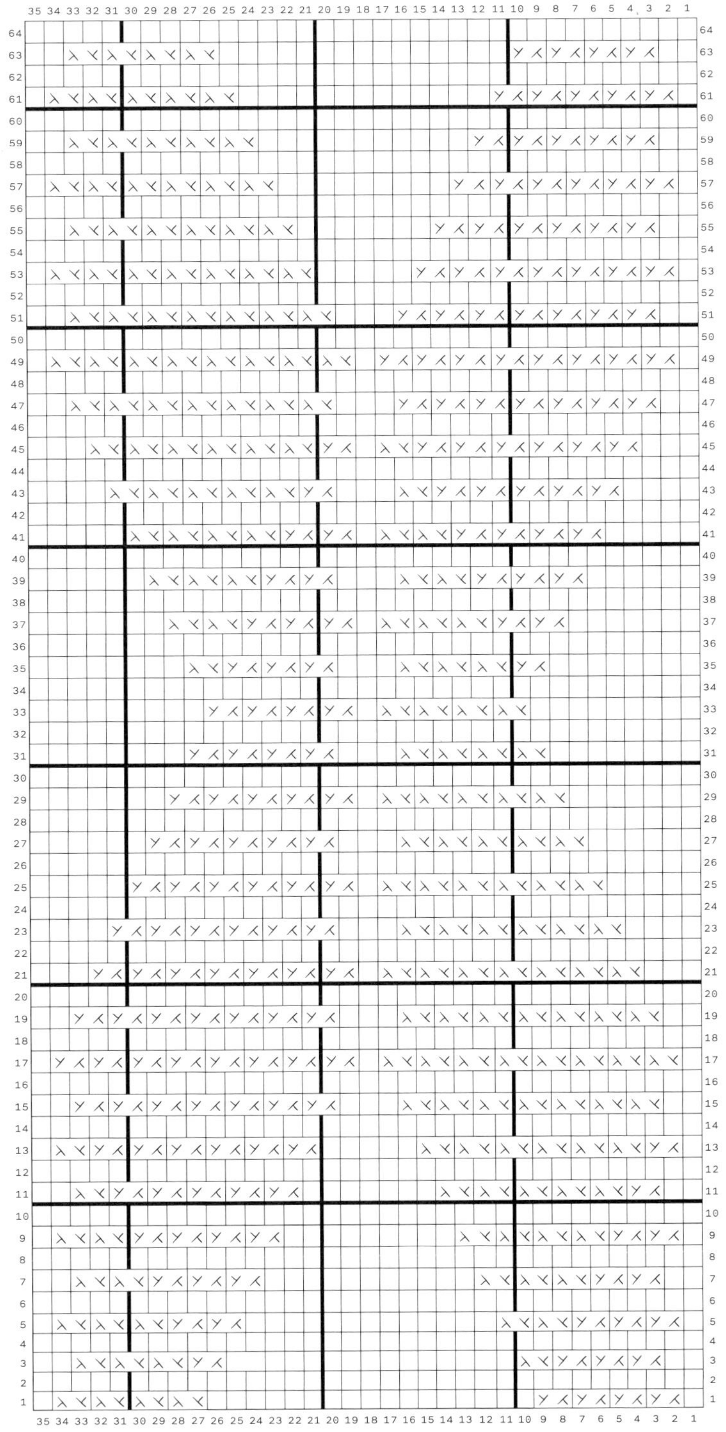

51 SOMERSET

サマセット

SIZES／サイズ

1 {2}

FINISHED MEASUREMENTS／仕上がり寸法

フット周囲：20.5 {23.5} cm
足底長さ：調整可

MATERIALS／材料

糸：TukuwoolのTukuwool Sock（フィンランド産ウール80%・ポリアミド20%、160m/50g）2 {3} カセ〈Mantu〉
針：2.25mm（US 1／JP 0号またはJP 1号）の輪針
その他の道具：取り外し可能なマーカー、とじ針

GAUGE／ゲージ

27目×35段（メリヤス編み・10cm角、ブロッキング後）

SPECIAL ABBREVIATIONS／特別な用語

右上1目交差：次の目をなわ編み針に移して編み地の手前におき、左針から表目1、なわ編み針から表目1。
左上1目交差：次の目をなわ編み針に移して編み地の後ろにおき、左針から表目1、なわ編み針から表目1。

TOE／つま先

ターキッシュキャストン［Turkish Cast-On］の方法で24｛28｝目（各針に12｛14｝目ずつ）作る。前半（足底側）を〈N1〉、後半（甲側）を〈N2〉として輪に編む。
段の始めにマーカーを入れて輪にする。
1段め：表編み。
2段め（増し目段）：〈N1〉表目1、左ねじり増し目、1目残るまで表編み、右ねじり増し目、表目1。〈N2〉〈N1〉と同様に編む。4目増。
1・2段めをあと7｛8｝回くり返す。
32｛36｝目増。各針56｛64｝目ずつになる。
表編みで1段編む。
〈N1〉から〈N2〉に1目移す。
〈N1〉に27｛31｝目、〈N2〉には29｛33｝目となる。
次段（エストニアンブレード［ESTONIAN BRAID］）：*編み地の後ろから左針の2目めに表目のねじり目を編み（後ろ側のループに表目を編む）、続けて1目めに表目を編み、2目を左針から外す。右針の端の目を左針に戻す*。*～*を最後までくり返す。

FOOT／フット

1段め：〈N1〉各自のサイズのチャートに沿って編む。〈N2〉表編み。
1段めをくり返して作り目からの長さが「足底の希望仕上がり寸法－7.5｛8.5｝cm」になるまで編む。

GUSSET／マチ

1段め：〈N1〉チャートに沿って編む。〈N2〉表目1、左ねじり増し目、最後に1目残るまで表編み、右ねじり増し目、表目1。2目増。
2段め：〈N1〉チャートに沿って編む。〈N2〉表編み。
1・2段めをあと12｛14｝回編む。26｛30｝目増。
〈N1〉に27｛31｝目、〈N2〉に55｛63｝目、合計82｛94｝目になる。

HEEL TURN／ヒールターン

準備：〈N1〉チャートに沿って編む。
かかとは〈N2〉の目だけで引き返し編みをしながら往復に編む。
1段め（表面）：表目29｛33｝、右上2目一度、表目1、編み地を返す。1目減。
2段め（裏面）：すべり目1、裏目4、裏目の左上2目一度、裏目1、編み地を返す。1目減。
3段め（表面）：すべり目1、段差との間に1目残るまで表編み、右上2目一度、表目1、編み地を返す。1目減。
4段め（裏面）：すべり目1、段差との間に1目残るまで裏編み、裏目の左上2目一度、裏目1、編み地を返す。1目減。
3・4段めをあと9｛11｝回くり返す。
3段めをもう一度編む。23｛27｝目減。
〈N2〉は32｛36｝目になる。
編み地を返さず、続きは輪に編む。

HEEL FINISHING／かかとの編み終わり

1段め：〈N1〉チャートに沿って編む。〈N2〉表目2、左上2目一度、最後に2目残るまで表編み、右上2目一度。2目減。
2段め：〈N1〉チャートに沿って編む。〈N2〉表目1、左上2目一度、最後まで表編み。1目減。
〈N1〉は27｛31］目、〈N2〉は29｛33｝目、合計56｛64｝目になる。

LEG／レッグ

1段め：〈N1〉チャートに沿って編む。〈N2〉表編み。
1段めをくり返してレッグ長さがかかと底から約12.5cmになるまで編み、チャートの模様を最後まで編み終える。
次段：エストニアンブレードを編む（つま先参照）。

CUFF／カフ

リブ編み段：*表目のねじり目1、裏目1*、*～*をくり返す。
リブ編み段（ねじり1目ゴム編み）を4.5cm編む。
最後は伸縮性のある方法ですべての目を止める。

FINISHING／仕上げ

糸始末をしたあと、水通しをし、寸法に合わせてブロッキングする。

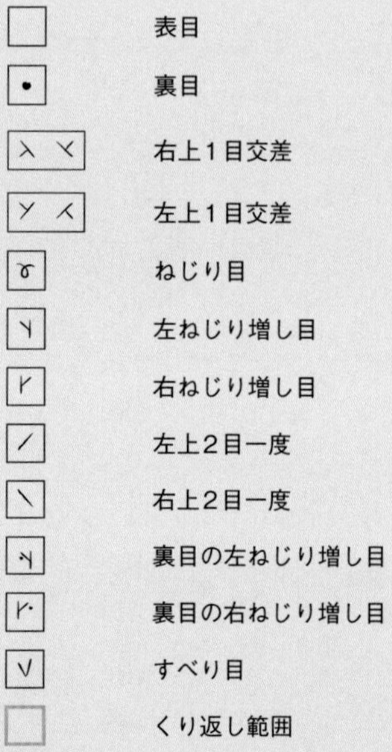

サイズ1用チャート

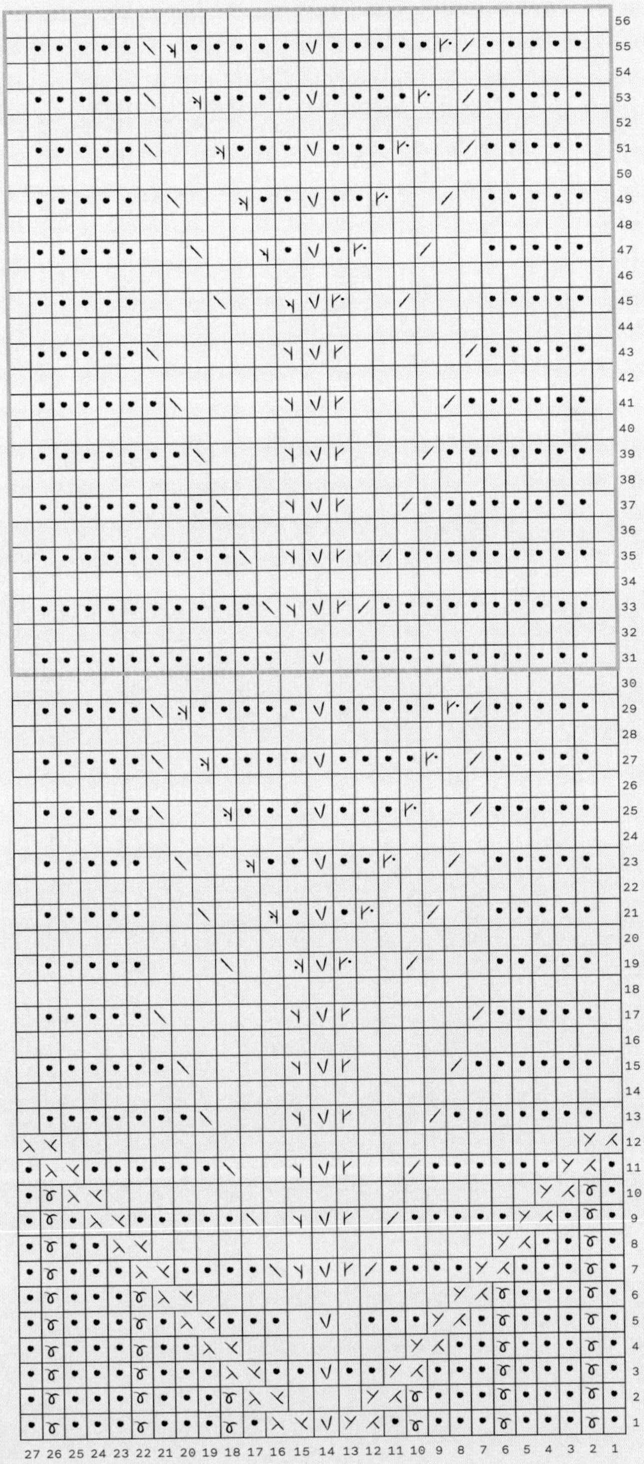

サイズ2用チャート

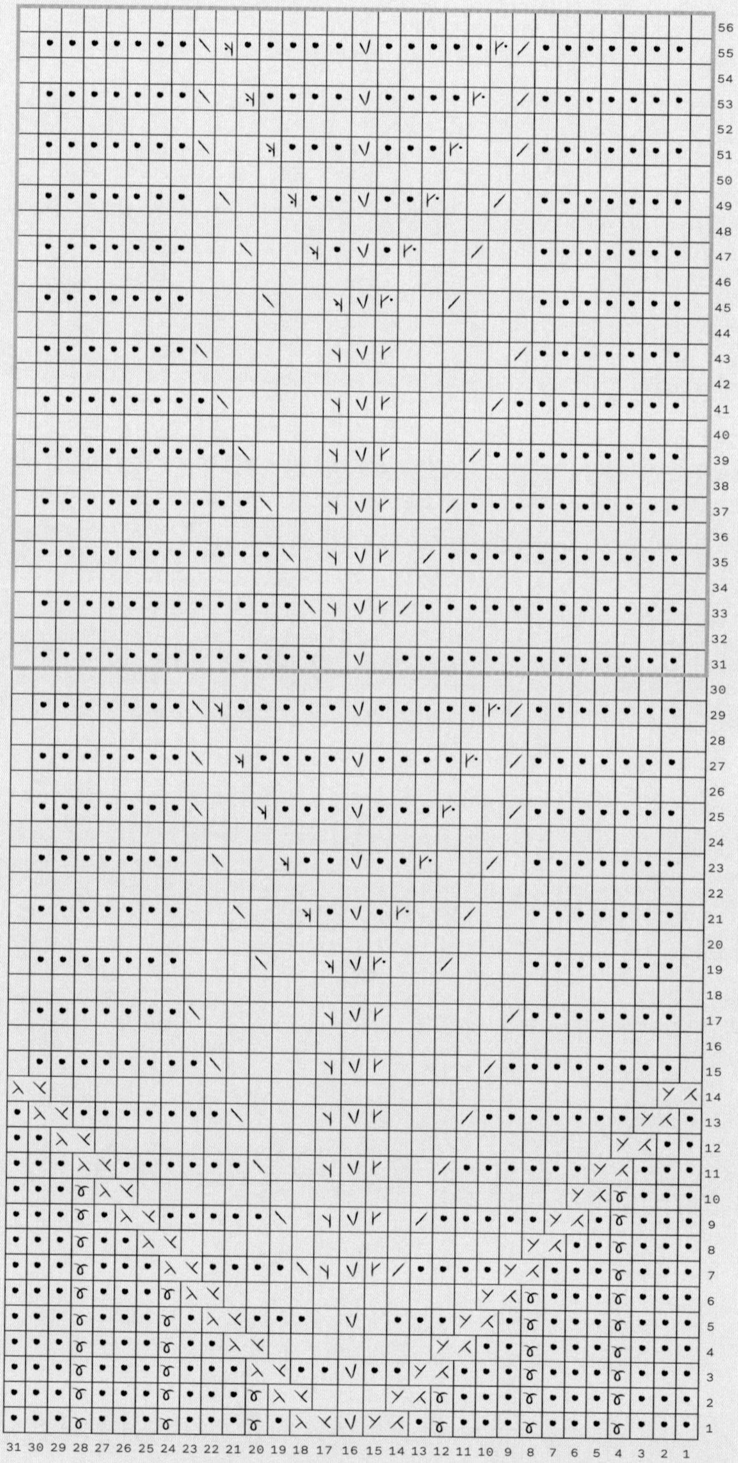

52
DEAR BJÖRN

大切なビョルンへ

SIZES／サイズ

1 {2}

FINISHED MEASUREMENTS／仕上がり寸法

フット周囲：19 {21.5} cm
レッグ周囲：20 {22.5} cm
足底長さ：調整可

MATERIALS／材料

糸：La Bien AiméeのMerino Super Sock（メリノ75%・ナイロン25%、427m/100g）1カセ〈Emeline〉
針：2.25mm（US 1／JP 0号またはJP 1号）の輪針または5本針、2mm（US 0／JP 0号）の輪針または5本針（好みでカフに使用）
その他の道具：マーカー、別糸またはホルダー

GAUGE／ゲージ

32目×44段（2.25針でメリヤス編み・10cm角、ブロッキング後）

SPECIAL ABBREVIATIONS／特別な用語

左増し目：右針の目の2段下の目の左足に左針先を後ろから入れて持ち上げ、表目を編む。1目増。
右上1目交差：次の目をなわ編み針に移して編み地の手前におき、左針から表目1、なわ編み針から表目1。
右増し目：左針の目の1段下の目の右足に右針先を後ろから入れて持ち上げて左針に移し、表目を編む。1目増。
左上1目交差：次の目をなわ編み針に移して編み地の後ろにおき、左針から表目1、なわ編み針から表目1。
W&T（ラップアンドターン）：引き返し編みの方法のひとつで、引き返す位置の目に編み糸を巻き付ける。表編みの段では最終目に右針を裏目を編むように入れて移し、針の間から糸を手前に移し、右針に移した目を左針に戻して編み地を返す。裏編みの段では最終目に右針を裏目を編むように入れて移し、針の間から糸を後ろに移し、右針に移した目を左針に戻して編み地を返す。

NOTES／メモ

足底側と甲側の目数は均等ではありません。すべり目模様の編み地の伸縮性が乏しい性質を補うため、レッグ部分はフット部分より目数が4目多くなっています。説明ではマーカーを移す操作を省略している箇所もあるので、必要な箇所ではその都度移してください。針は好みの針・編み方で編んでください。
マジックループ式で編む場合は、段の始めから前半の目を甲側〈N1〉、後半の目を足底側〈N2〉として輪に編みます。〈N1〉と〈N2〉の境目をマーカー代わりにしてもかまいません。5本針で編む場合は、針の境目にはマーカーが付けられないので目の分け方に注意してください。

TOE ／つま先

両足ともジュディーズマジックキャストオン[Judy's Magic Cast On]の方法で18 {22} 目作る。

1段め：*表目9 {11}、PM*を2回くり返す。

2段め：*表目1、左増し目、マーカーとの間に1目残るまで表編み、右増し目、表目1、SM*を2回。4目増。

2段めをあと2 {3} 回編む。30 {38} 目になる。

3段め：表編み。

4段め：2段めと同様に編む。4目増。

3・4段めをあと6回編む。58 {66} 目になる。

5段め：表編み。

6段め：表目1、左増し目、マーカーとの間に1目残るまで表編み、右増し目、表目1、SM、最後まで表編み。2目増。合計60 {68} 目になる。甲側が31 {35} 目、足底側が29 {33} 目になる。

5段めをあと5回編む。

FOOT ／フット

甲側の目（前半の31 {35} 目）は以下の模様編みを編む。後半の29 {33} 目はつねに表編みをする。

※甲側の編み方だけを左右別々に記載しているので気を付けてください。

フット模様編み・右足甲側

1段め：*すべり目1、表目3*をマーカーとの間に3目残るまでくり返し、すべり目1、表目2、SM。

2段め：*右上1目交差、表目2*をマーカーとの間に3目残るまでくり返し、右上1目交差、表目1、SM。

3段め：表目1、*すべり目1、表目3*をマーカーとの間に2目残るまでくり返し、すべり目1、表目1、SM。

4段め：表目1、*右上1目交差、表目2*をマーカーとの間に2目残るまでくり返し、右上1目交差、SM。

5段め：表目2、*すべり目1、表目3*をマーカーとの間に1目残るまでくり返し、表目1、SM。

6段め：表目2、*右上1目交差、表目2*をマーカーとの間に1目残るまでくり返し、表目1、SM。

7段め：表目3、*すべり目1、表目3*をマーカーまでくり返し、SM。

8段め：表目3、*右上1目交差、表目2*をマーカーまでくり返し、SM。

フット模様編み・左足甲側

1段め：表目2、すべり目1、*表目3、すべり目1*をマーカーまでくり返し、SM。

2段め：表目1、左上1目交差、*表目2、左上1目交差*をマーカーまでくり返し、SM。

3段め：表目1、すべり目1、*表目3、すべり目1*をマーカーとの間に1目残るまでくり返し、表目1、SM。

4段め：左上1目交差、*表目2、左上1目交差*をマーカーとの間に1目残るまでくり返し、表目1、SM。

5段め：表目1、*表目3、すべり目1*をマーカーとの間に2目残るまでくり返し、表目2、SM。

6段め：表目1、*表目2、左上1目交差*をマーカーとの間に2目残るまでくり返し、表目2、SM。

7段め：*表目3、すべり目1*をマーカーとの間に3目残るまでくり返し、表目3、SM。

8段め：*表目2、左上1目交差*をマーカーとの間に3目残るまでくり返し、表目3、SM。

1〜8段めまでをくり返し、作り目からの長さが「足底の希望仕上がり寸法－10 {11.5} cm」になるまで編む。最後は8 {4} 段めで編み終わる。

写真のサンプルはサイズ1で、マチを編み始めるまでに5模様編んでいます。

GUSSET ／マチ

甲側（前半）の31 {35} 目は両足とも模様編みを続けながら、足底側は以下のように編む。

足底側（後半29 {33} 目）両足共通；

1段め：表目1、左増し目、マーカーとの間に1目残るまで表編み、右増し目、表目1、SM。2目増。

2段め：表編み。

1・2段めをあと13 {15} 回編む。合計88 {100} 目になる。甲側は31 {35} 目、足底は57 {65} 目になる。

最後に甲側のみ、次のように編む。

右足のみ

甲側（前半31 {35} 目）：表目2、*すべり目1、表目3*、*〜*をマーカーとの間に1目残るまでくり返し、すべり目1、SM。

左足のみ

甲側（前半31 {35} 目）：すべり目1、*表目3、すべり目1*、*〜*をマーカーとの間に2目残るまでくり返し、表目2、SM。

甲側（前判31 {35} 目）の目をホルダーまたは別糸に休ませる。

HEEL TURN ／ヒールターン

ここからは足底側の目だけを往復に編む。

両足共通

1段め（表面）：表目39 {45}、W&T。

2段め（裏面）：裏目21 {25}、W&T。

3段め：表目19 {23}、W&T。

4段め：裏目17 {21}、W&T。

5段め：表目15 {19}、W&T。

6段め：裏目13 {17}、W&T。

7段め：表目11 {15}、W&T。

8段め：裏目9 {13}、W&T。

サイズ2のみ

9段め：表目0 {11}、W&T。

10段め：裏目0 {9}、W&T。

HEELFLAP ／ヒールフラップ

両足共通

準備段（表面）：表目9、*ラップの糸とラップした目を一緒に表編み、表目1*を4 {5} 回、表目3、右上2目一度、編み地を返す。1目減。

準備段（裏面）：すべり目1、裏目20 {22}、*ラップの糸とラップした目を一緒に裏編み、裏目1*を4 {5} 回、裏目3、裏目の左上2目一度、編み地を返す。1目減。

1段め（表面）：すべり目2、*表目1、すべり目1*を15 {17} 回、右上2目一度、編み地を返す。1目減。

2段め（裏面）：すべり目1、裏目31 {35}、裏目の左上2目一度、編み地を返す。1目減。

1・2段めをあと10 {12} 回くり返す。33 {37} 目になる。

右足のみ

3段め：すべり目1、表目2、*すべり目1、表目3*を7 {8} 回、すべり目1、表目1。

左足のみ

3段め：すべり目2、*表目3、すべり目1*を7 {8} 回、表目3。

休ませていた甲側の目を針に戻し、次段から再び輪に編む。

甲側が31 {35} 目、足底が33 {37} 目、合計64 {72} 目になる。「レッグ」へ。

LEG／レッグ

右足のみ

準備段1：表目2、*右上1目交差、表目2*を最後に2目残るまでくり返し、右上1目交差。

準備段2：表目3、*すべり目1、表目3*を最後に1目残るまでくり返す、すべり目1。

※準備段3を編む前に：段の最初と最後の目を入れ替える。このときどちらの目も編まずに段の最後の目が最初の目の手前になるようにする(最後の目が最初の目になり、最初の目が最後の目になる。マーカーは必ず2目の間におく)。

準備段3：表目3、*右上1目交差、表目2*を最後に1目残るまでくり返す、表目1。

左足のみ

※準備段1を編む前に：段の最初と最後の目を入れ替える。このときどちらの目も編まずに段の最後の目が最初の目の後ろになるようにする(最後の目が最初の目になり、最初の目が最後の目になる。マーカーは必ず2目の間におく)。

準備段1：すべり目1、*表目2、左上1目交差*を最後に3目残るまでくり返し、表目3。

準備段2：*表目3、すべり目1*を最後までくり返す。

準備段3：*表目2、左上1目交差*を最後までくり返す。

右足のみ

1段め：*すべり目1、表目3*を最後までくり返す。

2段め：*右上1目交差、表目2*を最後までくり返す。

3段め：表目1、*すべり目1、表目3*を最後に3目残るまでくり返し、すべり目1、表目2。

4段め：表目1、*右上1目交差、表目2*を最後に3目残るまでくり返す、右上1目交差、表目1。

5段め：表目2、*すべり目1、表目3*を最後に2目残るまでくり返し、すべり目1、表目1。

6段め：表目2、*右上1目交差、表目2*を最後に2目残るまでくり返し、右上1目交差。

7段め：表目3、*すべり目1、表目3*を最後に1目残るまでくり返し、すべり目1。

※8段めを編む前に：段の最初と最後の目を入れ替える。このときどちらの目も編まずに段の最後の目が最初の目の手前になるようにする(最後の目が最初の目になり、最初の目が最後の目になる。マーカーは必ず2目の間におく)。

8段め：表目3、*右上1目交差、表目2*を最後に1目残るまでくり返し、表目1。

左足のみ

1段め：表目2、すべり目1、*表目3、すべり目1*を最後に1目残るまでくり返し、表目1。

2段め：表目1、左上1目交差、*表目2、左上1目交差*を最後に1目残るまでくり返し、表目1。

3段め：表目1、すべり目1、*表目3、すべり目1*を最後に2目残るまでくり返し、表目2。

4段め：左上1目交差、*表目2、左上1目交差*を最後に2目残るまでくり返し、表目2。

5段め：すべり目1、*表目3、すべり目1*を最後に3目残るまでくり返し、表目3。

※6段めを編む前に：段の最初と最後の目を入れ替える。このときどちらの目も編まずに段の最後の目が最初の目の後ろになるようにする(最後の目が最初の目になり、最初の目が最後の目になる。マーカーは必ず2目の間におく)。

6段め：すべり目1、*表目2、左上1目交差*を最後に3目残るまでくり返し、表目3。

7段め：*表目3、すべり目1*を最後までくり返す。

8段め：*表目2、左上1目交差*を最後までくり返す。

左右それぞれ模様をくり返して編み、レッグ長さが「好みの長さ－4 cm」になるまで編み、最後は8段めで編み終える。

CUFF／カフ

※好みで2mmの針に持ち替える。

右足のみ

1段め：*すべり目1、裏目1、表目のねじり目1、裏目1*、*～*を最後までくり返す。

2段め：*表目のねじり目1、裏目1*を最後までくり返す。

左足のみ

1段め：*表目のねじり目1、裏目1、すべり目1、裏目1*、*～*を最後までくり返す。

2段め：*表目のねじり目1、裏目*を最後までくり返す。

1・2段めをあと6回編む。

ジェニーズサプライジングリーストレッチーバインドオフ[Jeny's Surprisingly Stretchy Bind-Off]、もしくは伸縮性のある止め方で止める。

FINISHING／仕上げ

糸始末をしたあと、水通しをして寸法に合わせてブロッキングする。

翻訳者紹介

西村知子　Tomoko Nishimura

ニットデザイナー、翻訳家。日本手芸協会手編み師範。京都市生まれ。ニューヨークですごした幼少時代、祖母や母の影響で編み物に興味を持つ。学生時代から手編みのオリジナル作品を手がけるように。社会人になってからは通訳・翻訳を仕事とする一方で編み物の研鑽も重ね、やがてその両方を活かした編み物の仕事がライフワークとなる。現在は英文パターンを用いたワークショップや講座、編み物関連の通訳や翻訳、オリジナルデザインの提案など、幅広く活躍している。

靴下を編む52週

2021年11月25日　初版第1刷発行
2023年 6 月25日　初版第3刷発行

著　者　レイネ・パブリッシング（© Laine Publishing）
発行者　西川正伸
発行所　株式会社 グラフィック社
〒102-0073　東京都千代田区九段北1-14-17
TEL 03-3263-4318　FAX 03-3263-5297
http://www.graphicsha.co.jp
振替 00130-6-114345

印刷・製本　図書印刷株式会社

制作スタッフ
翻訳：西村知子
組版・カバーデザイン・編集：風糸制作室
制作・進行：本木貴子（グラフィック社）
編集協力：石川可愛／佐藤公美／山下佳子／渡辺孝子

ISBN 978-4-7661-3513-8　C2077
Printed in Japan